VIAJE A BUJARÁ

VIAJE A BUJARÁ

UN PERIPLO POR INDIA, AFGANISTÁN Y PERSIA

Por

ALEXANDER BURNES

Ecos de Oriente

Título original: *Travels into Bokhara; being the account of a journey from India to Cabool, Tartary, and Persia.*

Año original de publicación: 1834

Autor: Alexander Burnes

Primera edición: Diciembre 2023

© de esta edición: Ecos de Oriente

www.ecosdeoriente.com

ISBN: 978-1-7391512-6-3

Fotografía de cubierta: Panorámica del valle de Bamiyán, por Françoise Foliot (1975).

Nota sobre la edición

La edición original de *Travels into Bokhara*, publicada en 1834, consiste en tres volúmenes. En ellos, Alexander Burnes describe, no sólo el trayecto que siguió a través de Asia central, sino también detalles pormenorizados sobre la geografía, política, economía y demás, de los distintos reinos que visitó.

La presente es una edición abreviada, que se basa exclusivamente en la narración del trayecto de Lahore a Teherán, que se corresponde con el primer tomo, y parte del segundo, de la obra original.

Así mismo, en el texto de 1834, los términos y expresiones locales están transcritos de manera casi onomatopéyica para el lector anglosajón. En esta edición se ha intentado, en la medida de lo posible, usar topónimos aceptados en el castellano, así como expresiones y vocablos extranjeros con su grafía actualizada.

Los términos que aparecen en cursiva se corresponden con el énfasis del autor.

Por último, se ha mantenido la mayoría de las notas a pie de página del original, que han sido complementadas con notas del traductor para facilitar la comprensión del texto en casos puntuales.

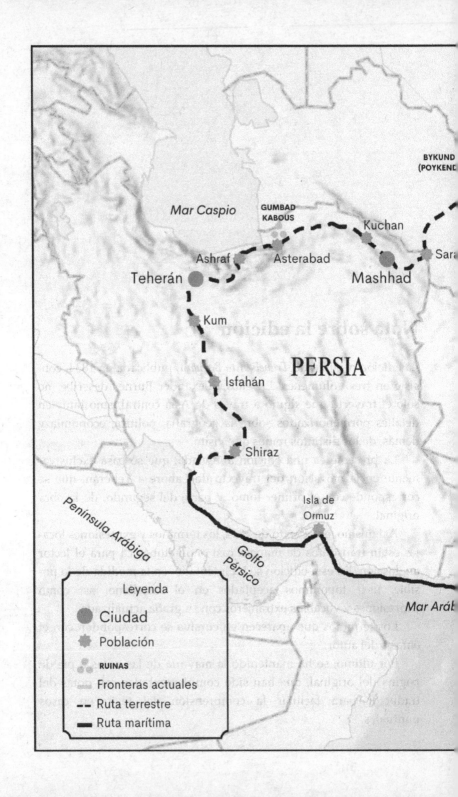

BYKUND
(POYKEND

Mar Caspio

GUMBAD
KABOUS

Kuchan

Ashraf
Asterabad
Sara

Teherán

Mashhad

Kum

PERSIA

Isfahán

Shiraz

Isla de
Ormuz

Península Arábiga

Golfo
Pérsico

Mar Aráb

Leyenda

● Ciudad

⬤ Población

🔘 RUINAS

— Fronteras actuales

--- Ruta terrestre

— Ruta marítima

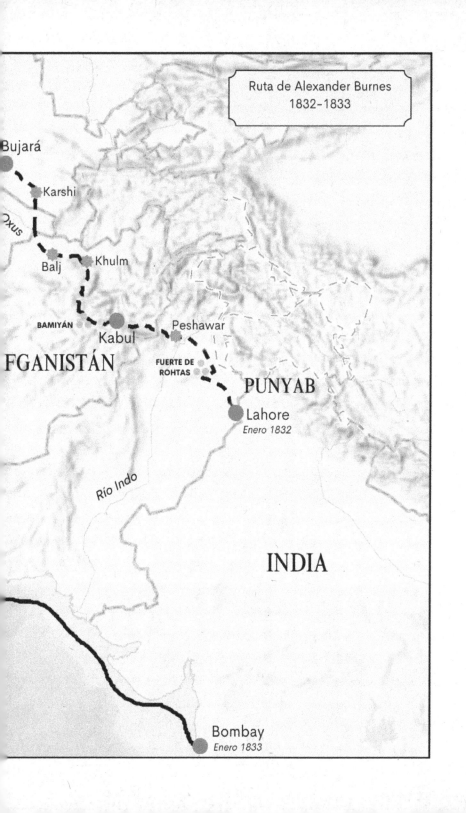

Ruta de Alexander Burnes
1832–1833

Bujará

Karshi

Oxus

Balj

Khulm

BAMIYÁN

Kabul

FGANISTÁN

Peshawar

FUERTE DE
ROHTAS

PUNYAB

Lahore
Enero 1832

Río Indo

INDIA

Bombay
Enero 1833

ÍNDICE

1. Lahore......11

2. A través del Punyab hasta el Indo......35

3. Peshawar......63

4. Travesía a Kabul......83

5. Kabul......97

6. Travesía sobre las montañas del Hindú Kush......121

7. Serias dificultades — Una travesía a Kunduz......148

8. Balj y continuación del viaje a Bujará......167

9. Bujará I......189

10. Bujará II......210

11. Un alto en el Reino de Bujará......230

12. Viaje por el desierto de los turcomanos......248

13. Continuación de la travesía por el desierto......271

14. Jorasán......298

15. Trayecto entre los turcomanos del Caspio......314

16. Travesía por Persia—Conclusión de la narrativa...333

CAPÍTULO 1

Lahore

A finales de diciembre de 1831, tuve el honor de obtener la aprobación final del gobernador general de la India para dirigirme a Asia central. Recibí mis pasaportes de su señoría en Delhi el 23 de ese mes, y me dirigí, por tren, a Ludhiana, en la frontera, donde tuve el placer de encontrarme con mi compañero de viaje, el señor James Gerard, del ejército de Bengala. Fuimos objeto de muchos actos de amabilidad y ayuda por parte del capitán C. M. Wade, el agente político, cuyos buenos oficios debo reconocer con gratitud. El grupo de personas de esta base, la más remota de la India británica, también mostró un interés por nuestro bienestar que fue verdaderamente gratificante. Nos despedimos de ella en una fiesta de convivencia organizada para la ocasión el 2 de enero, y al día siguiente nos despedimos largamente de tales escenas y nos sumergimos en la soledad del desierto indio. Tomamos la ruta que lleva a lo largo de la orilla izquierda del río Sutlej, hasta que este se une con el río Beas —conocido como Hyphasis por los antiguos griegos—.

Antes de cruzar las fronteras de la India, era prudente y necesario recibir el permiso del maharajá Ranjit Singh, el gobernante del Punyab. Se me sugirió que una solicitud privada era preferible en todos los aspectos a una carta oficial del gobierno, puesto que la muy favorable acogida que ya había recibido de su alteza no dejaba lugar a dudas de su buena disposición. En consecuencia, me dirigí a su alteza y le solicité la indulgencia de volver a entrar en sus territorios. Le expuse brevemente los objetivos que me propo-

nía y me felicité por tener que atravesar desde el principio los territorios de un aliado tan amistoso. Siguiendo la larga tradición de
hipérbole oriental, aseguré a su alteza que «cuando volviera a tener el placer de verle, mi felicidad aumentaría porque me
brindaría la oportunidad de renovar mi amistad con un príncipe
cuyas excelsas virtudes me llenaban de recuerdos de perpetuo deleite». Durante tres días, se nos unió una pequeña escolta de
caballería enviada para darnos la bienvenida, y su comandante trajo una respuesta muy amistosa del maharajá, expresando su placer
por nuestra visita. También se nos insinuó que recibiríamos regalos y dinero a medida que avanzáramos; pero, como era mejor
para nuestro viaje pasar sin estas atenciones, las rechacé civilizadamente. Los informes nos precederían, y sin duda en forma bastante
exagerada, lo que hacía deseable evitar toda pompa y espectáculo,
y tanto más cuando en realidad no teníamos derecho a ellos.

A medida que descendíamos por las orillas del Sutlej, fuimos
perdiendo de vista las montañas del Himalaya. Durante los primeros treinta kilómetros se las podía contemplar en toda su grandeza,
vestidas de nieve desde la base hasta la cumbre, sin una cresta inferior que ocultara su majestuosidad. Estaban a unos doscientos
cuarenta kilómetros de distancia, y su contorno no era tan puntia-
gudo como el de la misma cordillera al este. El aspecto sombrío de
esta estupenda cadena ofrecía un sorprendente contraste con el
agradable verdor de las llanuras del Punyab. Por la mañana estaban cubiertas de escarcha, pero esta desaparecía con los primeros
rayos del sol y dejaba, en esta alternancia de calor y frío, un césped
verde y duro que no se ve a menudo en los países tropicales.

Pasamos por innumerables aldeas a orillas del río, cuyas casas
tenían techos de terraza y estaban construidas con ladrillos secados al sol sobre un armazón de madera. Tenían un aspecto limpio
y confortable, y los campesinos parecían bien vestidos y felices. Estos pertenecían a la etnia jat, tanto hindúes como mahometanos, y
algunos sijs. En esta zona, todos los hindúes se han convertido al
islam, y es un hecho curioso que los musulmanes predominen en

la orilla sur, donde, por la proximidad al mundo hindú, cabría esperar encontrar a los de esa creencia. En las partes altas del Sutlej, cerca de Ludhiana, los habitantes son exclusivamente agricultores; pero, después de que el río se haya unido al Beas, los hábitos de la gente son rapaces. Allí son conocidos bajo diversas denominaciones, como *dogar, julmairee, salairee,* etcétera, y por la designación general de *raat,* y viven en un perpetuo estado de oposición entre sí. En las partes cultivadas, este país tiene el aspecto de una extensa pradera. Carece por completo de sotobosque y algunos de los campos de trigo se extienden a lo largo de kilómetros sin ningún seto. El grano se cultiva sin irrigación, aunque el agua está a sólo seis metros de la superficie. No hay árboles, salvo en los alrededores de los pueblos, y la escasez de combustible es tal, que en su lugar se utiliza estiércol de vaca. Este se seca y se apila. El fuego que se forma con él emite un calor muy potente, que no deja a la gente ningún motivo para lamentar la falta de otro combustible. El territorio situado bajo la franja que bordea el río se conoce con el nombre de Malwa. Tiene un clima y un suelo secos, donde se produce garbanzo y cebada, junto con *bajri** y *mut,* que se exportan al Punyab.

Tras un viaje de ochenta kilómetros desde Ludhiana, acampamos en Huri, a orillas del Beas, por debajo de la confluencia de ese río con el Sutlej. En todos nuestros mapas, esta confluencia tiene lugar unos ochenta kilómetros más abajo, lo que parece haber sido correcto sólo en una época remota. Estos ríos unidos forman una hermosa corriente, que nunca es vadeable, y, en esta estación, tenía doscientos cincuenta metros de ancho. El canal real excedía los dos kilómetros y la orilla alta estaba en la orilla norte, el agua corría a razón de cuatro kilómetros por hora. En esta estación estaba perfectamente clara, y libre de la apariencia fétida y fangosa de un río crecido por el agua de las montañas. La profundidad no excedía de tres metros y medio desde que el río se había retirado a su lecho de verano y la nieve derretida había dejado de alimentarlo. Ambos

* Mijo (*Holeus spicatus*).

ríos estaban a una temperatura de 14 °C, que venía a ser 6 °C inferiores a la de la atmósfera. La gente nos informó de que hacía unos
cincuenta años, el Sutlej había quedado encajonado entre las montañas, tras el corrimiento de una colina sobre su lecho. Después de
estar obstruido durante algunas semanas, vomitó su corriente apri-
sionada con gran destrucción. Un caso similar ocurrió hace unos
ocho años, en el Ravi o río de Lahore. Hizo poco daño y el terror
de los habitantes fue despertado solamente por el color negro te-
rroso del agua que se forzó sobre el montículo que lo obstruía. El
Sutlej alteró su curso no hace mucho y arrasó algunas de las aldeas
de sus orillas. Estas son de naturaleza arcillosa y desmoronada, fácilmente socavadas por la corriente. Cerca del actual punto de
unión entre los ríos, pasamos por el lecho seco del antiguo Sutlej,
que, según se dice, estuvo unido al Beas en Firozpur, tiempo atrás.
El espacio entre este y el canal actual, de diecinueve a veinticuatro
kilómetros de ancho, está totalmente desprovisto de árboles y cubierto por un rico moho, y es ahora el depósito del río.

En un país sujeto a tales cambios, ¿cómo podemos reconciliar
la topografía de los días modernos con los antiguos? Sin embargo,
nos encontrábamos en las proximidades de los altares de Alejandro Magno, y aunque buscábamos sin éxito estas antiguas
reliquias del «loco macedonio», no lo hacíamos sin empeño y entusiasmo. Cuando el ejército de Alejandro Magno se amotinó a
orillas del Beas, cruzó ese río y levantó doce altares colosales para
indicar el límite y la gloria de su expedición. El comandante Ren-
nell ha situado el emplazamiento de estos monumentos entre el
Beas y el Sutlej, aunque ese eminente geógrafo no se apoya en el
texto de los historiadores de Alejandro Magno. Estos ni siquiera
mencionan el Sutlej, y sus alusiones a un desierto que se extendía
más allá del Beas sólo pueden identificarse con el territorio situado
más allá de ese río y por debajo de su confluencia con el Sutlej,
donde todavía se encuentra ese desierto. Tampoco es probable que
Alejandro Magno erigiera los trofeos de su conquista donde un río
pequeño y vadeable le separaba de la India. Vagamos durante

unos días y ampliamos nuestra investigación en múltiples direcciones. Cruzamos el Sutlej, y encontramos, en el punto de su confluencia con el Beas, una ruina construida con ladrillo, de pequeñas dimensiones, llamada Andrisa, que sonaba a griego, pero el edificio era de la época mahometana. No sólo eso, sino que luego nos embarcamos en el Beas, y pasamos la confluencia de las dos corrientes, donde las aguas se encuentran mansas, y se deslizan suavemente a lo largo del cauce. Ambos ríos tienen una anchura igual, de doscientos metros, pero el Sutlej descarga un mayor volumen de agua. Con escasas esperanzas de éxito proseguimos nuestras investigaciones sobre estos vestigios de la antigüedad, ya que los habitantes no recordaban haber visto siquiera a un europeo. No obstante, no deja de ser una aproximación al descubrimiento el determinar dónde *no* se encuentran estos altares. Del mismo modo, si algún rastro de ellos se encontrase más adelante, probablemente sea más abajo, en la orilla izquierda de la corriente conjunta del Beas y el Sutlej, conocido localmente como el río Garra. Debo mencionar aquí que, en nuestro camino desde Ludhiana, y a unos treinta kilómetros de ese acantonamiento, oímos hablar de las ruinas de Tiharu, en la orilla sur del Sutlej, que habían sido arrastradas al río en los últimos treinta años. En este lugar, que puede haber sido un yacimiento antiguo, aún se pueden encontrar ladrillos cocidos de grandes dimensiones y peculiar forma. Si los altares estuvieran aquí, mis conjeturas serían, pues, erróneas.

El día 11 cruzamos en los transbordadores de Huri Ka Puttun y desembarcamos en el Punyab, en el pueblo del mismo nombre. Veintitrés barcas componen este transbordador, que está protegido por un grupo de cuatrocientos caballos. El gobernante del Punyab los ha estacionado aquí para impedir que los fanáticos del sijismo pasen a los territorios británicos. Al entrar en la aldea, nos recibió una multitud de mujeres y niños, que se acercaron para corear nuestra bienvenida. Se trata de los campesinos más pobres y, por supuesto, sus acciones estaban motivadas por la esperanza de recibir una recompensa por nuestra parte. No obstante, esta costumbre tiene algo de agradable. Los muchachos del pueblo también se habían reunido para satisfacer su curiosidad; mientras nos acercábamos, guardaban silencio y miraban con atención; cuando pasamos, todo fue bullicio y alboroto, carreras y caídas, saltos y risas, hasta que el jefe y sus soldados llamaron al orden a los niños.

Apenas pusimos un pie en el Punyab, apareció un sardar, o jefe, llamado Sham Sing, por orden de su amo. Me obsequió con un lazo, según la costumbre de los sijs, y dos bolsas con dinero; que luego decliné, estando ampliamente satisfecho de la prontitud con que habíamos recibido permiso para entrar en el país. También deseaba prescindir de este personaje y de su cabalgata, pero era imposible, ya que había sido designado desde Lahore para escoltarnos, pues el camino se describía como no del todo seguro para un pequeño grupo como el nuestro. Resultó afortunado no habernos separado del jefe, porque después pasamos por una aldea en llamas y en poder de los fanáticos sijs, a los que ya he aludido. Nos encontramos con un grupo de quinientos caballos, y dos piezas de artillería, que procedían a castigar a los hombres «equivocados y miopes» del lugar, tal como se les llama en el lenguaje del gabinete del Punyab.

A la mañana siguiente iniciamos nuestra marcha a través del *doab*,* entre el Beas y el Ravi (o Hidraotes), que recibe el nombre de Manja. Es la porción más alta del Punyab al este del río Jhelum (o Hidaspes); un hecho establecido por la orilla oriental de un río así como la occidental del otro, siendo ambas elevadas. La orilla izquierda del Ravi tiene unos doce metros de altura, al igual que la orilla derecha del Beas. Los pozos son también mucho más profundos que al sur del Sutlej, aquí superan los veinte metros, allí no llegan a ocho. El suelo está compuesto de una arcilla endurecida, a veces con grava, que produce arbustos espinosos y zarzas, llama-

---

* Nombre con que se conoce a un territorio entre dos ríos.

dos por los nativos *yund*, *juril** y *babul*[†]. El cultivo depende de la lluvia y el riego no está generalizado. Los rebaños de nilgós (*Boselaphus tragocamelus*) deambulan por ella. En tiempos pasados, los emperadores mogoles, viendo la relativa esterilidad de esta zona, la irrigaron con canales del Ravi, que conectaba ese río con el Beas. Los restos de uno de ellos aún pueden rastrearse en la ciudad de Patti, que desciende en ángulo recto sobre el Beas, aunque ha estado obstruido durante los últimos ciento cincuenta años. El distrito de Manja es célebre por la valentía de sus soldados y la raza de sus caballos, que siempre le daría derecho al mecenazgo de cualquier soberano.

La primera ciudad en la que entramos fue Patti, que tiene unos cinco mil habitantes y, junto con la ciudad adyacente de Sultanpur, fue construida durante el reinado de Akbar. Las casas están construidas con ladrillos, e incluso las calles están pavimentadas con ellos. Unos obreros que excavaban un pozo en este barrio dieron recientemente con un antiguo pozo, en el que había una inscripción hindú. En ella se decía que había sido construido por un tal Agurtuta, de quien la tradición no da cuenta. El distrito de Patti dio cobijo, en un tiempo atrás, a unas 1.360 aldeas, y producía unos ingresos de nueve lacs de rupias[‡] tras ser irrigado por su canal.

En Patti visitamos una de las yeguadas reales de Ranjit Singh. Encontramos unas sesenta yeguas de cría, principalmente de la raza *dunni*, de más allá del Hidaspes, donde el terreno es de la misma descripción que Manja, seco y elevado. Esta aridez, al parecerse al suelo de Arabia, donde el caballo alcanza tal perfección, ¿no tendrá algo que ver con su excelencia?

Estos animales se alimentan exclusivamente de cebada y de una especie de hierba rastrera llamada *doob*, que se considera muy

---

*   Arbustos pertenecientes al género *Capparis*.

†   Goma arábiga.

‡   Unidad de medida del sistema numérico indio, un lac equivale a la cifra cien mil. (N. del T.)

nutritiva. Los caballos de esta yeguada fueron atacados recientemente por una epidemia, de la que se cree que los curó un
mahometano que reside en un santuario vecino. Aunque se trata
de un mahometano, los sijs, en agradecimiento, han reparado y
embellecido su templo, que ahora es un llamativo edificio blanco
que reluce al sol. Los sijs son muy tolerantes en su religión, y he
observado que en la India se da, en general, mucha más esta virtud
de lo que se le atribuye. Puede que sea la superstición lo que pro-
voca este respeto general hacia todas las religiones, pero, sea cual
sea el sentimiento en el que se base, es un sentimiento sano y saludable. Los mahometanos han sido, sin duda, autoritarios en sus
conquistas —aunque, ¿qué conquistadores no han sido autoritarios?—; pero, a medida que se asentaban entre la gente, sus
prejuicios desaparecieron, para beneficio mutuo entre ellos y sus
súbditos.

El día 13 recibimos un mensaje del *akali* que había incendiado
el pueblo unos días antes, y cuyos actos de fanatismo habían recla-
mado la intervención de la corte. Este forajido, de nombre Nehna
Sing, deseaba visitarnos, y yo sentía las mismas ganas por oír, de
tan notorio personaje, alguna historia de sus aventuras. Estos fanáticos seguidores del sijismo no reconocen superior, y el gobernante
del territorio sólo puede moderar su frenesí mediante intrigas y sobornos. Van por todas partes con las espadas desenvainadas y
prodigan sus improperios sin ceremonias tanto a los nobles como a
los súbditos pacíficos; tampoco son tan inofensivos, pues en varias
ocasiones han llegado a atentar contra la vida de Ranjit Singh. Una
entrevista con semejante persona causó considerable ansiedad a
nuestros conductores, quienes me disuadieron enérgicamente de
ello y, al final, frustraron por completo nuestros deseos informan-
do al *akali* de que debía venir sin compañía. Éste se negó, y nos
vimos obligados a renunciar al placer de ver a un hombre que había desafiado al mismísimo Ranjit Singh a pocos kilómetros de su
capital. Nos vimos obligados a contentarnos con un relato de oídas
sobre este fanático sij, así que no pude descubrir ninguna diferen-

cia entre los matices del fanatismo de aquí y el de otros países. Estos *akalis*, o *nihangs*, no son numerosos, pero cometen las mayores atrocidades y se escudan en su carácter religioso. Manifiestan la mayor de las hostilidades hacia aquellos que no sean seguidores del sijismo, y parecen estar en guerra con toda la humanidad. Su fanatismo roza la locura. El credo de los sijs es bien conocido: sir John Malcolm lo ha descrito hábilmente. Al igual que sus vecinos, los mahometanos, han olvidado gran parte de su forma primitiva y se distinguen de otras sectas por unas pocas costumbres rituales. Un sij dirá que el tabaco es el más degradante de los estimulantes, ya que el fundador de su secta, Sri Gurú Govind Sing, lo demostró exhibiendo la suciedad en el interior de una pipa de tabaco, ¡cómo un ejemplo de su corrupción en el cuerpo humano! Un sij me informó una vez que el tabaco y las moscas eran los mayores males de esta época degenerada.

Hacia la mitad del *doab* llegamos a Pidana, la sede de uno de los principales jefes del Punyab, Sirdar Juwala Sing, que había sido enviado desde Lahore para agasajarnos en su mansión familiar. Nos recibió a dos kilómetros de distancia y nos entregó una carta con un lazo y una bolsa de dinero. El jefe se había ataviado con un rico vestido de brocado, y sus criados vestían túnicas amarillas, que es el color favorito de los sijs. Juwala Sing tiene fama de ser un soldado valiente, y posee una suavidad de modales y de trato que resultan muy ventajosos en una persona de aspecto de soldado de unos dos metros de estatura. Era el crepúsculo cuando nos condujo a través de su fuerte, y bajo su castillo de baronía, hasta nuestro campamento, lo que nos dio una idea favorable de la residencia de un jefe sij. El castillo se alzaba en el centro, rodeado por una aldea, poblada por sus criados, todo ello rodeado por un muro de barro y un foso exterior. Dentro de este espacio se encuentra un bazar, amplios establos y, en el caso que nos ocupa, estaban construidos según un plano de gran simetría. En la tranquilidad que ha seguido a la conquista de este país, la mayoría de los jefes se han dedicado a mejorar sus lugares de residencia, y sus moradas tienen a distancia un aspecto muy imponente y respetable, aunque inferior a las viviendas fortificadas de los jefes rajput de Marwar. Siempre están construidas en estilo militar, de forma cuadrangular, con altos muros y torreones. Nuestro digno anfitrión nos recibió tan bien que permanecimos con él dos días. Desde lo alto de su castillo había una vista imponente del terreno circundante, que es rico, por su proximidad a las dos capitales del país, Lahore y Amritsar; sin embargo, el suelo es improductivo.

En nuestro avance hacia Lahore, entramos en la gran carretera de Jahangir, que antaño estaba sombreada de árboles y salpicada de minaretes y caravasares. Conducía al viajero «de Agra al Lahore del Gran Mogol», y es celebrada en la novela *Lalla Rookh*, en el pasaje que describe la procesión real a Cachemira. Con el paso del tiempo, los árboles han desaparecido, pero muchos minaretes y magníficos caravasares marcan aún la munificencia de los emperadores mogoles. La carretera en sí es todavía un camino ancho y trillado, y casi puedo decir que no era posible pisarla sin participar en la emoción que el autor de *Lalla Rookh* transmite en su novela.

En la mañana del 17 entramos en la ciudad imperial de Lahore, que en otro tiempo rivalizó con Delhi. Recorrimos sus ruinas y, a cinco kilómetros de distancia, fuimos recibidos por el señor Allard y dos nativos de noble rango, enviados para darnos la bienvenida. Un caballero llegó en su carruaje tirado por cuatro mulas, al que subimos el doctor y yo, y nos condujo a su hospitalaria mansión, donde nos apeamos e instalamos. Después de la ceremonia de recepción, donde nos fueron dados varios mensajes amistosos y formales de Ranjit Singh, la parte nativa de la delegación se retiró, dejando una profusión de frutos de Cachemira y Kabul como muestra de la afluencia de su amo. Por la noche, el maharajá nos envió una bolsa con 1.100 rupias, y no era posible rechazar el dinero sin ofender.

A la mañana siguiente presentamos nuestros respetos al maharajá, que nos recibió con gran afabilidad en un jardín, a unos tres kilómetros de la ciudad. Lo encontramos de muy buen humor y estuvimos con él unas dos horas. Su conversación abarcó desde asuntos de la mayor importancia hasta meras nimiedades: expresó gran satisfacción por una entrevista que había tenido últimamente, por primera vez, con el gobernador general, y dijo que ahora podría reducir la retribución de sus tropas, después de haber conocido un ejército tan eficiente como el indio, con tan poca paga. Su alteza mostró interés por la práctica de tiro y nos condujo al frente de su jardín, para mostrarnos el éxito que habían tenido sus esfuerzos. Este país no conoce la técnica de fundición de hierro, y los proyectiles se construyen con latón. *Monsieur* Court, uno de sus oficiales franceses, se los mostró el día de nuestra llegada, y fue obsequiado con una bolsa de cinco mil rupias, joyas y otros regalos.

Ranjit Singh hizo las más particulares indagaciones sobre nuestro viaje, y, como no formaba parte de mi objetivo desvelar la totalidad de mis planes, informamos a su alteza de que nos dirigíamos hacia nuestro país natal. Me pidió que llevara una carta de cortesía al rey de Inglaterra; a lo que me negué, con la excusa de poner en peligro mi seguridad en los territorios intermedios. Presenté entonces un hermoso juego de pistolas, que mereció el elogio de su alteza y del que dijo que guardaría con cuidado. El doctor presentó un catalejo como muestra de tributo. Ranjit Singh nos recibió rodeado de tropas: desde su tienda de campaña se veían desfilar cuatro regimientos de infantería. Atravesamos una calle formada por su infantería y caballería, y fuimos honrados con un saludo. Al despedirnos, nos pidió que permaneciésemos el mayor tiempo posible en su corte, ya que deseaba mostrarnos la caza del tigre y agasajarnos en su palacio, honores que agradecimos debidamente. Mientras tanto, volvimos a disfrutar de la amistosa compañía de Allard y sus camaradas oficiales.

Cerca de la medianoche del 22, nos alarmó mucho un terremoto, que duró unos diez segundos con gran violencia. La casa donde estábamos alojados, aunque era una vivienda sustancial de ladrillo y argamasa, tembló con intensidad. La atmósfera no indicaba nada anormal; el barómetro no sufrió ninguna variación ni antes ni después del terremoto, y el termómetro bajó hasta 3 °C, y cayó cuatro grados por debajo del punto de congelación antes de la salida del sol. En julio pasado había subido a 39 °C. Me informaron de que los terremotos son frecuentes en Lahore, sobre todo durante el invierno. En Cachemira son aún más comunes, y parecen ser más habituales cerca de las montañas. Los elevados minaretes de Lahore ofrecen la prueba más convincente de que no se ha producido ninguna catástrofe violenta de la naturaleza desde que fueron construidos, hace casi doscientos años. En esta ocasión, la sacudida parecía ir del sudeste al noroeste, y fue singular descubrir, después de cruzar el Hindú Kush, que esta era también la dirección exacta de su curso. En el valle de Badajshán, y en todo el curso superior del río Oxus, la mayor parte de las aldeas habían sido destruidas, habiendo sepultado en sus ruinas a varios miles de personas. La tragedia se había producido allí al mismo tiempo y, por lo que pude juzgar, a la misma hora, ya que mencionaron los horrores de medianoche de este triste suceso.

Una semana después de nuestra llegada, recibimos la prometida invitación para unirnos a su alteza en los deportes de campo. Él mismo había abandonado la capital y enviado una carta amistosa, junto con cuatro elefantes, para transportarnos a nosotros y a nuestro equipaje. Inmediatamente, montamos, y tomamos la ruta por las orillas del Ravi, en cuya dirección se había dirigido la corte. De camino, pasamos una hora en el célebre jardín de Shalimar, que ahora estaba más hermoso que nunca. Aunque era invierno, los árboles estaban repletos de naranjas. Pasamos la noche cerca del pueblo de Lakodur, famoso en la historia por ser el lugar donde Nader Shah cruzó el río y capturó Lahore. La corriente ha abandonado su antiguo cauce, que ahora está seco y cultivado. Las hordas del otrora destructor Nader Shah se han retirado hace tiempo, y han dado paso a los laboriosos y reformados habitantes de este país.

A la mañana siguiente, entramos en el campamento real, que distaba unos treinta kilómetros de la ciudad. Por el camino nos cruzamos con multitud de soldados, porteadores y mensajeros que llevaban frutas y otras rarezas. Desde que salimos de Lahore, era evidente que nos acercábamos a un hervidero de hombres. A dos kilómetros de distancia, fuimos recibidos por un rajá y su séquito, que salieron a nuestro encuentro en elefantes y nos condujeron al campamento, ubicado a orillas del río. La escena, a medida que nos acercábamos, era magnífica. Un gran pabellón de tela roja, rodeado de extensos muros del mismo material, marcaba el campamento de Ranjit Singh, mientras que sus tropas y jefes estaban acantonados en pintorescos grupos alrededor. El conjunto de tiendas que habían levantado para alojarnos era de lo más elegante. Eran de tela escarlata y amarilla, y el suelo estaba cubierto de alfombras de Cachemira y piezas de satén francés. Puse los pies sobre tan valiosos materiales con cierta reticencia. En cada tienda había una cama de campaña, con cortinas de seda amarilla y cubrecamas de la misma descripción. Tan costoso esplendor era poco apropiado para unos hombres como nosotros, que tenían tan pocas perspectivas de comodidad, pero debo reconocer que en ese momento resultaba estimulante. Uno de los oficiales de la corte nos dio la bienvenida de parte de su alteza, y por la noche se nos unieron el capitán Wade y el doctor Murray, que habían sido enviados en misión política a la corte de Lahore.

En la mañana del 27, marchamos con el maharajá, y vadeando el Ravi, nos dirigimos tierra adentro. El orden de la marcha era muy pintoresco, y el séquito, en todos los aspectos, el de un rey «soldado». Sus caballos iban delante de él, pero el viaje se realizó en elefantes. Dos de estos estupendos animales llevaban *howdahs** de oro, en una de las cuales iba sentado su alteza. Le seguían otros seis o siete con sus cortesanos y favoritos. Un pequeño cuerpo de

---

*   Silla de madera que forma dos compartimentos, adornada con hojas de plata u oro, usada por los príncipes de la India para montar sobre elefantes. (N. del T.)

caballería y una pieza de artillería formaban su escolta, y el carruaje que había recibido del gobernador general, tirado por cuatro caballos, completaba la procesión.

Ranjit Singh se mostró muy locuaz durante la marcha y, terminada esta, nos entretuvo con una conversación que duró una hora. Habló de la buena fortuna de Amir Kan, al recibir una concesión ventajosa de tierras del Gobierno indio sin tener que haber prestado servicio militar, y relató su ascenso desde un origen humilde hasta su elevado rango actual. Él mismo era un ejemplo notable del capricho de la fortuna. Ranjit Singh dijo que un ejército disciplinado no convenía a las maneras de un príncipe oriental, pues éste no pagaría sus sueldos regularmente, y los soldados se quejarían, en consecuencia, de sus deberes: deseaba saber si nuestras tropas habían clamado alguna vez por su paga, y expresó cierta sorpresa al saber que tal comportamiento se consideraba amotinamiento. Una conversación no podía, por supuesto, concluir sin su tema favorito, el vino. Al sentarse por primera vez, observó que el sitio de su tienda era agradable para una fiesta con bebida, ya que ofrecía una hermosa vista del territorio circundante. Preguntó a los médicos si el vino era mejor antes o después de la comida, y se rio a carcajadas de mi respuesta cuando le recomendé ambos. Durante esta conversación, un campesino se abalanzó sobre nuestro grupo, clamando justicia a gritos: fue detenido por los guardias y amordazado, pero Ranjit Singh gritó con voz severa: «¡No le golpeéis!». Un oficial de alto rango fue enviado a escuchar su queja, pero me temo que, si las opiniones son ciertas, la justicia es aquí un asunto tan caro como en otros gobiernos asiáticos.

Al despedirnos de su alteza, nos dirigimos a nuestras tiendas, que eran un conjunto distinto del que habíamos ocupado el día anterior. Estaban hechas de chales de cachemira, y tenían metro y medio cuadrado de superficie. Dos de ellas estaban unidas por paredes fabricadas con los mismos magníficos materiales, mientras que el espacio intermedio estaba sombreado por una alta pantalla, sostenida por cuatro postes macizos, adornados con plata. Los mantones de una tienda eran rojos, los de la otra, blancos. En cada una de ellas había una cama de campaña, con cortinas de chales de cachemira, todo lo cual daba la impresión de ser una morada de hadas, en vez de un campamento en las selvas del Punyab.

Entre nuestros visitantes en el campamento, no debo dejar de mencionar al sabio Uzizodín, médico y secretario de Ranjit Singh, quien, según las nociones orientales, era una persona muy erudita, profundamente versada en teología, metafísica y física, que profesaba haber adquirido de los autores griegos. Mostró sus conocimientos en variados y largos discursos, y expongo aquí uno de ellos seguidamente, como muestra de lo que a veces pasa por sabiduría en Oriente.

Según Uzizodín, el mundo posee tres átomos diferentes, todos excelentes, y todos ellos son encontrados en la «obra más noble de Dios», el hombre. Ni la gema ni los metales preciosos pueden multiplicar o aumentar su tamaño o número; en su belleza encontramos su excelencia. En el reino vegetal, vemos que los árboles y las plantas, al absorber la humedad de la tierra y amoldarla a su naturaleza, aumentan en tamaño y gloria. En el reino animal, vemos a las bestias del campo cultivar las plantas que les proporcionan alimento y evitar las que son nocivas. Las vemos propagar la especie sin las instituciones de la sociedad. Sólo en el hombre tenemos todas las excelencias: posee la belleza y el ornamento de la gema; comprende y maneja las propiedades del reino vegetal, y, al instinto de la creación animal, añade la razón y piensa en el futuro. Como dijo el médico erudito: «Escoge a su esposa con consideración, y se reúne en rebaños como los demás animales de la creación».

Pero habíamos venido a cazar, no a filosofar, y al día siguiente acompañamos al maharajá en una expedición de caza al mediodía. Montaba su caballo alazán favorito, cubierto con una elegante silla de montar de los más ricos bordados, ornamentada, en sus bordes, con casi todas las bestias y aves que el cazador llama suyas. Ranjit Singh vestía una túnica de chales verdes, forrada de pieles; su daga estaba tachonada con los más ricos brillantes, y un escudo de metal ligero, regalo del exrey de Kabul, completaba su equipo. Le seguía una caravana de elefantes y una jauría de perros de razas diversas, oriundos de Sind, Bujará, Irán y sus propios dominios. Sus cetreros sostenían a sus nobles aves sobre los puños. Revoloteaban a su lado y agitaban los cascabeles suspendidos de sus patas. Una compañía de infantería en orden extendido, con doscientos o trescientos jinetes, barrió el terreno, y nosotros seguimos a los guardabosques con sus rudas alabardas, que pronto perturbaron la caza. En vez de tigres nos topamos con cerdos. Las espadas de los sijs brillaban al sol y, tras media hora, ocho bestias habían mordido el polvo, y muchas más habían quedado atrapadas en trampas. La mayoría de los animales habían sido sometidos por las espadas de los jinetes; unos pocos habían sido heridos primero por disparos de fusil. Un cazador europeo podría no apreciar debidamente esta práctica, ya que los cerdos tenían pocas posibilidades de escapar; sin embargo, estoy seguro de que la emoción en el campo fue intensa.

La escena tenía lugar en una llanura cubierta de hierba alta, en cuyas zonas abiertas podíamos contemplar, desde nuestros elefantes, la brillante exhibición con una vista privilegiada. Los vestidos de colores brillantes de los cortesanos tenían un efecto sorprendente. El propio Ranjit Singh escrutaba cada cerdo a medida que caía, y se interesaba vivamente por las escenas de la matanza pasajera; después de hora y media, regresamos a nuestras tiendas, y vimos recompensados a cada uno de los cazadores triunfadores. Luego trajeron los cerdos vivos, los ataron por una pata a una estaca y los provocaron con perros.

Este juego es cruel y no ofrece gran diversión; el valor y coraje de los animales se renuevan arrojando agua sobre ellos. Después de presenciarlo durante un rato, se dio la orden de liberar a todos los cerdos vivos, como dijo Ranjit Singh, para que estos «alabaran su humanidad», y los enfurecidos animales corretearon por el abarrotado campamento, para gran regocijo de la multitud reunida.

Pasado el bullicio, continuamos un rato con el maharajá, que nos relató animadamente sus hazañas más allá del Indo. Describió la valentía de un *nihang*, o fanático sij, que había perecido en aquella ocasión. Había combatido a pie y recibido una herida, que curó, y regresó más tarde al campo a caballo. Además, recibió una segunda herida; no obstante, sin desanimarse, se sentó en un elefante, y al final recibió un disparo que le atravesó los pulmones. «Era un hombre valiente», continuó, «pero un gran villano, y si no hubiera caído aquel día, le habría encarcelado de por vida: quería cruzar la frontera e incendiar algunos de los acantonamientos británicos». La batalla en cuestión a la que aludía ahora su alteza se libró en Nowshera, cerca de Peshawar, y fue la victoria más gloriosa que obtuvo después de cruzar el Indo de manera heroica, sin vado. Fue muy agradable oír a Ranjit Singh hablar de sus cargos, sus plazas, sus batallas y sus éxitos, y su único ojo brillaba mientras ofrecía su relato. «Pasaréis por el campo de batalla, y debéis reconocerlo bien», añadió. «Te entregaré cartas para los jefes vecinos y los merodeadores del Khyber, quienes te describirán el terreno y te asegurarán protección y un trato honorable». El favor era bien intencionado, y yo lo agradecí tanto más cuanto que no había sido solicitado, aunque las cartas resultaron inútiles.

Continuamos disfrutando de su compañía hasta el fin de ese mes, cuando regresamos a Lahore, con la misma pompa y boato que habíamos presenciado en el campo de batalla. En el camino, tuvimos la oportunidad de practicar la cetrería con halcones, que es una práctica que puede ser disfrutada incluso por aquellos que no son cazadores. Cien cañonazos anunciaron la llegada de Ranjit Singh a su capital, y volvimos a alojarnos en casa de nuestro digno amigo, el señor Allard.

El 6 de febrero se celebró con gran esplendor la fiesta del «Busunt», que simplemente significa primavera. Ranjit Singh nos invitó para la ocasión, y le acompañamos montados sobre elefantes para presenciar la demostración de júbilo con que se saluda aquí, como en otros países, el regreso de la primavera. Las tropas del

Punyab se desplegaron formando una calle de unos tres kilómetros de largo, que tardaron más de treinta y cinco minutos en recorrer. El ejército estaba formado en su totalidad por tropas regulares: caballería, infantería y artillería, y todo el cuerpo vestía uniformemente de amarillo, que es el traje de gala de este carnaval. El maharajá pasó revista a las tropas y recibió el saludo de sus fuerzas.

Nuestro camino discurría enteramente a través de las ruinas de la vieja Lahore, sobre un terreno irregular, lo que daba a la línea de soldados un aspecto ondulante que realzaba enormemente la belleza de la escena. Al final de este magnífico despliegue se alzaban las tiendas reales, forradas de seda amarilla. Entre ellas había un dosel, valorado en mil rupias, cubierto de perlas y con un borde de piedras preciosas. No hay espectáculo más grandioso sobre la faz de la tierra. En uno de los extremos, Ranjit Singh tomó asiento y escuchó la recitación del Granth, o volumen sagrado de los sijs, durante unos diez minutos. Hizo un regalo al sacerdote, y el libro sagrado fue llevado envuelto en diez fundas diferentes, la exterior de las cuales, en honor del día, era de terciopelo amarillo. A continuación, se colocaron flores y frutas ante su alteza, y por el color de todas ellas, supuse que toda clase de arbusto o árbol que produjera una flor amarilla debió de ser despojado de su belleza ese día. No pude descubrir ninguna razón para la elección de un color tan sencillo, salvo la voluntad arbitraria de un gobernante.

Después vinieron los nobles y los comandantes de sus tropas, vestidos de amarillo, para hacer sus ofrendas con dinero. Dos hijos de los reyes caídos de Kabul, Shah Zuman y Shah Eyub, entraron entonces y conversaron durante algún tiempo. El nabab de Multán, vestido también de amarillo y acompañado de cinco de sus hijos, vino a continuación a rendir homenaje y fue recibido muy amablemente. Se trata del mismo individuo que tanto se asustara en la misión de Kabul, ahora vasallo servil de Ranjit Singh. Su nombre es Sarfaraz Kan.

Los agentes procedentes de Bahawalpur y Sind se acercaron a su vez y fueron interrogados atentamente sobre un tema de gran importancia política en la actualidad: la apertura del río Indo para embarcaciones comerciales. Apenas se podía notar, debido a la profusión de cumplidos de estas personas, que eran los representantes de aquellos que tan cordialmente odiaban al maharajá. Con estas ceremonias fueron presentadas las bailarinas y, como ellas compartían el favor de su alteza, se repartieron generosamente el montón de dinero que este tenía ante él. Ranjit Singh lo repartió él mismo entre ellas. Se les pidió que entonaran las canciones amorosas del festival, así como una oda al vino. Ranjit Singh presentó entonces una botella e insistió en beber una «copa de despedida», con la que terminamos la velada.

Nuestra partida de Lahore se vio retrasada por el agasajo que su alteza había decidido ofrecernos en su palacio del Samman Burj. Nos reunimos en un jardín y nos dirigimos con él al lugar designado, que para la ocasión estaba magníficamente iluminado con velas de cera. Cerca de las luces había botellas llenas de agua de distintos colores, que aumentaban el esplendor. Primero nos condujeron a la gran sala, antigua sede de los emperadores mogoles, de unos veinte metros de largo, abierta al frente por una columnata arqueada de mármol. El techo y las paredes estaban totalmente recubiertos de espejos o dorados, y en esta ocasión presentaban una escena de gran magnificencia.

Hay muchas partes de este lugar que, como en Delhi, deben evidentemente gran parte de su belleza arquitectónica al genio de un artista europeo. Nos retiramos del gran salón a un pequeño apartamento, el dormitorio del maharajá, donde estaba previsto que tuvieran lugar los festejos de la noche. El capitán Wade y el doctor Murray también estaban presentes, y nos sentamos alrededor de su alteza en sillas de plata.

En un extremo de la habitación había una cama de campaña, que merece una descripción. El armazón, los postes y las patas estaban totalmente recubiertos de oro, y el dosel era una enorme lámina del mismo metal precioso. Se apoyaba en unos reposapiés elevados unos quince centímetros del suelo, también de oro. Las cortinas eran de chales de cachemira. Cerca de ella había una silla redonda de oro; y en una de las habitaciones superiores del palacio vimos la contrapartida de estos costosos ornamentos. Las velas que iluminaban la estancia estaban sostenidas por ramas de oro. La pequeña sala en que nos sentamos estaba magníficamente decorada con dorados, y el lado que daba al patio estaba cerrado por un biombo de seda amarilla. Aquí disfrutamos de la compañía de nuestro agasajado real, que hizo circular libremente el vino, llenó él mismo nuestras copas y nos animó con su propio ejemplo. Ranjit Singh bebía con moderación, y su dosis habitual no superaba las ocho *pices*,* pero en esta ocasión había bebido dieciocho. Su bebida favorita era un aguardiente destilado de las uvas de Kabul, que era muy intenso y más fuerte que el brandy. Tras sus copas se puso muy animado y mencionó muchos incidentes de su vida privada. Había sofocado dos motines entre sus tropas, tres de sus jefes habían caído a su lado en diferentes ocasiones, y una vez tuvo que desafiar a un adversario a resolver su disputa mediante un combate singular. Las batallas de su alteza contagiaron a las bailarinas a las que había invitado, en un momento posterior de la velada, según su costumbre. Les ofreció licores y ellas se pelearon entre sí, para su diversión y el dolor de las pobres criaturas, que perdieron algunos pesados adornos de sus orejas y narices en la refriega. Se introdujo la cena, que consistía en diferentes clases de carnes, ricamente cocinadas, y que, en contraste con la magnificencia circundante, se servían en hojas cosidas en forma de copas. Contenían liebre, perdiz, cerdo, y toda clase de caza. Ranjit Singh se sirvió de esta libremente, y también compartió con nosotros. También hubo una gran variedad de dulces y helados. No obstante, es más fácil describir estas pequeñeces, que el cuadro de la escena en que tuvieron lugar. Terminamos mucho después de medianoche.

* Moneda de cobre pequeña.

Durante estas felices y festivas escenas, no olvidamos las dificultades que nos aguardaban, y aprovechamos la experiencia de los señores Allard y Court, que habían viajado por tierra, desde Persia, a través de una parte de los países que ahora íbamos a atravesar. Estos caballeros parecían rivalizar entre sí en todo acto de amabilidad. Nos entregaron varias cartas de recomendación para sus conocidos de Afganistán, y nos dieron muchos consejos para guiar nuestra conducta. *Monsieur* Court, de hecho, redactó un resumen de ellos, fruto de su propia experiencia, que adjunto al final de este capítulo, ya que transmite, al mismo tiempo, información muy valiosa para un viajero en estas tierras, y me da la oportunidad de expresar mi gratitud tanto a él como al señor Allard. Estos caballeros no me ocultaron los muchos temores que abrigaban por nuestra seguridad, pero nuestra visita a Lahore no se había hecho para discutir las posibilidades de nuestro éxito, sino sólo para proseguir el viaje.

En la tarde del 10 de febrero, nos despedimos del maharajá Ranjit Singh en el patio de armas, donde volvió a exhibir, con aparente orgullo, los progresos que sus tropas habían hecho en el disparo de obuses. En esta ocasión, me pidió mi opinión sobre la apertura del Indo, y observó que, como ese río y sus cinco grandes afluentes pasaban por sus territorios, debería obtener mayores ventajas que el Gobierno británico. Habló del plan, como cabía esperar, de un hombre de sus ilustradas opiniones, pero dijo que no le agradaba la idea de que los barcos navegaran por cualquier parte de su territorio. Temía una confrontación con el Gobierno británico. Su alteza procedió entonces a dictar cartas en nuestro nombre para los jefes de Peshawar y Kabul, así como a varios otros personajes más allá del Indo. También dio órdenes a todos los jefes y agentes entre su capital y la frontera, y extendiendo su mano desde el elefante, nos dio a cada uno de nosotros un cordial apretón de manos y se despidió. Me pidió especialmente que le escribiera con frecuencia y le diera cuenta de los países que atravesara, de su política y sus costumbres, y que nunca me olvidara de él en cualquier región que me encontrase. Tampoco olvidaríamos su petición cuando estuviésemos lejos de sus territorios, pues recibimos cartas del propio Ranjit Singh en los desiertos de Tartaria y en Bujará. Nunca me había despedido de un asiático que me hubiera causado tan profunda impresión como Ranjit Singh: sin educación y sin guía, dirigía todos los asuntos de su reino con una energía y un vigor extraordinarios y, sin embargo, ejercía su poder con una moderación sin parangón en un príncipe oriental.

Instrucciones del señor Court

Al señor Burnes, de su amigo, el señor Court:

Un proverbio francés dice: «Si quieres vivir en paz mientras viajas, asegúrate de aullar como los lobos con los que estás», es decir, ajústate en todo a los usos y costumbres de los habitantes de las regiones que atravesarás. Esta es la base de mis instrucciones.

Empieza primero por despojarte de cualquier cosa que pueda hacer saber que eres europeo; porque si se llega a saber que eres tal, se imaginará que llevas contigo todo el oro del Perú. De esta manera atraerás a un enjambre de enemigos a tus brazos, ya que las tribus bárbaras con las que te vas a cruzar solo quieren dinero, y les trae sin cuidado la persona. Evita producir cualquier objeto que pueda tentar su codicia. Recuerda que muchas veces les he oído jactarse, como si fuera un acto heroico, de haber hecho asesinar a tal o cual persona, para quitarles un objeto que habían codiciado.

Evita, en lo posible, actos que puedan dañar su honor. Si surgen casos imprevistos, nunca respondas a ellos con ira; pues responder a la insolencia asiática es como echar leña al fuego. Si te ves obligado a responder, entonces debes presentar razones sólidas acompañadas de expresiones complacientes y valientes.

Ten como máxima que no debes entablar amistades especiales con orientales, ya que son incapaces de un apego sincero. Llévate bien con todos, pero no confíes en ninguno. De esta forma no correrás riesgos. Debes saber que no tienen ni la buena fe, ni la

franqueza, ni la lealtad que nos caracteriza. Son tranquilos, halaga-
dores, engatusadores, es cierto; pero bajo estas formas seductoras
casi siempre ocultan siniestros designios. La perfidia, la traición y
el perjurio no tienen nada que les parezca reprobable. A sus ojos, la
ley no es nada, la fuerza lo es todo. No imagines que eso que llamas bondad, mansedumbre, complacencia, puede serte útil. No
saben apreciar tales cualidades. Como europeo, no tengas miedo
en usar la adulación. Siendo costumbre entre ellos, nunca estará de
sobra; incluso puede beneficiarte.

Cuando dejes Lahore, despídete del alcohol, y no lo vuelvas a
probar hasta que regreses a la hermosa Europa. Este es un sacrificio esencial que hay que hacer. Te ahorrará muchas querellas que
pueden ocasionar los mahometanos. Sé modesto en tus gastos:
cuanto menos gastes, menos tentará a la codicia de los orientales.
Sobre todo, evita dar el más mínimo regalo; porque si haces tanto
como para obsequiar a alguien, pronto te encontrarás asediado por
una infinidad de otros, que no cesarán hasta que los hayas satisfecho. Aparece en público lo menos posible. Evita todo tipo de
conversación, especialmente las que tratan de teología, un punto en
el que a los mahometanos les gusta tratar con un europeo. Siempre
dales la razón cuando te veas obligado a dar tu opinión. Escribe tus
notas en secreto, de lo contrario darías lugar a sospechas que podrían ser perjudiciales para ti.

Al recaudar información, hazlo con habilidad y prudencia. Si
el país ofrece curiosas estampas, visítalas como para pasar el tiempo: si están aisladas, nunca vayas salvo con buena compañía.

Emprende el viaje sólo con caravanas seguras y, sobre todo,
ten cuidado de no desviarte nunca de ellas. Presta atención al caravanero, porque de él siempre depende el feliz éxito de los viajeros.
Al atraer su amistad hacia ti, podrá darte la información que de-
sees, y de esta manera evitarás dirigirte a extraños. Que tu
campamento esté siempre a su lado; pero, en cualquier caso, que
uno de vosotros mantenga la vigilancia.

Ármate hasta los dientes para imponer respeto. Evita a las personas que están deseosas de atenderte, porque suelen ser
sinvergüenzas que andan tras tu monedero. Antes de tu partida,
trata de hacer saber que te vas sin dinero, y que lo que necesitas lo
has tomado en pagarés. Asegúrate de tener siempre la mitad de tu

dinero encima y bien escondido. En lugares donde temes ser visitado, escóndelo con antelación para que no se vea. Considera que me han visitado más de una vez, y eso muy bien podría sucederte a ti; así que encuentra buenos escondites para el dinero.

A la hora de pagar la tarifa de aduanas, hazlo sin remilgos, salvo que las exigencias del funcionario de aduanas sean demasiado elevadas. Debes saber que estos son bribones que pueden causarte más de una pelea.

Aunque viajes por países entregados al más temible caciquismo, no podrás dejar de admirar la gran familiaridad que existe entre los pequeños y los grandes, así que no te sorprendas si te ves acosado a veces por bribones con la intención de aprovecharse de ti. Así que no seas altivo con nadie; el aire de faquir es el que más te conviene.

El nabab Jabbar Kan puede solucionar todas las dificultades que puedas encontrar desde Kabul hasta Bujará; por lo tanto, trata de complacerlo: es, además, el hombre honesto más perfecto que he conocido en Asia. En cuanto a tu plan de cruzar Jiva para llegar a las orillas del mar Caspio, lo encuentro impracticable: deseo, sin embargo, que puedas superarlo. De lo contrario, retrocede hacia Herat o Mashhad, pero entonces sólo parte con una caravana grande y bien armada, porque el territorio que debes cruzar está infestado de turcomanos, que asolan todas estas regiones con impunidad. Además, la experiencia que adquirirás al atravesar estos países te dará mejores luces para guiarte que mis instrucciones.

¡Qué Dios te lleve a tu destino!

CAPÍTULO 2

A través del Punyab hasta el Indo

DESPUÉS de despedirnos afectuosamente de los señores Allard y Court, dejamos Lahore en la mañana del 11 de febrero, y nos dirigimos a la tumba de Jahangir, un espléndido mausoleo al otro lado del Ravi. Sin que se deprimiera mi ánimo ni disminuyera mi celo, sentí no poca soledad al separarme de nuestros hospitalarios amigos, y ahora recuerdo las pocas semanas que pasé en Lahore como algunos de los días más felices de mi vida. Tampoco había mucho para alegrarnos en nuestro alojamiento de la primera noche: los restos de un cementerio real, que los espíritus de un rey habían hecho sagrado en otro tiempo, pero convertido estos días en un cuartel para una brigada de infantería, que había contribuido aún más a su aspecto desolado. Pasamos la noche en una de las casas ajardinadas que lo rodeaban, y escuchamos las pueriles historias de la gente, que nos aseguraban que el féretro del emperador, como en la fábula de Mahoma, estaba suspendido en el aire mediante imanes. Bastaba con entrar en la cámara subterránea para verlo descansar en el suelo.

Ahora era necesario despojarnos de casi todo lo que nos pertenecía y, abandonar muchos hábitos y prácticas, que se habían convertido en costumbre. El éxito de nuestra empresa dependía de estos sacrificios. Nos deshicimos de todas nuestras ropas europeas y adoptamos, sin reservas, el modo de vestir asiático. Cambiamos nuestro ceñido vestido por la vaporosa túnica de los afganos, ceñidos con espadas y *kummur bunds* (fajas); y con nuestras cabezas afeitadas, y gimiendo bajo pesados turbantes, nos pavoneábamos desgarbados, mostrando los pies en lugar de la cabeza. Además, regalamos nuestras tiendas, camas y cajas, y rompimos nuestras mesas y sillas. Sabíamos que nuestro refugio debía ser una choza o el suelo mismo, y nuestra cama una alfombra o esterilla. Una manta, o *kummul*, servía para cubrir la montura nativa y dormir bajo ella durante la noche, y la mayor parte de mi ahora limitado vestuario encontraba sitio en los *kurjin*, o alforjas, que se echaban sobre la grupa del caballo. Una sola mula para cada uno de nosotros transportaba todo nuestro equipaje, con mis libros e instrumentos, así como un criado que encontraba asiento en el animal. Un poni transportaba al agrimensor, Mohamed Alí, y un muchacho hindú que nos acompañaba viajaba del mismo modo. Estos preparativos requirieron algún tiempo y consideración, y quemamos, regalamos y destruimos cargas enteras de equipaje, una ofrenda propiciatoria, como yo la llamaba, a esos demonios inmortales, los bandidos del Khyber, que han saqueado al viajero, desde tiempos inmemoriales, a través del Indo.

Todos parecíamos conscientes de la imperiosa necesidad del sacrificio, ya que valorábamos nuestras vidas más que nuestras propiedades. ¿De qué nos habría servido adoptar el traje y las costumbres del país y seguir cargando con la inútil parafernalia de la civilización? No obstante, resulta curioso sentarse con las piernas cruzadas y escribir un diario sobre las rodillas. La rutina nos acostumbró pronto a estos cambios, y no hacíamos la menor justicia a nuestras comidas, porque desechábamos el vino y los licores en todas sus formas, y comíamos con los dedos en platos de cobre, sin cuchillos ni tenedores.

A mitad de camino, en dirección al río Chenab, nos detuvimos en un jardín de Kote, residencia de uno de los coroneles de Ranjit Singh. Era un agradable lugar de descanso. No tenía más de cien metros cuadrados, pero estaba bien poblado de árboles frutales y flores: la mayoría de los primeros estaban floreciendo ahora, y una enumeración de ellos daría una idea favorable de este clima. Consistían en melocotón, albaricoque, higo, granada, membrillo, naranja dulce y amarga, lima, limón, guayaba, uva, mango, *jambu*, *bair*, dátil, cardamomo, almendra y manzana; con otras siete u ocho clases, de las que sólo puedo dar los nombres nativos: *guler*, *sohaujna*, *gulchin*, *amltass*, *campana* y *bussura*. Los paseos del jardín estaban bordeados de hermosos cipreses y sauces llorones, y en los parterres había narcisos y rosales del tipo «sidburg», o de cien hojas. La mayoría de los árboles y flores eran autóctonos, pero muchos habían sido introducidos desde Cachemira, y el jardinero era natural de aquel valle. El propietario de este agradable paraje estaba ausente: su villa daba un aspecto desordenado y muy descuidado, pues sufría la avaricia del gobernante local. Su hijo, un avispado niño de nueve años, nos hizo una visita y repitió algunos versos de un poeta persa que estaba leyendo en la escuela. El pobre pequeño, crecerá para presenciar escenas sangrientas en esta tierra, en un futuro próximo.

A una distancia de unos treinta kilómetros del río, volvimos a divisar el imponente Himalaya, que emergía en el horizonte con toda su gloria. Eran las montañas sobre Mirpur, ahora cubiertas de nieve, en el camino a Cachemira, donde Bernier había deplorado sus sufrimientos por el calor. Es imposible contemplar estas montañas sin sentir placer, pues suponen un alivio para la vista después de la monotonía de las vastas llanuras del Punyab. A juzgar por las altitudes que se han determinado más al este, no pueden ser inferiores a 4.800 metros. Es difícil calcular su distancia, ya que el mapa no da una noción correcta de la cordillera. Haciendo todas las concesiones posibles, el más alto de ellos no podía estar más cerca de doscientos cincuenta kilómetros, y delimitaba un ángulo de 51 minutos. Apenas había un solo pico o rasgo notable en toda la cordillera. ¿No podría indicar esta alineación regular una colada de basalto o formación calcárea?

Llegamos a las orillas del Chenab, llamado Akesines por los antiguos griegos, en Ramnagar, una pequeña ciudad, el lugar favorito de Ranjit Singh, y donde a menudo reunía sus tropas cuando se dirigía a sus campañas más allá del Indo. Se encuentra en una llanura espaciosa para los ejercicios militares. El nombre del lugar ha cambiado de Russul a Ramnagar desde que fuera derrocada la supremacía mahometana. El primer nombre significa la ciudad del profeta, el otro la ciudad de un dios, y no es de extrañar que prevalezca este último en el futuro.

El *doab*, entre el Ravi y el Chenab, está un poco mejor cultivado y es más fértil que el anterior. Su suelo es arenoso y, en su centro, los pozos no tienen más que ocho metros de profundidad. Su temperatura media es de unos 21 °C. Por la mañana, vapor o nubes de humo ascendían de ellos, hasta que la atmósfera se calentaba lo suficiente como para ocultarlo. Durante esta estación, el clima es frío y sombrío, frecuentemente lluvioso y siempre nublado. El viento sopla generalmente del norte. La caña de azúcar prospera aquí, donde se exprime su jugo, que se extrae colocando dos rodillos de madera horizontalmente uno encima del otro, y poniéndolos en movimiento con la ayuda de un par de bueyes. Estos hacen girar una rueda que actúa sobre otras dos menores, colocadas verticalmente en ángulo recto con ella, y estas se comunican con los rodillos de madera. Mientras examinaba una de estas máquinas, el jefe de la aldea me la describió, y luego me regaló un poco de *gur* o azúcar gruesa, los primeros frutos de la temporada. Era un jat ignorante: le acompañaba su hijo. Cuando pregunté por los conocimientos del muchacho y le aconsejé que lo enviara a la escuela, me contestó que la educación era inútil para un cultivador de la tierra. Lamento decir que la misma opinión prevalece en las altas esferas, pues Ranjit Singh y su hijo son igualmente analfabetos y se oponen a la educación del nieto, que por lo demás es un muchacho prometedor.

En Ramnagar recibimos la visita de un venerable jefe sij, de ochenta y dos años, que había luchado en las guerras bajo el mando del abuelo de Ranjit Singh. Tenía la barba plateada por la edad, pero era un anciano robusto, y vestía un traje completamente blanco, que en este país designa la vieja escuela, tan claramente, como una coleta y el *spencer* lo hacen Inglaterra. La garrulidad de los años se había apoderado de él; sin embargo, nos relató vivamente sus primeros años de carrera y el creciente poder de la nación sij. Indicó que se había predicho en su Granth, o texto sagrado, que dondequiera que hubiera un caballo o una lanza, habría jefes y soldados en la tierra. Cada día sirve para verificar la predicción, ya que el número de conversos al credo sij aumenta, y ahora es de una media de cinco mil nuevos adeptos al año.

Cuando el engrandecimiento político sigue a la supremacía religiosa de una secta, no hace falta ser muy inteligente para saber que esa secta aumentará en tamaño. Con la invasión pastuna, el hindú se convirtió en mahometano, y con el poder sij, tanto él como el hindú se han convertido en sijs, o siks. El auténtico sij, o *khalsa*, no conoce otra ocupación que la guerra y la agricultura, y siente más predilección por una que por la otra. El seguidor de Gurú Nanak es un comerciante. Los sijs son sin duda el pueblo más influyente de la India moderna. Nuestro venerable conocido hablaba de la degeneración del país, pero el vigoroso gobierno y la elegancia del pueblo no corroboraban sus opiniones.

Hay un curioso tema de especulación en la apariencia del pueblo sij y su parecido general entre ellos. Como tribu, eran desconocidos hace cuatrocientos años, y los rasgos de toda la nación son ahora tan distintos de los de sus vecinos como los de los indios y los chinos. Se distinguen fácilmente de las demás tribus por la extrema regularidad de su fisonomía y el alargamiento de su rostro. Es fácil comprender que cualquier nación que posea costumbres peculiares tenga una manera y un carácter comunes; pero que, en un período de tiempo tan corto, unas cien mil personas exhiban una semejanza nacional tan fuerte, como la que se observa entre los hijos de Israel, es, cuanto menos, notable.

Cruzamos el Chenab, o Akesines, por el transbordador habitual, que está a unos cinco kilómetros del pueblo. El río tenía aquí doscientos setenta metros de ancho y una profundidad de dos metros y medio en dos tercios del canal. Sus orillas son bajas a ambos lados y se inundan rápidamente en las estaciones cálidas y lluviosas. Se ha escrito que Alejandro Magno tuvo que trasladar su campamento precipitadamente desde el Akesines, que Arriano describe como un río rápido. Durante las lluvias es así, pero ahora la corriente no superaba los dos kilómetros por hora, y era transitable por un vado. La temperatura de este río era de 11 °C, más baja que la de los otros tres ríos del Punyab que ya habíamos cruzado: el Sutlej, el Beas y el Ravi.

Nos detuvimos en una mezquita situada en la orilla derecha del río, pero nuestros aposentos no deben confundirse con la Santa Sofía de Constantinopla. Estos edificios consisten en paredes de barro, sobre las que se forma un tejado en terraza con vigas de madera, también cubiertas de barro. Los «fieles» son lo bastante lujosos como para tener una chimenea dentro, para calentar el agua que utilizan en sus abluciones. La profanación nuestra de un lugar tan sagrado se vio compensada, en cierta medida, por la liberal distribución de nuestras medicinas. Algún viento nocivo, según la gente, había soplado últimamente sobre este país, que, tras la llegada de un médico *firangi* (europeo), había enfermado a todo el mundo.

Como en otros países, las damas tenían el catálogo más numeroso de dolencias; y si el médico no efectuaba ninguna cura, entonces trataba de persuadirlos sobre sus males, lo que daba algunos resultados. La gente estaba muy aquejada de una enfermedad llamada *nuzlu* —cuyo significado literal es goteo nasal—, que yo creía que significaba resfriado. La describen como un ataque a las fosas nasales que agota el cerebro y la resistencia del cuerpo y acaba de manera mortal. Se atribuye a la sal utilizada en el país, que se obtiene de la cordillera de la Sal.

Así mismo, hay muchas enfermedades oculares en el Punyab, que pueden estar causadas por las partículas nitrosas de las orillas de sus diferentes ríos. Pídele a un nativo una explicación de esto, o de cualquier otra dolencia, y te dirá que esta, y todas las demás aflicciones, son el castigo de ofensas cometidas por uno mismo, o en una vida anterior. En la doctrina de la metempsicosis han encontrado, en todo caso, un estado futuro de castigos, pero, siendo ellos optimistas, también de recompensas.

Un viaje de setenta kilómetros nos llevó a orillas del Jhelum, o el famoso río Hidaspes de los griegos. El río serpenteaba por una llanura aluvial, al pie de una cadena de colinas rocosas. Nos embarcamos en este hermoso río y navegamos en él una distancia de ocho kilómetros. En la travesía molestamos a varios cocodrilos de las diferentes islas, que son más numerosos que en otros ríos del Punyab. El mismo hecho es mencionado por Arriano, que habla del Hidaspes como un río «fangoso y rápido», con una corriente de cinco o seis kilómetros por hora, lo cual es correcto. El día anterior a nuestra llegada había llovido, la corriente estaba descolorida y el agua burbujeaba en remolinos en varios lugares. El Jhelum es un río más pequeño que el Chenab, pero en esta época su anchura es similar. Al desembarcar, cruzamos una rica y hermosa sábana de verdor que se extiende hasta la ciudad de Pind Dadan Kan, donde nos detuvimos. El contexto histórico y las bellezas naturales se unieron para complacernos mientras recorríamos las rutas de Hyphestion y Craterus, y navegábamos por la corriente que había transportado a la flota de Alejandro Magno. En nuestro avance desde el Chenab, habíamos viajado por los dominios que aquel conquistador había añadido al reino de Paura tras la batalla del Hidaspes. La descripción de Arriano sobre la población existente se ajusta a mi impresión: «Los habitantes son de constitución fuerte y extremidades largas, y más altos de estatura que el resto de los asiáticos». Nada, sin embargo, podría ser más miserable que el territorio entre los ríos Akesines e Hidaspes, un estéril páramo de sotobosque, morada de pastores, escasamente abastecido de agua, que está a veinte metros bajo el nivel del mar. En una de las pocas aldeas de esta zona nos detuvimos ante el pozo excavado por una casta monja, que además había fundado una mezquita por sentimientos de caridad. A estas personas se las llama *pak damun*, que literalmente significa «prenda pura». Toman el Corán como texto supremo. Los mahometanos de nuestro grupo visitaron a la señora y el resto de nosotros reparó su pozo confeccionando nuevas vasijas para sacar el agua.

En Pind Dadan Kan fuimos recibidos por las autoridades a orillas del río. Nos obsequiaron con una bolsa de quinientas rupias y algunos tarros de dulces. Pind Dadan Kan es la capital de un pequeño distrito, con una población de unas seis mil almas. Consta de tres pequeños pueblos situados uno cerca del otro, y a unos seis kilómetros del río. Sus casas son como las del Punyab, pero sus armazones son de cedro, que baja flotando con las crecidas del río desde el Himalaya. La durabilidad y fragancia de esta madera la recomiendan para todo tipo de construcciones. En las orillas del Hidaspes vimos un cedro de cinco metros de circunferencia. En este río, los macedonios construyeron la flota con la que navegaron por el Indo, y es un hecho notable que en ninguno de los otros ríos del Punyab flotan árboles como este, ni existen en ningún otro lugar tales facilidades para la construcción de barcos.

Pind Dadan Kan se encuentra a ocho kilómetros de la cordillera de la Sal, que se extiende desde el Indo hasta el Hidaspes, y en la que se excavan numerosas minas para la extracción de ese mineral. Nos detuvimos un día para examinar estas curiosas excavaciones, que paso a describir.

Encontramos unas cien personas trabajando en una de las minas, que se sorprendieron tanto al vernos como nosotros al contemplar los brillantes y hermosos cristales de sal roja que formaban las paredes de la cueva. Convertimos nuestra visita en un día de regocijo, distribuyendo generosamente parte del dinero que por todas partes se amontonaba sobre nosotros, y no podía estar mejor repartido, pues las pobres criaturas presentaban un espectáculo de miseria. Madres con sus bebés, niños y ancianos se dedicaban por igual a sacar sal a la superficie, y su aspecto cadavérico y su respiración sofocada, despertaban la mayor compasión. Les dimos una rupia a cada uno, cuyo valor podía ser justamente

apreciado, ya que sólo podían ganarla después de extraer novecientos kilos de sal.

En las tierras altas de Kabul, entre la ciudad de ese nombre y
Peshawar, una cadena de colinas que brota de las raíces de la montaña Blanca —o Safed Koh— cruza el Indo en Kalabagh y termina
en la orilla derecha del Jhelum. Esta cordillera figuraba antiguamente en nuestros mapas con el nombre de Jood, después de haber
pasado el río; pero se la ha denominado más apropiadamente la
cordillera de la Sal, por los extensos depósitos de sal gema que
contiene. En la obra del señor Elphinstone se encuentra un relato
de esa parte cerca de Kalabagh, donde el Indo, en su curso hacia el
sur, corta esta cordillera y deja al descubierto sus tesoros minerales.* En los alrededores de Pind Dadan Kan, una ciudad a unos
ciento cincuenta kilómetros al noroeste de Lahore, se excavan en la
misma cordillera las minas de sal que abastecen, a las provincias
septentrionales de la India, de ese elemento necesario para la vida.
Los siguientes detalles no pretenden ser una descripción científica
de estas minas, mi único objetivo es transmitir la información que
un viaje a una parte tan poco frecuentada del Punyab me ha permitido recoger.

La cordillera de la Sal forma el límite meridional de una meseta, entre el Indo y el Hidaspes, que se eleva unos doscientos
cincuenta metros desde las llanuras del Punyab. Las colinas alcan-
zan una altura real de trescientos sesenta metros desde el valle del
Jhelum, lo que les da una elevación de unos seiscientos metros sobre el nivel del mar. Su anchura supera los ocho kilómetros. La
formación es arenisca, en estratos verticales, con guijarros o piedras redondas incrustadas en varias partes. La vegetación es
escasa, y los atrevidos y desnudos precipicios, algunos de los cuales se elevan a la vez desde la llanura, presentan un espantoso y
desolado aspecto. Hay fuentes termales en varios lugares. También
hay alumbre, antimonio y azufre, pero una arcilla roja, que se en-

* Véase introducción de *An Account of the Kingdom of Cabul, and its
Dependencies in Persia, Tartary, and India,* página 58.

cuentra principalmente en los valles, es una señal segura de un depósito de sal, que se halla a intervalos en toda esta cordillera. En la actualidad, el mineral se extrae de Pind Dadan Kan, desde donde puede transportarse fácilmente por un río navegable.

En la aldea de Khewra, a ocho kilómetros de Pind Dadan Kan, examinamos una de las principales minas. Estaba situada cerca del exterior de la cordillera, en un valle cortado por un riachuelo de agua salada. Se abría en la colina a través de la formación arcillosa roja antes mencionada, a una distancia de unos sesenta metros de la base. Fuimos conducidos por una estrecha galería, suficiente para admitir que una persona pasara a otra, durante unos trescientos metros, de los cuales cincuenta pueden tomarse como descenso real. Aquí entramos en una caverna de dimensiones irregulares y unos treinta metros de altura, excavada enteramente en sal. El mineral está depositado en estratos de la mayor regularidad, presentándose, como la roca externa, en capas verticales. Algunas de ellas, sin embargo, forman un ángulo de veinte a treinta grados, y tienen la misma apariencia que ladrillos colocados unos sobre otros. Ninguna de las capas tiene más de treinta centímetros de espesor, y cada una de ellas está claramente separada de su vecina por un depósito de tierra arcillosa de tres milímetros de espesor, que actúa como mortero entre los estratos. Parte de la sal se presenta en cristales hexagonales, pero a menudo en masas: toda ella está teñida de rojo, variando desde el tono más ligero hasta el más profundo; cuando se machaca, la sal es blanca. La temperatura de la caverna superaba en veinte grados a la del aire libre, donde el termómetro marcaba 18 °C en febrero. Los nativos afirman que estas minas son mucho más frías en la estación cálida, pero esto sólo demuestra que sufren poca o ninguna alteración, mientras que el calor exterior se altera con la estación. No había la sensación de humedad que cabría esperar en una mina de sal.

Había más de cien personas, hombres, mujeres y niños, trabajando en la mina, y sus pequeñas y tenues lámparas encendidas en los lados de la caverna y sus recovecos brillaban con el reflejo de los cristales de rubí de la roca. La cavidad ha sido excavada desde el techo hacia abajo. La sal es dura y quebradiza, por lo que se astilla al golpearla con el mazo y el pico. La roca nunca se explota con pólvora, por miedo a que se caiga el techo, y a veces ocurren accidentes de este tipo en el actual modo sencillo de excavación. Por la misma razón, las minas no se trabajan durante dos meses en época de lluvias. Los mineros viven en aldeas entre las colinas. Tienen una complexión malsana, pero no parecen padecer ninguna enfermedad en particular. Reciben una rupia por cada veinte *maunds** de sal que llevan a la superficie, tarea que puede ser realizada por un hombre, su mujer y su hijo, en dos días. En las minas donde el mineral está cerca de la superficie, se corta en bloques de cuatro *maunds*, dos de los cuales cargan un camello, pero normalmente se rompe en trozos pequeños. Esta sal goza de gran reputación en toda la India entre los médicos nativos por sus virtudes medicinales. No es pura, pues contiene una mezcla considerable de alguna sustancia —probablemente magnesio— que la hace inapropiada para conservar la carne. Los nativos del Punyab atribuyen la prevalencia del *nuzlu* a sus efectos.

Como la cordillera de la Sal contiene un suministro inagotable, las minas producen cualquier cantidad que se desee. Diariamente, se extraen dos mil quinientos *maunds* de Lahore —uno de los cuales equivale a cien libras inglesas—, lo que da unos ochocientos mil *maunds* anuales. Hace unos años, la sal se vendía en la mina a la mitad, e incluso a la cuarta parte, de una rupia por *maund*, pero su precio ha subido a dos rupias por *maund*, sin impuestos. El Gobierno de Punyab lo monopoliza y Ranjit Singh espera obtener unos ingresos anuales de dieciséis millones de rupias, a los que hay que añadir dos millones y medio más en concepto de aranceles. Sin embargo, se gasta un millón y medio de rupias en la explotación del mineral. Los beneficios ascienden a alrededor del 1.100 %, aunque la sal se vende a un tercio del precio de la de Ben-

---

* Unidad de masa tradicional en el antiguo Imperio mogol, un *maund* podía equivaler entre once y setenta y dos kilogramos. (N. del T.)

gala, que tiene un promedio de cinco rupias por *maund* de ochenta libras.* La sal del Punyab se exporta por el Jhelum a Multán y Bahawalpur, donde se encuentra con la sal procedente del lago Sambhar. Llega hasta las orillas del río Yamuna y del Cachemira, pero no se exporta hacia el oeste del Indo. Ranjit Singh ha prohibido la producción de sal en todos sus dominios; sin embargo, es muy dudoso que en el futuro obtenga de ella ingresos tan elevados como los que recibe ahora. El dueño del monopolio, un hombre cruel y tiránico, oprime ahora sin piedad al pueblo para extraerla. Los nativos desconocen la época en que estas minas fueron explotadas por primera vez; debió de ser en una fecha muy temprana, ya que el mineral ha estado expuesto por la acción del río Indo. Fueron aprovechadas por los emperadores del Indostán, aunque el curioso emperador Babur no las menciona en sus memorias.

Subimos por la orilla derecha del Jhelum hasta Jalalpur, recorriendo unos cincuenta kilómetros por una extensión de tierra rica y de gran fertilidad. Los labradores segaban el trigo verde para el ganado. La cordillera de la Sal corre paralela al río y presenta un perfecto contraste entre su desolación y su fértil valle, pues carece de vegetación. Sin embargo, hay muchos pueblos encaramados en las colinas exteriores, que se elevan unos sobre otros de forma pintoresca. Destacan más por su romántica ubicación que por su comodidad. Nos detuvimos en uno de ellos, pulcro y bien cuidado, y nos alojamos en una habitación de unos cinco metros de largo por la mitad de ancho. Tenía armarios y estanterías, mientras que los almacenes de grano, hechos de tierra, hacían las veces de mesas. Todos los edificios, tanto por dentro como por fuera, están enlucidos con una tierra de color gris, que les da un aspecto limpio; y como estas aldeas se levantan en la declividad de las colinas, la lluvia arrastra todo lo que le es desagradable. A cambio de la hospitalidad que nos dispensó esta casa, el doctor Gerard tuvo la

---

* Véase la declaración del señor Ramsay ante el Comité de los Lores.

suerte de salvar la vida de una pobre mujer que se moría debido a una inflamación, y a la que sangró copiosamente.

Se ha conjeturado que Jalalpur fue el escenario de la batalla que enfrentó a Alejandro Magno contra el rey Poros, cuando el primero cruzó el río mediante una estratagema y derrotó al monarca. Hay muchos argumentos a favor de esta opinión, ya que, en palabras de Quinto Curcio, existen «islas en el arroyo, orillas salientes y aguas dilatadas». Sin embargo, la mención de «rocas hundidas» parece apuntar más arriba, siguiendo el cauce del río, cerca de la aldea de Jhelum. Los caminos altos desde el Indo pasan por este río en dos lugares, en Jalalpur y Jhelum; pero este último es el gran camino desde Tartaria, y parece haber sido el que siguió Alejandro Magno. La naturaleza rocosa de sus orillas y lecho, nos ayuda aquí a identificar las localidades de la ruta, ya que el curso del río no está sujeto a fluctuaciones. En Jhelum, el río también está dividido en cinco o seis canales y es vadeable en todo momento, excepto durante el monzón.

A unos veinticinco kilómetros por debajo de Jhelum, y a unos mil metros del Hidaspes, cerca de la moderna aldea de Darapur, nos topamos con unas extensas ruinas llamadas Udamnagar, que parece haber sido una ciudad que se extendía a lo largo de unos cinco kilómetros. Las tradiciones del pueblo son vagas e insatisfactorias, pues nos remiten al diluvio y a la época del profeta Noé. Se han encontrado muchas monedas de cobre, pero las que me trajeron llevaban inscripciones árabes. También nos mostraron una losa, con una inscripción en ese idioma, que había sido desenterrada recientemente, y supe por el señor Court que este había encontrado, cerca de aquí, un pilar estriado con un capitel muy parecido al tipo corintio. Sin embargo, tenía una figura hindú. En la actualidad no hay ningún edificio en pie; el suelo está sembrado de trozos rotos de ladrillos cocidos y cerámica, esta última de calidad superior. En la orilla opuesta del Hidaspes, en Darapur, hay un montículo que se dice que es coetáneo de Udamnagar, donde se levanta la aldea de Mung, en la que conseguí dos monedas sánscritas. También hay extensas ruinas más allá de Mung, cerca de Badshahpur. No me parece improbable que Udamnagar represente el emplazamiento de Nicea, y que los montículos y ruinas de la orilla occidental marquen la posición de la antigua ciudad de Bucéfala. Se nos dice que estas ciudades fueron construidas tan cerca del río que Alejandro Magno tuvo que repararlas a su regreso de la campaña del Punyab, ya que se encontraban inundadas. Hay que observar que las ciudades que tienen una ubicación ventajosa rara vez están desiertas; y si es así, que otras se levantan cerca de ellas, lo que explicará las monedas árabes encontradas en la vecindad. Se dice que Alejandro Magno acampó a una distancia de ciento cincuenta estadios* del río, en una llanura, y que hay un extenso tramo de campiña detrás de este mismo lugar.

La búsqueda de los restos de las ciudades de Alejandro Magno nos lleva a reflexionar sobre el estado del país en aquellos tiempos; es curioso compararlos con nuestra época. Se ha escrito que Poros, quien luchó contra Alejandro a orillas de este río, mantenía una fuerza de treinta mil infantes y cuatro mil jinetes, con doscientos elefantes y trescientos carros de guerra; y que había sometido a todos sus vecinos. Hoy día, si cambiamos los carros de guerra por cañones, tenemos precisamente la fuerza regular de Ranjit Singh, el rey Poros moderno, que también ha aplastado a todos sus vecinos. Un mismo país producirá generalmente el mismo número de tropas, si su población no se ve reducida por circunstancias adventicias.

Abandonamos las orillas del Jhelum y entramos en el territorio de la meseta de Potwar, habitado por una tribu llamada gurkas, famosa por su belleza y que afirma ser de origen rajput. La credulidad de esta gente es tan grande como en otras partes de la India. Un hombre serio y respetable me aseguró que había visto un lago, llamado Rewalsar, en el distrito montañoso de Mandi, en el Sutlej, que tenía tres pequeños islotes flotando en él. Estos son un

---

* Antigua unidad de longitud, principalmente en Grecia y Egipto, que equivalía aproximadamente a ciento cincuenta metros. (N. del T.)

lugar de peregrinación hindú; mi informante me aseguró que la gente se acerca para recibir a los devotos que regresan de las islas, ¡las cuales flotan a la deriva con sus ofrendas! Es evidente que debe tratarse de algún engaño o ilusión, que se practica con no poca destreza, pues el lugar conserva su mística. Un nativo me dijo que había oído decir que se trataba de un montón artificial de tierra colocado sobre cañas; no había visitado el lugar, y ofreció su explicación al oír mis dudas, tan fuertemente expresadas, como yo las sentía.

En el valle de Cachemira hay lechos móviles de melones que, en cierto modo, pueden considerarse como islas. Los ingeniosos habitantes de ese valle extienden una gruesa estera sobre la superficie de su lago, y la rocían con tierra: pronto adquiere consistencia, por la hierba que crece sobre ella. Al año siguiente siembran melones y pepinos, y recogen la cosecha desde una barca, convirtiendo así en rentable la superficie misma del lago de su rico territorio. Las islas de melones de Cachemira pueden haber dado una pista a los sacerdotes hindúes de Mandi.

Nuestra aproximación a los países mahometanos se hacía cada día más evidente, y se manifestaba nada más que en el traje de las mujeres, muchas de las cuales encontrábamos ahora veladas. Una muchacha que vimos en el camino tenía un dosel de tela roja erigido sobre ella a caballo, el cual tenía un aspecto ridículo. Parecía un armazón de madera, pero como la tela lo ocultaba todo, así como el semblante de la bella dama, no pude descubrir detalles del artilugio. El atuendo de la parte descubierta de las damas también había sufrido un cambio, y llevaban pantalones azules anchos, bien atados al tobillo, que se estrechaban hacia abajo y tenían un aspecto elegante. A veces se usa una tela de cincuenta metros de largo en un solo par, pues un pliegue cae sobre el otro.

El 1 de marzo llegamos al célebre Fuerte de Rohtas, considerado uno de los grandes baluartes entre Tartaria y la India. Mientras serpenteábamos por los lúgubres desfiladeros y recordábamos las diversas expediciones que habían recorrido este mismo camino, el fuerte irrumpió en nuestra vista como la escena de una linterna mágica. Nos había sido ocultado por altísimos precipicios. Nos acercamos a sus pesados muros por un sendero que el tiempo había cincelado en la roca, y pronto llegamos a su elevada puerta. El aspecto negro y vetusto del fuerte, y la árida esterilidad de las rocas que lo rodeaban, no nos inspiraron una idea favorable de la vecindad, que había sido el destino de muchas bandas desesperadas. Habíamos omitido proporcionarnos la orden de Ranjit Singh para la admisión en esta fortaleza, pero nos dirigimos a la puerta de entrada, como algo natural, y tras una conversación las puertas se abrieron de par en par. El permiso oficial llegó de Lahore al día siguiente.

Pronto nos encontramos entre amigos, y escuchamos los relatos de los veteranos sin temor a revivir las escenas de sus antepasados. Los oficiales afganos del Imperio mogol bajo el emperador Humayun derrocaron a este monarca y se fortificaron en Rohtas, en el año 1531. Sher Shah Shuri fue su fundador. Se dice que en su construcción se malgastaron doce años y algunos millones de rupias, sin embargo, el fuerte fue atacado y derrotado. Humayun regresó de sus andanzas con apoyo de Irán y reconquistó el reino de sus antepasados. Mandó arrasar el Fuerte de Rohtas, pero sus muros eran tan macizos y el edificio tan sólido, que sus emires y nobles se aventuraron a preguntar a su majestad si venía a recuperar su trono o a destruir un solo fuerte, ya que una empresa así requeriría tanta energía como la otra. Humayun se contentó con arrasar un palacio y una puerta como signo de su conquista, y marchó prudentemente hacia Delhi para restablecer su trono.

Examinamos sus murallas y obras exteriores, sus puertas y bastiones, y la gente nos señaló los orificios para verter aceite sobre los sitiadores. Apreciamos con admiración las elaboradas aspilleras para el cerrojo, los profundos pozos excavados en la roca viva y los polvorines a prueba de bombas de la fortificación. Desde una de las torres teníamos una vista dominante de la llanura, en la que podíamos distinguir un espacioso caravasar, obra del generoso y tolerante emperador Akbar el Grande. Aquí eclipsó a su padre Humayun tanto como en todos los actos de su prolongado reinado. El hijo levantó un edificio para cobijar al cansado viajero en su peregrinaje; el padre, lleno de ira, derrochó una suma mayor en la demolición de un palacio. Estos caravasares se han erigido en todas las etapas hasta el oeste del Indo, y el viajero no puede pasar por delante de ellos sin percibir una agradable sensación del iluminado designio de su fundador. El emperador Akbar el Grande fue un filántropo.

Desde Rohtas nos adentramos en un terreno montañoso y escarpado de gran fuerza, y nuestro camino discurría por barrancos. El caos de rocas, con sus estratos verticales, afilados como agujas debido a la erosión, los guijarros redondos que yacían incrustados en la arenisca, y el paisaje salvaje, hacían de este un entorno interesante.

Humboldt menciona en alguna parte que los depósitos de sal de roca y los manantiales minerales manifiestan cierta conexión con los volcanes; y entre estas colinas teníamos ambas cosas. Uno casi puede convencerse de la fuerza telúrica de la naturaleza con sólo echar un vistazo a las rocas. Aunque generalmente vertical, se puede observar, en algunos lugares, rocas que descienden sobre los barrancos, como si una mitad de la colina se hubiera levantado repentinamente, o la otra se hubiera hundido del mismo modo.

El agua es abundante en los barrancos, y también se encuentra en pozos a una profundidad de diez metros. A nuestra derecha podíamos ver el punto en el que el Jhelum, o Hidaspes, brota de las montañas. Se llama Damgully. No hay ninguna ruta hacia el valle de Cachemira por este río, y la más frecuentada se ubica entre Mirpur y Punch, a unos veinte kilómetros al este. Cerca del punto donde el Jhelum entra en la llanura, hay una roca aislada de unos veinte metros de altura, llamada Raoka, a la que se puede ascender por escalones. En ella reside un santo mahometano. Buscando un obelisco llamado Rawji, mencionado por el señor Elphinstone, oí-

mos hablar de Raoka; pero como sólo parecía una porción des-
prendida de roca, no la visitamos.

El 6 de marzo llegamos a la aldea de Mankiala, donde hay una
singular estupa, o túmulo de mampostería. Ha sido descrita por
Elphinstone, quien ofrece un dibujo correcto de la misma; nos dice
que «era, de hecho, tan parecida a la arquitectura griega como
cualquier edificio que los europeos, en partes remotas del país, pudieran construir ahora por las manos de constructores nativos sin
experiencia».* Recientemente, ha sido excavada por el señor Ventura, un general al servicio de Ranjit Singh. Estamos muy en deuda
con ese caballero, ya que sus trabajos fueron llevados a cabo con
considerables gastos y molestias.

Gracias a la amabilidad de mi amigo, el señor Allard, tuve la
oportunidad de ver las reliquias que encontró ese oficial. Se ha publicado una breve descripción de las mismas en el periódico
Investigaciones de la Sociedad Asiática de Bengala; puedo observar
aquí que consisten en tres cajas cilíndricas de oro, estaño —o alguna aleación de este— y hierro, que se encontraron encajonadas,
unas dentro de otras y colocadas en una cámara cortada en un
gran bloque de piedra en los cimientos de la pila. La caja de oro
tiene unos ocho centímetros de largo y cuatro centímetros de ancho, y está llena de una sustancia negra y sucia, como barro, medio
líquida y mezclada con pequeños trozos de vidrio o ámbar, lo que
hace pensar que en su día estuvo encajonada dentro de una vasija
que se había fracturado.

Mezcladas con esta sustancia se encontraron dos monedas o
medallas: la más pequeña era de oro, del tamaño aproximado de
una moneda de seis peniques, con una figura humana y el instrumento de cuatro puntas que caracteriza a todas las monedas de
Mankiala; la otra tenía dos líneas de carácter tosco, probablemente
hindi, en una cara, y ninguna escritura o símbolo en el reverso.
Durante la excavación de la estupa se encontraron muchas otras

* Véase introducción de *An Account of the Kingdom of Cabul, and its
Dependencies in Persia, Tartary, and India*, página 131.

monedas y reliquias, y la gente me informó de que se habían des-
enterrado algunos huesos humanos.

A mi llegada a Mankiala, tuve la oportunidad de apreciar el
valioso trabajo del señor Ventura, mediante una inspección personal de la estupa, fruto de su perseverante labor. Ese caballero
había intentado primero entrar en la estructura desde abajo, pero
fracasó debido a la gran solidez de esta. Una observación posterior
descubrió que había un pozo —si se me permite la expresión— que
descendía hacia el interior de la estructura desde la parte superior.
Primero despejó el pozo, que llega hasta la mitad y está marcado
en el fondo con grandes bloques de piedra. Luego completó su trabajo quitando estos enormes bloques hasta llegar a los cimientos,
donde fue recompensado con el hallazgo de los cilindros que he
descrito, así como de diversas monedas, que han sido enviadas a
París, pero que aún no han sido descifradas.

En un lugar tan célebre, no esperaba ver recompensada mi
búsqueda de monedas y antigüedades más allá de las expectativas
más optimistas, ya que no se menciona que los caballeros de la misión de Kabul hubiesen encontrado alguna aquí. Conseguí dos
antigüedades y setenta monedas de cobre. El valor de estas últimas
es mucho mayor por su correspondencia con las encontradas en el
interior de la estupa por el señor Ventura. Una de las antigüedades
es un rubí o cristal rojo, tallado en forma de cabeza, con un rostro
espantoso y orejas muy largas; la otra es una cornalina ovalada,
con la figura de una mujer que sostiene una flor y está graciosa-
mente vestida con un manto. El acabado es superior.* Me detendré
en estas monedas más adelante, de las cuales he presentado algunas a la Sociedad Asiática de Bengala, y he recibido la más amplia
respuesta del señor James Prinsep, su hábil secretario, en varias
notas sobre ellas.

Me llamó mucho la atención la ubicación de Mankiala, ya que
se encuentra en una amplia llanura, y su estupa se divisa a una

---

* Al escribir estas líneas, lamento registrar la pérdida de estas
antigüedades, aunque se han conservado descripciones de ellas.

distancia de veinticinco kilómetros. Se han hecho varias conjeturas sobre este lugar, pero no dudo en afirmar que se trata de Taxila, puesto que Arriano escribió, expresamente, que «era la ciudad más poblada entre el Indo y el Hidaspes», justo la posición exacta de Mankiala. El señor Ventura la define como Bucéfala, a partir de una derivación que interpreta que Mankiala significa la ciudad del caballo, pero esto no se basa en la historia, ya que Bucéfala estaba a orillas del Hidaspes, y, por lo tanto, creo que ya he averiguado su verdadera posición.

Describiré la estupa de Belur, que visitamos después, antes de ofrecer alguna conclusión sobre estos edificios.

Llegamos a Rawalpindi el día 7, y nos apeamos en la casa que el exrey de Kabul había construido en su exilio. Era un cuchitril miserable. La ciudad de Rawalpindi es agradable, y nos alegró encontrar las montañas cubiertas de nieve, pero a veinte kilómetros de distancia. De estas colinas me trajeron algunos ejemplares de azufre cristalizado en su estado original; entre ellas hay una ciudad llamada Porewala, lo que me hizo pensar que podría tener alguna relación con el célebre rey Poros del Hidaspes.

Dejábamos atrás rápidamente el Indostán y sus costumbres. Ahora recorríamos nuevos parajes donde el diente de león se había convertido en una mala hierba común. En Mankiala, nos detuvimos junto a una panadería, donde se hornea todo el pan del pueblo. Una costumbre muy sensata, en vez que cada familia lo prepare por separado, como en la India, y vivan en perpetuo terror de contaminarse unos a otros. Nos alegramos de ser considerados clientes del horno del pueblo. En nuestro camino nos encontramos con un numeroso grupo de afganos, y también de peregrinos hindúes, que acudían desde más allá del Indo a la gran feria religiosa de Haridwar: parecían más mahometanos que seguidores de Brahma.

El festival se celebra cada doce años, y la distancia sirve para aumentar la devoción del peregrino. La visión de estas gentes de más allá del Indo suscitó muchas sensaciones curiosas. Vestíamos su traje, y ellos no nos conocían; recibíamos sus saludos como compatriotas, y no podíamos participar de sus sentimientos. Algunos de ellos nos preguntaban, al pasar, si íbamos a Kabul o a Kandahar; y por sus miradas y preguntas, diversas emociones secretas y dudosas desperaron en mí. Descubrí que esto se debía a la novedad de nuestra situación que, por otro lado, pronto desapareció cuando nos mezclamos familiarmente con la gente y, con el tiempo, di y devolví los saludos habituales con toda la indiferencia de un viajero experimentado.

En Rawalpindi recibimos la visita de los funcionarios del gobierno, entre los cuales había un sacerdote sij, que había hecho el singular voto de no repetir nunca tres o cuatro palabras sin mencionar el nombre de Vishnu, uno de los dioses de la Trinidad hindú. Su conversación era, por lo tanto, muy notable, pues en todos los temas y en todas las respuestas intercalaba las palabras «Vishnu, Vishnu», de tal modo que no pude reprimir una sonrisa. Este personaje nos obsequió con un monedero de doscientas rupias, pero parecía proceder de Vishnu, y no del maharajá Ranjit Singh.

A unos veinticinco kilómetros de Rawalpindi, pasamos el desfiladero de Margalla, y divisamos con alegría las montañas más allá del Indo. Se trata de un paso estrecho sobre las colinas bajas, y pavimentado con bloques de piedra a lo largo de ciento cincuenta metros. Una inscripción persa, grabada en la roca, conmemora la fama del civilizado emperador que cortó el camino. Los desfiladeros continúan durante aproximadamente dos kilómetros, cuando un puente sobre un riachuelo conduce al viajero hasta el siguiente caravasar. Un puente, un caravasar y una carretera cortada a través de una colina, y a una distancia de tres kilómetros, denotan un gobierno diferente al del Punyab en los tiempos modernos. Continuamos nuestra marcha hacia Osman, a unos treinta kilómetros de Rawalpindi. Se encuentra en una llanura, en la boca de un valle, cerca de la base de las colinas periféricas. Sus praderas están regadas por los más hermosos y cristalinos riachuelos que fluyen desde las montañas. Algunos de ellos son conducidos por medios artificiales a través del pueblo, y hacen girar pequeños molinos de agua que muelen harina. En lo alto del valle se alza el Fuerte de Khanpur, con hermosos jardines, y sobre él se alzan las montañas cubiertas de nieve. Los campos de este fructífero valle yacen descuidados, debido a la exorbitante tasación de quien los cultiva. Los campesinos no tienen otra esperanza de resarcimiento que esta medida; y esta suspensión total de las labores de los labradores puede abrir el entendimiento del equivocado gobernador.

ESTUPA DE BELUR

Visitamos Osman, que está a unos seis kilómetros del camino real, en la base del bajo Himalaya, para examinar una estupa, como la de Mankiala, que se alza en el recoveco de una cadena de colinas cerca de la aldea en ruinas de Belur, a kilómetro y medio más allá de Osman. La construcción de la estructura, tal como se representa en el croquis adjunto, la sitúa en la misma época que la de Mankiala. Ninguno de los dos edificios es perfecto; el que ahora se describe difiere del otro por la mayor longitud del pozo. Tiene quince metros de altura, es decir, aproximadamente dos tercios de la altura de la estupa de Mankiala. También se ha excavado, y la abertura cuadrada formada de piedra tallada ha descendido al interior del edificio. Además, se reconocen las pequeñas pilastras, pero las molduras son más numerosas y el contorno general del edificio es algo diferente.

La estupa de Belur es un objeto conspicuo, por su elevada situación, pero no pude reunir ninguna otra información al respecto entre la numerosa población. Como quien busca la piedra filosofal, me condujeron de un lugar a otro, y me enteré de que había dos edificios similares a estas estupas, más allá del Indo, entre Peshawar y Kabul. Asimismo, descubrimos las ruinas de otra estupa, a cinco kilómetros al este de Rawalpindi.

Las pocas monedas que encontré en la estupa de Belur eran del mismo tipo que las ya descritas. Viendo que tanto las estructuras de Mankiala, como las de Belur, están perforadas por un pozo que desciende hacia el interior del edificio, me inclino a creer que en estas estupas se encuentran las tumbas de una raza de príncipes que una vez reinaron en la Alta India, y que son los sepulcros de los reyes bactrianos o de sus sucesores indoescitas, mencionados en el texto de *Periplus Ponti Euxini* del filósofo grecorromano Arriano. La tosquedad de las monedas apuntaría a la última época, o segundo siglo, de la era cristiana.

De los hermosos riachuelos de Osman pasamos valle abajo y, tras una marcha de once kilómetros, nos encontramos en los jardines de Hasan Abdal —un lugar que antaño atrajo a los generosos emperadores del Indostán—. Está emplazado entre dos colinas desnudas y elevadas, cuyas cimas pardas y desnudas no contribuyen mucho a su belleza; aun así, debe de ser un lugar encantador en los meses calurosos. Las casas del jardín se están pudriendo y la maleza oculta las flores y las rosas; sin embargo, los melocotoneros y los albaricoqueros relucen en flor, las vides se aferran a sus ramas y el agua límpida brota a torrentes de la roca. Un centenar de manantiales nacen en el límite de este pequeño jardín y, tras lavar sus lechos, pagan su tributo a un arroyo que pasa al Indo. Forman estanques repletos de peces, que pueden verse nadando de un lado a otro en sus aguas cristalinas.

La primavera ya había comenzado cuando visitamos este delicioso lugar. Al pasar junto a él, nuestra vista se abrió sobre el valle de Drumtour, que conduce a Cachemira; la cadena de colinas de Puklee, cubiertas de nieve, se divisaba encadenada con montañas más altas más allá de ellas. También se extendía ante nosotros la fértil llanura de Chach y Hazro.

Llegamos a ver el Indo, a una distancia de veinticuatro kilómetros. Se podía seguir su curso desde su salida por las colinas más bajas hasta el fuerte de Attock, debido al vapor que se cernía sobre él como si fuera humo. El agua del Indo es mucho más fría que la atmósfera, lo cual explica este fenómeno.

Acampamos en Hazro, que es un mercado entre Peshawar y Lahore. Aquí había cambiado bastante el aspecto de la gente; eran afganos y hablaban pastún. Me impresionó su aspecto varonil, y me senté encantado en un fieltro con un afgano, que me invitó cortésmente a conversar con él. No me arrepentí de haber cambiado el servilismo de los indios por los modales más libres e independientes de Kabul. Un orfebre ambulante, que se había enterado de nuestro viaje a Bujará, vino a charlar con nosotros. Había viajado allí, e incluso a Rusia; nos mostró un kopek de cobre que había traído consigo a su regreso. Habló de la equidad y la justicia del pueblo entre el que íbamos a viajar, lo que hizo de este joyero vagabundo un visitante bienvenido. Además, era hindú.

En la mañana del 14 de marzo, tuvimos el placer de acampar a orillas del Indo, con las tropas de Ranjit Singh, ahora en la frontera, bajo el mando de Sirdar Huree Sing. Este jefe vino a recibirnos con toda la pompa oriental y nos condujo a un confortable conjunto de tiendas que había preparado para nosotros. En nuestra marcha hacia el río, pasamos por el campo de batalla donde los afganos opusieran su última resistencia, hace ahora unos veinte años, en el lado oriental del Indo. Al mando de su ejército se encontraba el visir Fateh Kan, que huyó presa del pánico, aunque no fue derrotado. Una horda, tan numerosa como la de Jerjes o Tamerlán, podría acampar en esta espaciosa llanura, que se expande como una sábana de cultivos. Estaba cubierta de piedras redondeadas —muchas de las cuales eran de granito—, prueba inequívoca de la acción del agua.

Visitamos a nuestro anfitrión, el comandante, quien nos dio la bienvenida con sus tropas y oficiales en formación, y nos ofreció la cordial recepción de amigos. Nuestra conversación giró en torno a las hazañas bélicas de Ranjit Singh y su paso del Indo con y sin vado. Nos interesamos por la materia y pronto nos decidimos a intentar, al menos, vadear este gran río.

Montamos en uno de los elefantes del jefe y, acompañados por él mismo y doscientos jinetes, recorrimos algunos kilómetros río abajo hasta la aldea de Khurakhail, a unos ocho kilómetros por encima de Attock. El torrente se dividía aquí en tres brazos y, en los dos primeros, manaba con asombrosa violencia. No me gustó el aspecto del torrente y, aunque no dije nada, de buena gana me hubiera vuelto; pero ¿cómo podría, cuando yo había sido el primero en proponerlo? El jefe reunió a su escolta a su alrededor, arrojó una moneda de plata al río, según la costumbre, y se lanzó a él. Nosotros le seguimos, y todo nuestro grupo se puso a salvo. Tras arribar a la isla, nos disponíamos a entrar en el brazo principal, cuando unos rezagados que intentaban seguirnos sufrieron un triste accidente. Eran siete; y, en vez de cruzar por el punto exacto por donde nosotros habíamos efectuado el paso, pasaron unos metros más abajo, con el agua hasta las rodillas, pero esta fluía muy rápida. Los siete fueron desmontados de sus animales inmediatamente y arrastrados por la corriente. Los barqueros corrieron en su ayuda y los sacaron a todos menos a un pobre hombre y a dos caballos, a los que pudimos ver luchar y al final hundirse. Los demás fueron rescatados con gran dificultad, y dos de ellos estaban casi muertos. Conmocionados por la catástrofe, propusimos regresar, pero el jefe no quiso escucharnos. Se echó a reír y dijo:

—¿No sabéis que estos tipos podrían ser reyes en el otro mundo?; ¿y para qué sirve un sij si no puede cruzar el Indo?

El brazo principal, sin embargo, seguía delante de nosotros, y sólo accedí a cruzar si se dejaba atrás a los jinetes.

—¿Dejar mi guardia? ¡Imposible! —gritó el jefe.

Pero los abandonamos y pasamos el vado sin peligro. El suelo era resbaladizo y la corriente fluía con gran rapidez; el color del agua era azul y estaba helada, lo que la hacía difícil tanto para hombres como para bestias. Los elefantes se apretujaban contra la corriente y rugían a medida que avanzábamos. La emoción de tal empresa fue grande, y habría sido estimulante, si nuestra alegría no se hubiera visto empañada por presenciar tal calamidad. Este vado ha sido utilizado a menudo por los sijs, pero el paso ha provocado muchos accidentes graves.

Aquí me contaron la historia de un soldado desesperado, ocurrida en Lahore. Era nativo del Indostán y había asesinado al ayudante del regimiento en el que servía, en el ejército de Ranjit Singh. Se pidió un escarmiento para mantener la disciplina, pero Ranjit Singh nunca había derramado sangre desde que había llegado al trono y se negó a ejecutarlo, aunque los oficiales franceses le instaron a ello. Se ordenó amputar las manos del culpable en el patio de armas, ante las tropas, y se le cortaron con un hacha; la hemorragia se detuvo sumergiendo el muñón en aceite quemado. Las manos fueron clavadas en una tabla, como advertencia al resto del ejército, y el infortunado fue despedido con ignominia. Un camarada lo condujo a una mezquita en ruinas, donde pasó la noche, pero su espíritu le prohibió sobrevivir a su desgracia y resolvió suicidarse. Al día siguiente se arrojó al río Ravi: su resolución se tambaleó y, en lugar de ahogarse, cruzó el río nadando con los muñones sin manos.

Más adelante, nos dirigimos a la fortaleza de Attock, que se alza sobre una cresta de pizarra negra, al borde del Indo, el «río prohibido» de los hindúes. Era, en efecto, un río prohibido para nosotros, porque la guarnición se había amotinado, había expulsado a sus oficiales y se había apoderado de los transbordadores. No se les pagaban los atrasos y habían tomado este curso para informar a Ranjit Singh de sus quejas. En vano, proferimos súplicas perentorias de que nos recibieran en el interior de las murallas y nos mostraran las curiosidades del lugar; ellos respondieron que nuestras quejas serían escuchadas, pues el Maharajá sabría del maltrato por parte de los soldados hacia nosotros.

Como no mostraron más contumacia, nos detuvimos fuera, en una mezquita en ruinas, y no nos molestaron. Era inútil parlamentar con hombres irritados, y pensé que habíamos tenido suerte al convencerlos, después de dos días de detención, de que nos prestaran un bote, en el que fuimos transportados a través de la gran frontera de la India, en la tarde del 17 de marzo. El agua era azul celeste y la corriente superaba los nueve kilómetros por hora. Cruzamos en cuatro minutos.

A unos doscientos metros por encima de Attock, y antes de que el Indo se una al río Kabul, se precipita por un rápido con una furia asombrosa. Su anchura no excede aquí de cien metros; el agua está muy agitada, y se precipita como las olas y el rocío del océano. Sisea y fluye con un fuerte ruido, y supera los dieciséis kilómetros por hora. Un barco no sobreviviría en este torrente tempestuoso; pero después de que el río Kabul se une a él, el Indo pasa en una corriente tranquila, de unos doscientos treinta metros de ancho y treinta y cinco brazas de profundidad, bajo las murallas de Attock. Esta fortaleza es hoy un lugar sin poder: tiene una población de apenas unas dos mil almas.

Antes de cruzar el Indo, observamos un fenómeno singular en la bifurcación de los ríos Indo y Kabul, donde un fuego fatuo se manifiesta todas las tardes. Dos, tres y hasta cuatro luces brillantes son visibles a la vez, y continúan brillando durante toda la noche, oscilando a pocos metros unas de otras. Los nativos no podían explicarlas y, su continuación durante la estación de lluvias es la parte más inexplicable del fenómeno, en su opinión. Cuentan que el valiente príncipe Man Singh I, un rajput que llevó a cabo su guerra de venganza contra los mahometanos a través del Indo, libró una batalla en este lugar, y que las luces que ahora se ven son los espíritus de los difuntos. No habría creído en la constancia de este fuego fatuo, si no lo hubiera visto. Puede surgir del reflejo del agua en la roca, alisada por la corriente: aunque sólo se manifiesta en un punto particular, y toda la orilla está alisada. También podría ser una emanación de algún gas a través de una fisura en la roca. En cualquier caso, la posición del fenómeno nos impidió examinar la roca.

Los pescadores de los ríos Indo y Kabul también lavan la arena en busca de oro. La operación se realiza con mayor provecho después de que el oleaje ha disminuido. La arena se pasa por un tamiz y las partículas más grandes que quedan se mezclan con mercurio, al que se adhiere el metal precioso. Algunos de los ríos menores, como el Swan y el Haro, producen más oro que el Indo; y como sus fuentes no son remotas, esto demostraría que las menas se encuentran en el lado sur del Himalaya.

CAPÍTULO 3

Peshawar

FUE necesario hacer algunos arreglos para iniciar nuestro avance en el país de los afganos, pues ellos y los sijs mantenían la más arraigada animosidad. En Attock, el jefe de Peshawar nos envió una carta amistosa expresando sus buenos deseos. Por lo tanto, me dirigí a ese personaje, el sultán Mohamed Kan, informándole de nuestras intenciones y solicitando su protección. Envié asimismo una carta de presentación de Ranjit Singh al jefe de Acora; pero tan inconstante es el poder en estos países, que esa persona había sido expulsada durante las pocas semanas que llevábamos viajando desde Lahore, no obstante, el usurpador estableció comunicación con nosotros, y amablemente envió una partida a nuestro encuentro. Los súbditos de Ranjit Singh nos escoltaron hasta su frontera, que está cinco kilómetros más allá del Indo; aquí nos encontramos con los afganos. Ninguna de las partes quiso acercarse a la otra, y nos detuvimos a una distancia de unos trescientos metros, unos de otros. Los sijs nos dieron su *wagruji futtih*, sinónimo de nuestros tres «hurras», entonces nosotros avanzamos, y nos entregamos a los mahometanos; quienes exclamaron: ¡*Wussulam alaikum*! ¡La paz sea con vosotros!

Nos encaminamos hacia Acora con nuestros nuevos acompañantes, los khataks, una raza sin ley. Tras varios kilómetros, nos apeamos en esa aldea, que está casi desierta, debido a las constantes incursiones de los sijs. El jefe nos atendió inmediatamente, y expresó su descontento por el hecho de que hubiéramos comprado

63

algunos artículos en el bazar, lo cual era un reflejo de su hospitalidad. Le pedí perdón y achaqué el error a mi ignorancia de las costumbres afganas, añadiendo que no olvidaría, a medida que avanzara, la hospitalidad de los khataks de Acora. El jefe se despidió, asegurándonos antes de su partida, literalmente, que nos considerásemos tan seguros como los huevos debajo de una gallina; un símil bastante prosaico, de cuya verdad no teníamos razón en dudar.

Sin embargo, había sido este lugar donde el pobre William Moorcroft y su grupo encontraron serias dificultades y se vieron obligados a luchar para abrirse camino. Recibimos una segunda carta del jefe de Peshawar, que fue de lo más satisfactoria, ya que contenía una respuesta amistosa sin que hubiera recibido ninguna de las cartas de presentación que poseíamos. En ella se nos daba a entender que se acercaba una persona para conducirnos a través de su territorio.

Habíamos abandonado los territorios del Indostán y entrado en una tierra donde la codicia por los bienes del prójimo es la pasión dominante. Nuestros pocos sirvientes también se dividieron en guardias regulares nocturnos. Teníamos dos afganos, dos indios y dos nativos de Cachemira. Un cachemir se emparejaba con un indio, y el más digno de confianza con el más perezoso; mientras que nosotros mismos debíamos supervisar la colocación de los centinelas.

Nuestra gente se reía a carcajadas de esta disposición militar, sin embargo, esta sería aplicada en todos los trayectos, de ahora en adelante. Nosotros mismos vivíamos como nativos, y habíamos dejado de quejarnos de la dureza del suelo y de las miserables chozas en las que a veces nos deteníamos. También había dispuesto de mis propios objetos de valor de una manera que entonces me pareció magistral: una carta con un crédito por cinco mil rupias iba sujeta a mi brazo izquierdo, de la forma en que los asiáticos llevan los amuletos. Mi pasaporte políglota estaba fijado a mi brazo derecho, y una bolsa de ducados estaba atada a mi cintura. También repartí una parte de mi dinero en efectivo a cada uno de los criados, y tan perfecto fue el control que se había establecido sobre ellos, que nunca perdimos un solo ducado en todo nuestro viaje, y encontramos criados muy fieles en hombres que hubieran podido arruinarnos y traicionarnos. Confiábamos en ellos, y ellos, a su vez, recompensaban nuestra confianza. Un hombre, Ghulam Hasán, oriundo de Surat, me siguió durante todo el viaje, cocinó nuestra comida y nunca se quejó de que tuviera que realizar tales tareas, ajenas a sus compromisos. En la actualidad, reside conmigo en Inglaterra.

Nuestro guía, ofrecido por Ranjit Singh, nos dejó en Acora. Chuni Lal, que así se llamaba, era un brahmán tranquilo e inofensivo, que no parecía encontrarse a gusto al otro lado del Indo. Le entregué una carta de despedida para su amo, y como su alteza me había escrito pidiéndome mi opinión sobre las minas de sal del Punyab y la mejor manera de sacar provecho de ellas, le preparé una larga exposición de los monopolios de la sal, diciéndole que era mejor imponer altos impuestos a la sal que al grano. También le dije, con otras tantas palabras, que la cordillera de la Sal era una porción de su territorio tan valiosa como el valle de Cachemira; no creo que su alteza necesitara muchas explicaciones, como lo demostraban prácticamente las actividades que habíamos presenciado en las minas.

En nuestro camino hacia Acora, pasamos por un campo de batalla, en la pequeña aldea de Sydu, donde ocho mil sijs se habían defendido contra una enfurecida población de 150.000 mahometanos. Bud Singh, su comandante, levantó una pequeña muralla de piedras sueltas y resolvió así su dilema, asegurándose el elogio incluso de sus enemigos. Vimos el lugar y los huesos blanqueados de los caballos que habían caído en aquella ocasión. En la siguiente marcha pasamos por el célebre campo de Nowshera, al que el propio Ranjit Singh había dirigido nuestra atención. Aquí se encontró con los afganos por última vez. El jefe de estos, Azim Kan, estaba separado de la mayor parte de su ejército por el río de Kabul. Los sijs derrotaron a las divisiones de la orilla opuesta, principalmente gracias al valor personal de Ranjit Singh, que tomó una loma con sus guardias, de la que sus otras tropas se habían retirado tres veces. Azim Kan huyó sin ser detectado por el victorioso ejército sij, que había cruzado parcialmente el río para aprehenderlo. Se cree que temía la captura de su tesoro, que habría caído en poder de Ranjit si hubiera avanzado; pero también se dice que se aterrorizó al escuchar los gritos de los sijs la noche de su victoria. El líder afgano atribuyó sus exclamaciones a la llegada de tropas, pues tienen la costumbre de gritar en tales ocasiones. Ya hemos comparado a este potentado con Poros, y también se recordará la estratagema similar con la que Alejandro Magno derrotó a aquel monarca. Así como los griegos habían aterrorizado a su predecesor en el Hidaspes, los sijs asustaban ahora a los afganos con sus gritos y cantos.

Mientras atravesábamos la llanura hacia Peshawar, me sentía orgulloso y feliz. El tomillo y las violetas perfumaban el aire, y el césped verde y el trébol nos hacían pensar en un país lejano. La violeta tiene el nombre de *guli pueghumbur*, o la «rosa del profeta», por la excelencia, supongo, de su fragancia. En Pir Piai, que está a una marcha de Peshawar, se nos unieron seis jinetes que el jefe envió para escoltarnos. Ensillamos al amanecer, aunque llovía a cántaros, y acompañamos al grupo hasta la ciudad, poniendo a prueba la paciencia de los jinetes, que se negaron a detenerse a mitad de camino para poder informar a tiempo de nuestra aproximación. Seguimos adelante hasta llegar cerca de la ciudad, cuando ya no pudimos resistir su persuasión. Su comandante dijo: «El jefe nos ha enviado sólo para daros la bienvenida, y ha ordenado a su hijo que os reciba fuera de la ciudad y ahora estamos a unos cientos de metros de su casa».

Nos detuvimos, y en pocos minutos apareció el hijo del jefe, acompañado de un elefante y un grupo de caballos. Era su hijo mayor, un muchacho apuesto, de unos doce años, vestido con una túnica azul y un chal de cachemira a modo de turbante. Desmontamos en el camino y nos abrazamos, acto seguido, el joven nos condujo inmediatamente a presencia de su padre. Nunca había sido recibido con tanta amabilidad: salió a nuestro encuentro en persona y nos condujo al interior de un apartamento salpicado de cristales de espejo y embadurnado de pintura de pésimo gusto. Su casa, su país, su propiedad, todo en definitiva, podía ser considerado nuestro; era aliado del Gobierno británico, y lo había demostrado con su amabilidad hacia el señor Moorcroft, que él consideraba como una muestra de amistad. No seríamos nosotros quienes deseáramos transgredir sus artículos.

El sultán Mohamed Kan tenía unos treinta y cinco años, era bastante alto y de tez oscura. Iba vestido con una pelliza forrada de piel y adornada sobre los hombros con plumón de pavo real, que tenía un aspecto más rico que los muebles que lo rodeaban. Nos alegramos de poder retirarnos y cambiar nuestras ropas mojadas, y fuimos conducidos al serrallo del sultán, que había preparado, en realidad *desocupado*, para nuestra recepción. Fue una bienvenida que no esperábamos.

Apenas había transcurrido una hora cuando recibimos la visita de Pir Mohamed Kan, el hermano menor del jefe, una persona alegre y simpática. El propio jefe nos acompañó durante la velada, a la que siguió una suntuosa cena de la que todos participamos. La carne estaba deliciosa, al igual que la cocina. No necesito añadir que comimos con las manos, pero pronto dejamos de asombrarnos de que un noble desgarrara un cordero en pedazos y seleccionara los mejores trozos, que tendió para que los aceptáramos. Delante de cada uno de nosotros se extendía un largo rollo de pan con levadura a modo de plato y, dado que su tamaño disminuía a medida que desaparecía la carne, cumplía bien su función. Arroz pilaf, estofados, y demás platos dulces y agrios llenaban las bandejas; el manjar del día era un cordero que sólo había probado la leche. Se le había exprimido una naranja amarga por encima, lo que lo hacía muy sabroso. Siguieron cuatro bandejas de dulces con fruta; el banquete concluyó con sorbetes, mezclados con nieve, cuyo aspecto nos deleitó tanto como a nuestros nuevos amigos. Pasamos una vigilia antes de irnos, y después de que el jefe nos repitiera en un susurro su devoción por nuestra nación y su preocupación por nuestro bienestar, nos dio las buenas noches. Yo sentía las piernas entumecidas por la molesta posición de constricción en la que había estado sentado tanto tiempo. Esa noche se despejaron todas las dudas sobre si estaríamos preparados para que nos gustaran los modales de esta gente.

Al día siguiente nos presentaron al resto de la familia. Hay dos hermanos, además del jefe, y un montón de hijos y parientes. La persona más notable de la familia era un hijo de Fateh Kan, el visir de Mahmud Shah, que había sido tan vil y cruelmente asesinado. El muchacho tiene unos catorce años y es el único descendiente de su malogrado padre. Los hijos del Mirwais y de Mukhtar-ud-Daula, cuyos padres destronaron a Shah Shuja, estaban entre el grupo, y el día transcurrió de la manera más agradable. La gente era sociable y bien informada, sin prejuicios religiosos, y muchos de ellos conocían bien la historia de Asia. Estaban siempre alegres, y eran a menudo ruidosos en su buen humor. Durante la conversación, muchos de ellos se levantaban y rezaban en la sala cuando llegaban las horas señaladas. A medida que nos íbamos conociendo mejor en Peshawar, nuestro círculo de amistades se fue ampliando, y los visitantes se dejaban caer a todas horas, y más aún si nos encontraban solos. Los afganos nunca se sentaban solos, y siempre se disculpaban si nos encontraban solos, aunque a veces hubiera sido deseable seguir así.

Por la tarde, el jefe nos invitó a acompañarle a él y a sus hermanos a ver los alrededores de Peshawar. El médico se quedó fuera, pero yo cabalgué con ellos. De la ciudad de Peshawar no diré nada, ya que las descripciones gráficas y precisas hechas por el señor Elphinstone no requieren nada más que añadir. Tal es, en efecto, la naturaleza de la información contenida en su valiosa obra, que siempre evitaré la materia ya tratada por él y, en Afganistán, me limitaré a incidentes y aventuras de carácter personal.

Había acompañado al jefe en un día muy favorable para un forastero, el *nouroz* o Año Nuevo (21 de marzo), que celebra el pueblo. La mayor parte de la comunidad estaba reunida en los jardines y desfilaba con ramos de flores de melocotón. Entramos en el jardín de Ali Mardan Kan, nos sentamos en lo alto de su casa-jardín y contemplamos la multitud reunida. Los árboles estaban cubiertos de flores, y nada podía ser más hermoso que la escena circundante. El jefe y sus hermanos se esmeraron en señalarme las colinas vecinas, explicándome quiénes las habitaban y otros detalles que consideraron de interés. También me informaron de que el noble que había mandado a construir este jardín poseía la piedra filosofal —la *sung-i-fars*—, ya que no había otra forma de explicar sus grandes riquezas. Añadieron que la había arrojado al Indo, lo que al menos les aliviaba de conocer el destino de su heredero.

Pronto nos acostumbramos a nuestro nuevo modo de vida y, como teníamos por norma no escribir en ninguna ocasión durante el día, ni en público, teníamos tiempo libre para recibir a todas las personas que venían a vernos. En poco tiempo nos familiarizamos con toda la sociedad de Peshawar y, durante los treinta días que permanecimos allí, tuvimos una serie ininterrumpida de visitas y banquetes. Nada, sin embargo, contribuyó más a nuestra comodidad y felicidad que la amabilidad de nuestro digno anfitrión. El sultán Mohamed Kan no era el afgano analfabeto que yo esperaba encontrar, sino un caballero educado y bien criado, cuyos modales abiertos y afables me causaron una impresión duradera. Cuando nos sentábamos a cenar, a menudo se colaba entre nosotros, sin que nadie lo viera, y pasaba la velada en nuestra compañía. A veces le seguían varias bandejas con platos que habían sido cocinados en su harén y que creía que podían ser apetitosos para nosotros. Era una persona más notable por su gentileza que por su sabiduría; pero se ocupaba de todos sus asuntos: era un valiente soldado; su serrallo tenía unas treinta mujeres, y había sido padre de sesenta hijos. No sólo eso, ¡sino que no pudo decir el número exacto de supervivientes entre su descendencia cuando se lo pregunté!

El viernes siguiente a nuestra llegada, acompañamos al jefe y a su familia a unos jardines de flores, donde pasamos la mayor parte del día conversando. El jefe se sentó bajo un árbol y nosotros nos colocamos bajo otro. Nos trajeron sorbetes helados y dulces, y oímos hablar mucho sobre la munificencia del señor Elphinstone a Mulá Najib, un anciano que le había acompañado a Calcuta. Por la tarde volvimos al jardín del rey, que es el más espacioso, y nos sentamos en el suelo con el sultán Mohamed Kan y su familia, para tomar caña de azúcar cortada en pequeños trozos. Cuatro de los hijos del jefe nos acompañaron; era delicioso ver la afectuosa atención que prestaba a sus hijos, ninguno de los cuales alcanzaba los cinco años. Cada uno de ellos se sentó a caballo delante de una de sus *suites*, y sujetaron las riendas con maestría, pues a los durrani se les enseña a montar desde la infancia. Seguimos al jefe hasta el cementerio de su familia, donde estaban enterrados sus dos hermanos mayores, Atta y Yar Mohamed Kan, caídos en combate. Todas las ramas de la familia estaban presentes y ofrecieron sus oraciones vespertinas en una mezquita cercana a la tumba. El espectáculo era impresionante, tanto más cuanto que entre los presentes se encontraban los hijos de los hermanos fallecidos. El día terminó con una visita a un santón llamado Shekh Iwuz, lo cual es la forma habitual de pasar el viernes entre los nobles durranis de Peshawar.

El séquito del jefe consistía en sus parientes y sirvientes; no tenía guardias y, al principio, sólo le acompañábamos nosotros y dos jinetes. La sencillez y la libertad de esta gente son dignas de admiración y, sea cual sea la norma, puedo dar fe de que, al menos, los peticionarios son escuchados en sus quejas. Todo el mundo parece tener el mismo grado de igualdad que el jefe, y el sirviente más insignificante se dirige a él sin ceremonias. Él mismo parece estar libre de todo tipo de orgullo o artificio, y sólo se le distingue entre la multitud por su vestimenta, pues es aficionado a la exquisitez y la ostentación.

En uno de nuestros paseos por Peshawar con el jefe, fuimos testigos de un ejemplo de justicia y retribución mahometana. Al pasar por los suburbios de la ciudad descubrimos una multitud de gente y, al acercarnos más, vimos los cuerpos destrozados de un hombre y una mujer, el primero no del todo muerto, tendidos en un estercolero. La muchedumbre rodeó inmediatamente al jefe y a nuestro grupo, y una persona se adelantó y, en actitud temblorosa, declaró al sultán Mohamed Kan que había descubierto a su esposa en un acto de infidelidad y había dado muerte a ambas partes; sostenía la espada ensangrentada en sus manos y describió cómo había cometido el acto.

Su mujer estaba embarazada y ya tenía tres hijos. El jefe le hizo algunas preguntas, que no le ocuparon ni tres minutos; luego dijo, en voz alta: «Has actuado como un buen mahometano y realizado un acto justificable». Luego prosiguió, y la multitud gritó: «¡Bravo!». El hombre fue puesto inmediatamente en libertad.

Permanecimos junto al jefe durante la investigación y, cuando esta terminó, se volvió hacia mí y me explicó cuidadosamente la ley. «La culpabilidad», añadió, «cometida un viernes, es seguro que será descubierta», pues ese fue el día en que ocurrió. No hay nada nuevo en estos hechos; pero, como europeo, sentí que se me helaba la sangre al contemplar los cuerpos destrozados y oír al marido justificar el asesinato de la mujer que le había dado tres hijos. La justicia sumaria del jefe, que casualmente pasaba por allí, tampoco aliviaba la lúgubre escena. Parece ser que se cree que la exposición de los cadáveres en un estercolero expía en cierta medida los pecados del culpable, por el ejemplo que da a la comunidad; posteriormente son enterrados en el mismo lugar.

Poco después de nuestra llegada a Peshawar, fuimos invitados a pasar un día con el hermano del jefe, Pir Mohamed Kan. Nos recibió en un jardín, bajo una enramada de árboles frutales repletos de flores. Antes de sentarnos, extendimos alfombras y sacudimos las ramas, que se cubrieron con las abigarradas hojas del albaricoque y el melocotón. La fragancia y la belleza eran igualmente deliciosas. La fiesta constaba de unas cincuenta personas, todas las cuales participaron en el entretenimiento, que fue sustancial y de gran escala. Asistieron artistas que cantaron odas en pastún y persa. La conversación era general y se refería sobre todo a sus propios asuntos. Los hijos del jefe y sus hermanos volvieron a estar presentes: se alborotaron entre los dulces, y cuatro de ellos tuvieron una batalla campal con las flores de los árboles, que se arrojaban unos a otros como si fueran nieve.

No recuerdo haber visto ningún lugar más encantador que Peshawar en esta estación: el clima, el jardín y el paisaje deleitaban los sentidos, y a todo ello habíamos tenido la suerte de añadir la hospitalidad de la gente. No había traído ningún regalo para recompensar a aquellos hombres, y, por lo tanto, no quería recibir ninguno de sus manos; no obstante, en la presente ocasión, nuestro anfitrión sacó un pequeño caballo, de raza montañesa, e insistió en que lo aceptara. «El señor Moorcroft», dijo, «aceptó uno de estos mismos caballos, que le sirvió en sus dificultades, y no puedo, por lo tanto, recibir una negativa, ya que estáis entrando en países peligrosos». El caballo tuvo que ser enviado a mi casa sin remedio. Más tarde, y al respecto de este suceso, se mostrará la extraña providencia que a veces se puede encontrar en los actos del hombre.

Pero nuestra estancia en casa del jefe no estuvo exenta de inconvenientes, y fue preciso reflexionar para idear un plan que nos permitiera salir de allí con garantías. El jefe estaba enemistado con su hermano de Kabul y deseaba persuadirnos de que atravesáramos esa ciudad a hurtadillas y sin verlo. Ofreció, en efecto, enviar a un caballero persa como nuestro guía más allá de Afganistán, y, si yo hubiera creído que el arreglo era factible, me habría alegrado; pero era obviamente difícil atravesar la ciudad de Kabul y el territorio de su jefe sin que él lo supiera, y el descubrimiento de tal intento podría hacer caer sobre nosotros la ira de un hombre de quien, por otro lado, no teníamos nada que temer por declararnos abiertamente oficiales británicos. Estaba resuelto, por lo tanto, a confiar en el jefe de Kabul como había confiado en su hermano de Peshawar, tan pronto como pudiera persuadir al sultán Mohamed Kan de que nuestras relaciones allí nunca disminuirían el aprecio que sentíamos por él personalmente. Pocos días después, consintió en que escribiéramos a Kabul, y notificáramos nuestra aproximación al nabab, Jabbar Kan, el hermano del gobernador, a quien me dirigí bajo un nuevo sello, cortado a la manera del país, y que llevaba el nombre de «Sikander Burnes».

El sultán Mohamed Kan se limitó entonces a aconsejarnos con sabias palabras que nos conducirían con seguridad más allá de sus dominios. Nos pidió que cambiásemos aún más nuestra vestimenta, lo cual hicimos, dando el mejor aspecto de nuestra *pobreza*. La prenda exterior que yo llevaba me costó una rupia y media, ya confeccionada, en el bazar. También decidimos ocultar a la gente común nuestra condición de europeos, aunque debíamos confesar francamente a todos los jefes y, de hecho, a todas las personas con las que entráramos en contacto, nuestra verdadera identidad. Pero nuestro cumplimiento de este consejo nos sometería a las más fuertes incomodidades, pues evitaríamos el Turquestán y nos dirigiríamos a Persia por la ruta de Kandahar. Según el sultán, nada podría salvarnos de los feroces y vendedores de esclavos uzbekos; el país, la gente, todo era malo. Juzgó las calamidades de Moorcroft y sus asociados, y yo escuché en silencio. El jefe pensó que hasta tal punto había conseguido que abandonásemos el designio, y preparó varias cartas para Kandahar, y una recomendación particular dirigida a su hermano, que es jefe de aquel lugar.

Poco después de nuestra llegada a Peshawar, el sultán Mohamed Kan iluminó su palacio y nos invitó a un espectáculo ofrecido, según nos aseguró, en nuestro honor. Su mansión sólo estaba separada de la nuestra por un muro, y vino en persona a recibirnos por la tarde. Las damas habían estado pasando el día en estos apartamentos, pero el *kruk** fue dado antes de que entráramos, y un solitario eunuco, que más bien parecía una anciana, era el único que quedaba ahora. Por la noche se reunió el grupo, que no excedía de quince personas, el más distinguido de Peshawar. Nos sentamos en el salón, que estaba brillantemente iluminado: detrás de él había una gran fuente en el interior de la casa, sombreada por una cúpula de unos quince metros de altura, y a los lados de la misma había diferentes habitaciones, que daban al agua. El reflejo de la cúpula, que estaba pintada, producía un agradable efecto.

Hacia las ocho nos sentamos a cenar, comenzando con dulces y confituras que habían sido preparados en el harén. Eran muy superiores a todo lo que había visto en la India; la cena tuvo éxito y el tiempo transcurrió muy agradablemente. El jefe y sus cortesanos hablaron de sus guerras y revoluciones, y yo respondí a sus numerosas preguntas sobre nuestro país. La asamblea estaba siempre dispuesta a establecer comparaciones entre todo lo que se decía y los registros de la historia asiática, refiriéndose en términos familiares a Timur, Babur y Aurangzeb, y exhibiendo al mismo tiempo muchos conocimientos generales.

Yo les hablé de motores de vapor, baterías galvánicas, globos y máquinas impresionantes, que parecían dar satisfacción universal. No sé si me creían, pues no expresaban su escepticismo. Muchos de los cortesanos, por supuesto, halagaban al jefe cuando comentaban sus observaciones, pero su estilo de dirigirse a él no era en absoluto servil, y la suave afabilidad del propio sultán Mohamed Kan me encantó. Habló sin reservas de Ranjit Singh, y suspiró por algún cambio que pudiera liberarle de la desgracia de tener a su hijo como rehén en Lahore. Se introdujo el asunto de los rusos, y un persa del grupo declaró que su país era totalmente independiente de Rusia. El jefe, con muy buen humor, observó que la independencia de los rusos era parecida a la suya con los sijs, incapaces de resistir y dispuestos a transigir.

---

* Palabra que denota la costumbre tártara de limpiar los apartamentos exteriores de un serrallo.

Entre nuestros visitantes, ninguno venía con más frecuencia que los hijos del jefe y sus hermanos, y además eran los más bienvenidos, pues hacían gala de una inteligencia y un trato que me sorprendieron. Casi todos ellos sufrían de fiebre intermitente, que se curaba pronto con unas pocas dosis de quinina, de la que teníamos una gran provisión. Los conocimientos que exhibían estos muchachos me indujeron en una ocasión a tomar nota de su conversación. Eran cuatro y ninguno había cumplido los doce años. Los interrogué, mientras estaban sentados a mi alrededor, sobre las buenas cualidades de Kabul, dando a cada uno dos respuestas; esto fue lo que contestaron: 1. La salubridad del clima; 2. El sabor de la fruta; 3. La belleza de la gente; 4. El hermoso bazar; 5. La ciudadela de Bala Hissar; 6. La justicia del gobernante; 7. Las granadas sin semilla; y 8. Su incomparable *ruwash* o ruibarbo.

Cuando los interrogué sobre sus malas cualidades, dijeron lo siguiente: 1. La comida es cara; 2. Las casas no pueden mantenerse en buen estado sin quitar constantemente la nieve del tejado; 3. Las crecidas del río ensucian las calles, y, 4. La inmoralidad del sexo débil; esta última respuesta dada como un proverbio recitado.

No me parece que en Europa los niños muestren tanta precocidad, y sin duda esto se debe a su introducción más temprana en la sociedad de las personas adultas. Cuando un niño llega a los doce años, se mantiene un establecimiento separado para él y, mucho antes de esa edad, se le prohíbe frecuentar los aposentos de su madre, salvo en determinadas ocasiones. Khoja Mohamed, el hijo mayor del jefe de Peshawar, a quien ya he mencionado, vino un día a invitarme a cenar, y me sorprendí al oír que tenía casa propia. «¿Cómo?», replicó el joven, «¿quieres que me imbuya del talante de una mujer, cuando soy hijo de un durrani?». De vez en cuando acompañaba a estos vástagos a los jardines de Peshawar, y los encontraba buenos compañeros, pues a nadie se le ocurría molestarnos. Recuerdo que uno de ellos me contó la historia de las guerras de su padre y su prematuro final en la batalla dos años antes, y cómo tomó en sus brazos la cabeza ensangrentada de sus padres, cuando la trajeron del campo sin su torso.

Estos paseos por Peshawar no siempre se hacían en semejante compañía, pues solía ir sin supervisión, ni siquiera de un *capchí* o portero del jefe, que solía acompañarnos poco después de nuestra primera llegada.

Visité el Bala Hissar, en el que Shah Shuja había recibido tan bellamente a la misión de Kabul de 1809. Ahora es un montón de ruinas, pues fue incendiado por los sijs en una de sus campañas en este país. También fui al gran caravasar, donde el divertido y talentoso viajero señor Forster describe con tanto humor al codicioso mulá, que deseaba robarle la ropa. Las circunstancias habían cambiado, por extraño que parezca, desde sus días en Kabul, hace ahora unos cincuenta años. Forster habría considerado su viaje y sus peligros terminados al llegar a Kabul, donde nosotros ahora esperábamos su comienzo.

Al pasar por una puerta de la ciudad, la observé tachonada de herraduras de caballo, que son emblemas tan supersticiosos en este país como en la remota Escocia. Un herrero no tenía clientes: un santo al que acudió le recomendó que clavara un par de herraduras en una puerta de la ciudad; después prosperó, y desde entonces los herreros de Peshawar han proferido todo el fervor al mismo santo mediante el mismo procedimiento, en el que confían ciegamente.

Uno de nuestros visitantes más bienvenidos en Peshawar era un grabador de sellos, nativo de la ciudad, que había viajado por gran parte de Asia y Europa oriental, aunque aún no había cumplido los treinta años. Desde muy joven había sentido una gran pasión por visitar países extranjeros y, con el motivo declarado, aunque no único, de peregrinar a La Meca, abandonó su casa sin que su familia lo supiera y se dirigió a Arabia por la ruta del Indo. Después de realizar el *hach*,* visitó Egipto, Siria, Constantinopla,

---

* Palabra árabe para denominar la peregrinación a La Meca. (N. del T.)

Grecia y varias de sus islas, y se sostuvo económicamente durante el viaje grabando los nombres de los fieles, lo que parece ser una ocupación rentable. Con su fortuna, disfrutó de los nuevos escenarios del Levante y se unió a otros vagabundos, de uno de los cuales escapó felizmente a un vil intento de envenenamiento. Tras una ausencia de cinco o seis años, regresó con su familia, que durante mucho tiempo lo había dado por perdido.

Su padre aprovechó la primera oportunidad que se le presentó para asentarlo en la vida y frenar sus propensiones a vagabundear, de modo que ahora vivía tranquilamente en Peshawar. Parecía encantado de visitarnos, y nos hablaba del Nilo y de las pirámides, de Estambul y de su estuario, el Cuerno de Oro, relatos que pocos de sus compatriotas creían. Recordaba sus peregrinaciones con gran deleite y lamentaba que el hecho de ser padre de familia le impidiera reunirse con nosotros. Esta disposición a vagar es un rasgo curioso de los afganos, pues son grandes amantes de su país. Un mahometano, sin embargo, se siente como en casa, en cualquier lugar donde se profese su credo, pues existe una especie de confraternidad en esa religión, como en la masonería, que une a sus miembros; entre ellos no hay distinciones de grado o rango, que tan fuertemente marcan la sociedad de otras religiones y países.

Llegó la temporada de las codornices, cuando todo el que podía escapar de sus otras vocaciones se dedicaba a cazar, atrapar con redes o luchar contra estos valientes pajarillos. Todos los martes por la mañana, el jefe celebraba una reunión en su patio para fomentar este deporte. No carece en absoluto de diversión, tanto si nos referimos a los hombres como a los pájaros, pues el jefe, el sirviente y el súbdito estaban aquí en igualdad de condiciones, siendo las codornices los héroes, no los hombres. Las llevan en sacos y las incitan a luchar entre ellas por repartirse el grano que se esparce en el suelo. Cuando la codorniz huye una vez, no tiene valor y se la mata inmediatamente, pero rara vez se retiran precipitadamente. Nada puede superar la pasión de los afganos por este tipo de afición; casi todos los niños de la calle pueden ser vistos con una codorniz en la mano, y multitudes se reúnen en todas partes de la ciudad para presenciar las peleas de estas aves. Al ver el interés que despertaban estas escenas, el jefe nos invitó a acompañarlo en una partida de cacería, a unos diez kilómetros de Peshawar, pero no tuvimos éxito y no matamos nada. Fuimos en busca de aves acuáticas, y un grupo que nos precedía había molestado a los patos. Sin embargo, disfrutamos de un pícnic afgano y aprendimos los modales nacionales. Nos sentamos bajo un pequeño toldo y los criados nos trajeron ocho o diez corderos jóvenes, que habían sido sacrificados para la ocasión. El jefe pidió un cuchillo, cortó uno de ellos, lanzó los trozos en una baqueta sacada de una cerillera de su ayudante y lo entregó para que lo asaran. Me comentó que la carne así preparada tenía mejor sabor que si la cocinaban los sirvientes normales y, que si realmente estuviéramos en el campo, él sostendría un extremo de la baqueta y le daría el otro a otra persona hasta que la carne estuviera lista, lo que haría que el entretenimiento fuera completamente *durrani*. Me gustó aquella sencillez. Éramos unos treinta comensales y no sobró ni un bocado, tan voraces eran nuestros apetitos y tan buena nuestra comida, pero los afganos son muy comilones.

A medida que se acercaba la hora de nuestra partida, no tuvimos más que una continua sucesión de banquetes. Cenamos con todos los jefes y muchos de sus hijos, con sacerdotes y mirzas.* Una de las más agradables de nuestras fiestas fue la ofrecida por Mulá Najib, un hombre digno que había hecho un viaje emprendedor al país *kafir*† instigado por el señor Elphinstone, y por el cual disfruta y merece una pensión. Nos dio buenos consejos y mostró mucho interés por nosotros, pero nos disuadió enérgicamente de invitar a

---

* Título persa para distinguir a un príncipe o noble. (N. del T.)

† Palabra árabe que se suele traducir como «no musulmán» o «infiel». (N. del T.)

una persona santa como guía, que era lo que yo había decidido.* Se decía que los uzbekos estaban muy influenciados por sus sacerdotes y *sayyids*,† y pensé que la compañía de uno de ellos podría sernos útil en caso de dificultad, ya que Moorcroft había confiado plenamente en uno de ellos, que se encuentra ahora en Peshawar. Mulá Najib me aseguró, por otra parte, que tal persona nunca podría librarnos de ninguna dificultad, y que publicaría nuestro acercamiento por todas partes, insinuando además que muchos de los desastres que habían ocurrido al desafortunado Moorcroft debían atribuirse a uno de estos dignatarios. Tal consejo de alguien que era sacerdote merecía ser tenido en cuenta, y más tarde comprobé el buen juicio de las opiniones del mulá.

Sin embargo, era necesario mediar con el hombre santo a quien he aludido, y lo visité. Se llamaba Fuzil Huq y se jactaba de tener en Bujará una horda de discípulos casi tan numerosa como sus habitantes. Cómo llegué a reunirme con él fue un hecho curioso, pues el señor Court había pedido a su secretario que escribiera a otro hombre santo de Peshawar, pero se había olvidado de su nombre. Entonces, Court me preguntó a mí, y, conociendo yo la influencia de Fuzil Huq, mencioné su nombre al azar: la carta fue escrita; yo la entregué, y el santo se sintió gratificado al recibirla de un lugar donde no tenía ningún conocido.

Me recibió con amabilidad y me prestó sus servicios con toda generosidad, ofreciéndome cartas de presentación a todas las personas influyentes de Tartaria. Había oído que yo era de ascendencia armenia, aunque al servicio de los ingleses, y no consideré necesario añadir mucho más al respecto. Le agradecí su amabilidad con toda la mansedumbre y humildad de un pobre viajero, y él procedió a darme sus consejos con un considerable grado de cortesía. «Vuestra seguridad», dijo, «dependerá de que

---

* Entre otros consejos, nos sugirió que comiéramos cebollas en todos los países que visitáramos, pues es creencia popular que un extranjero se aclimata antes al uso de esa hortaliza.

† *Sayyid* es una palabra árabe que significa «señor». (N. del T.)

dejéis de lado el nombre de un europeo, y en todo caso el de un inglés; porque los nativos de esos países creen que los ingleses son agitadores políticos, y que poseen riquezas ilimitadas».

El sentido común y el conocimiento del lugar sugerían una conducta similar, pero la ejecución sería más difícil. El santo preparó sus epístolas, que nos entregó; iban dirigidas al rey de Bujará y a los jefes del Oxus, cinco, que lo tenían por su guía espiritual. Nos describían como «pobres viajeros ciegos», que tienen derecho a la protección de todos los fieles. Abundaron en extractos del Corán, con otros aforismos morales alistados para la ocasión en nuestro favor. El santo, sin embargo, nos pidió que no presentáramos estas cartas a menos que fuera absolutamente necesario, y yo las consideré documentos muy valiosos.

Salí de la casa de este hombre envidiando la influencia que ejercía sobre tales tribus, y que debía a la ascendencia de un padre respetado, del que heredó un gran patrimonio. Yo tenía muchos recelos respecto a él, pues no está exento de sospechas de haber interferido en el viaje fatal de Moorcroft, y es seguro que la familia de uno de sus discípulos se enriqueció con los bienes de aquel malogrado viajero. Él, sin embargo, posee documentos que me llevan a absolverlo de todo, aunque yo preferiría evitarlo antes que cortejarlo, y complacerlo antes que disgustarlo.

Entre otros consejos, se nos recomendó encarecidamente que desistiéramos de dar medicinas a la gente, pues ya habían reunido en torno al médico algunos centenares de pacientes, y harían sonar la campana de nuestro acercamiento a medida que avanzáramos. Yo había pensado que el carácter médico habría sido nuestro mejor pasaporte, y no dudo de su ventaja para los aventureros, pero siendo nuestro único objetivo pasar con seguridad, dudamos si debíamos mantenernos al margen por completo; además de las continuas solicitudes de la gente, que no nos dejaban tiempo para nosotros mismos, circulaban muchas conjeturas en cuanto a las riquezas y tesoros que poseíamos, ya que nos podíamos permitir distribuir medicinas gratuitamente. Por lo tanto, se resolvió retirarnos del campo lo antes posible, y el plan que yo había pensado desde el principio que podría ayudarnos considerablemente en nuestra empresa, fue abandonado de inmediato.

Sólo la práctica de las sangrías en la gente habría proporcionado empleo a un médico, pues los afganos derraman sangre anualmente en el equinoccio de primavera hasta que llegan a los cuarenta años. Además, el pueblo sufría de fiebre terciana, lo que aumentaba el número de pacientes.

La única antigüedad que descubrimos cerca de Peshawar fue una estupa, o montículo, a unos ocho kilómetros de distancia, en la carretera de Kabul, y evidentemente de la misma época que las de Mankiala y Belur. Se encuentra en un estado muy deteriorado, y los restos no sugerían ninguna idea del diseño original, si no hubiéramos visto las del Punyab. Tenía casi treinta metros de altura, pero la piedra con la que estaba revestida se había caído o había sido retirada. No encontramos monedas en ella, y los nativos no pudieron dar ninguna información más allá de que era una estupa. También oímos hablar de otro edificio similar a este en el paso de Khyber, a unos treinta kilómetros de distancia, que no pudimos visitar debido al estado inestable del territorio donde se encuentra. Está en perfecto estado de conservación y es más alta y más grande que la de Mankiala. También he oído hablar de ocho o diez torres de características similares en el país de los *kafires*, en Swat y Buner. Parece muy probable que estos edificios sean cementerios de antiguos reyes, ya que todos están construidos con una cámara en medio de la estructura. Sin embargo, podría tratarse de edificios budistas.

Había transcurrido ya un mes desde que llegamos a Peshawar, y la rápida llegada del calor nos recordó que no debíamos temer por mucho tiempo las nieves de Kabul y del Hindú Kush. El termómetro, que a mediodía marcaba 15 °C en los días próximos a nuestra llegada, subía ahora a 30 °C; las moras habían madurado, y la nieve había desaparecido por completo de la cordillera; sin embargo, el invierno había sido muy riguroso, y durante nuestra estancia en Peshawar caía granizo del tamaño de una bala de mosquete. Todo se alineaba, pues, para nuestra partida, y nuestros movimientos se aceleraron con la llegada de una carta de Kabul, que nos rogaba avanzar sin demora. Sin embargo, no fue fácil conseguir que el jefe pronunciara nuestra despedida, que se fijó para el 19 de abril, después de muchas dilaciones.

Entre los habitantes de la casa del sultán Mohamed Kan, sería imperdonable no mencionar a su *maître d'hôtel*, Sutar Kan, nativo de Cachemira, un hombre corpulento y de buen humor, que durante tanto tiempo nos deleitó con su arroz pilaf y otros sabrosos platos. Durante toda nuestra estancia fuimos agasajados por el jefe, y esta persona, que era un alma buena, de corazón alegre, con toda la elegancia de sus compatriotas, y que trató de gratificarnos en todos los sentidos. Aunque no ocupaba ningún cargo importante, su hermana estaba casada con el jefe y su influencia era considerable. Era un hombre alto y bien formado, con grandes ojos negros, que siempre recordaré, pues seguían con deleite cada bocado de sus amos que nos veía comer. Su aspecto demostraba que era un amante de las cosas buenas de esta vida, y su disposición le hacía estar ansioso por compartirlas con los demás. Así era Sutar Kan, el mayordomo de Cachemira; nos presionó para que le diéramos algunas recetas para mejorar su arte gastronómico, pero no teníamos cocinero que le diera clases.

CAPÍTULO 4

Travesía a Kabul

E L 19 de abril nos despedimos del sultán Mohamed Kan y de Peshawar. Nada podría haber superado la amabilidad de este noble, y ahora que le dejábamos, nos entregó a un persa, uno de sus oficiales, que nos acompañaría a Kabul: entonces presentó una carta dirigida a su hermano en Kandahar, así como a varias personas en Kabul; también seis hojas en blanco con su sello, que nos rogó que rellenáramos para cualquier persona de su conocimiento que creyéramos que podría sernos útil. Semejante trato, como puede imaginarse, mereció nuestra gratitud, pero con dificultad pude convencer al jefe para que aceptara un par de pistolas de poco valor. Le regalé a su hijo una caja de música, y se lamentó por el hecho. Cuando salimos de su casa, nos vio montar y nos deseó mucho éxito y prosperidad; nos habría acompañado durante algún tramo, si no nos hubiéramos opuesto. Varias de las buenas gentes de su entorno, con las que nos habíamos familiarizado, vinieron con nosotros en la primera marcha, y entre ellos estaban Gholam Kadir y Mir Alum, dos hijos de un cadí,* de Ludhiana, de cuyos buenos oficios estuvimos en deuda en muchas ocasiones mientras estuvimos en Peshawar.

Hay cinco caminos diferentes para llegar a Kabul, pero nosotros escogimos el que lleva por el río, ya que el paso de Khyber es

---

* Cadí es el nombre dado a los jueces en territorios musulmanes que reparten justicia de acuerdo con la ley religiosa islámica. (N. del T.)

inseguro por las costumbres anárquicas de la gente; y así cruzamos la hermosa llanura de Peshawar hasta Muchni. En la ciudad habíamos intimado con uno de los jefes de las colinas, que nos instó a tomar la ruta del Khyber, pero nadie se fía de los individuos de Khyber, y no se consideró prudente. El gran conquistador persa, Nader Shah, pagó una suma de dinero para asegurarse el paso por el desfiladero de aquel territorio, que tiene unos veintiocho kilómetros de longitud y es muy peligroso.

Me hubiera gustado mucho ver a esta gente en su estado nativo; nuestro conocido, aunque jefe, no era de fiar. Era un hombre alto, huesudo, de aspecto enjuto, como el resto de su tribu, muy adicto a los licores, y, cuando hablaba de su país, lo llamaba «Yaghistán», o la tierra de los rebeldes. Acompañé a esta persona a un huerto cerca de Peshawar, donde deseaba que nos uniéramos a una fiesta para beber, pero le considerábamos a él y a sus socios suficientemente salvajes sin necesidad de embriagarse.

Cruzamos el río de Kabul por encima de Muchni en una balsa, que se sostenía sobre pieles infladas, pero era un medio de transporte frágil e inseguro. El río sólo tiene doscientos treinta metros de ancho, pero corre con tal rapidez que nos arrastró más de dos kilómetros antes de llegar a la orilla opuesta. Los caballos y los ponis de equipaje cruzaron a nado. Muchni es una aldea rezagada, en el desfiladero del valle donde el río Kabul entra en la llanura. Por debajo de ese lugar, se divide en tres brazos en su curso hacia el Indo. Es habitual navegar por este río en balsas; también hay algunas embarcaciones, y los peregrinos que se dirigen a La Meca suelen embarcarse en Acora y descender por el Indo en ellas hasta el mar. Aunque nunca se envían mercancías por esta ruta, es importante saber que existe un canal de comunicación por agua desde las proximidades de Kabul hasta el océano.

El día 23 habíamos arreglado todos los asuntos para nuestro avance, conciliando a los momands, una tribu saqueadora, algo menos feroz que sus vecinos de Khyber, a través de cuyo territorio debíamos pasar. Exigían media rupia por mahometano y el doble por un hindú, pero una cantidad menor les satisfacía, aunque discutían sobre su distribución. Emprendimos la marcha trepando por colinas y rocas, y pronto quedamos satisfechos de la influencia de nuestros amigos, pues nos encontramos con algunos pasajeros individuales, atendidos por meros niños, cuya tribu constituía una protección suficiente para ellos. Después de una fatigosa marcha por puertos de montaña, nos encontramos en el río Kabul, que había que vadear por segunda vez. Nos dimos cuenta de nuestro modo de viajar y del trato que nos esperaba. Sólo nos movíamos en grupo, y cuando llegamos a la orilla del río, bajo un sol abrasador, no había forma de cruzarlo hasta que nuestros amigos, los momands, pudieran apaciguarse de nuevo. Además, nos tumbamos a la sombra de unas rocas, que se habían desprendido de unos precipicios que se alzaban grandiosos sobre nosotros hasta una altura de unos seiscientos metros, mientras el río Kabul se precipitaba con gran rapidez en su curso hacia delante ante nosotros. Su anchura no excedía los cien metros.

Hacia la tarde, nuestros montañeses sacaron unas ocho o diez pieles, y comenzamos a cruzar; se hizo de noche antes de que hubiéramos pasado todos, y entonces prendimos fuego a la hierba de las montañas para iluminar nuestra vecindad y garantizar la seguridad de la frágil balsa.

El vadeo del río fue tedioso y difícil: en algunos lugares la rapidez de la corriente, formada en remolinos, nos hacía dar vueltas. Nuestros ayudantes nos dieron la *agradable* noticia de que, si descendíamos un poco más, se encontraba un remolino, y, una vez atrapados en su círculo, podríamos girar sin parar, hambrientos y mareados, durante un día. Todos escapamos de este inconveniente, aunque algunos de los pasajeros fueron arrastrados río abajo, y nosotros mismos dimos varias vueltas en los remolinos más pequeños.

No había pueblo ni gente a ambos lados del río, así que extendimos nuestras alfombras en el suelo y disfrutamos de una noche fresca después de la fatiga del día. El ruido de la corriente no tardó en adormecer a la mayoría, y hacia medianoche no se oía otra cosa que las voces de los montañeses, que se habían encaramado a una roca que sobresalía por encima de nuestro campamento y vigilaban hasta el amanecer.

Apareció una banda verdaderamente despiadada, y fue divertido observar el estudiado respeto que todos les profesábamos. Su jefe, un andrajoso rufián sin turbante, estaba montado a caballo: se cantaron sus alabanzas y se le entregaron regalos. Sin embargo, tras abandonar el territorio, todos echaron pestes sobre aquellos a quienes habían estado adulando apenas un momento antes. El espíritu de la partida fue ejemplificado por un anciano, que condujo su caballo a un campo de trigo, al borde del territorio de los momands, y gritó: «Come, mi buen animal; pues los momands sinvergüenzas se han comido gran parte de mi riqueza a más no poder».

A la mañana siguiente, después de unas ocho horas de exposición al sol, llegamos a Daka por un camino pedregoso y difícil, y por la tarde proseguimos hasta Hazar Naw, un viaje de más de treinta kilómetros. Al llegar a Daka, habíamos superado la mayor parte de nuestras dificultades en el camino hacia Kabul. La vista desde lo alto de un puerto de montaña, antes de descender al valle del río Kabul, era magnífica. Podíamos ver la ciudad de Yalalabad, a sesenta y cinco kilómetros de distancia, y el río serpenteando a través de la llanura y dividiéndola en innumerables islas fértiles a su paso. El Safed Koh, o montaña Blanca, erguía su cresta a un lado, y la imponente colina de Nurgil o Kunar al otro; aquí creen los afganos que descansó el arca de Noé después del diluvio. El equivalente afgano al monte Ararat es, por su gran altura, ciertamente digno de tal distinción: está cubierto de nieves perpetuas. Hay un roque aislado no lejos de este lugar, llamado Näogee, en Bajaur, que responde, en mi opinión, a la descripción que Arriano hizo de la célebre fortaleza de Aornos, la cual se encontraba indudablemente en esa vecindad. Se dice que era inaccesible, salvo por un camino, alta y sólida, y lo suficientemente grande como para que se cultivase grano que alimentase a toda la guarnición, teniendo además un abundante suministro de agua. También se encuentra a menos de treinta kilómetros de Bajaur, y se nos informa de que los ciudadanos de Bazaria —que se supone que es Bajaur— huyeron a Aornos por seguridad durante la noche. Esta es, en definitiva, la historia de Aornos. Por lo demás, no he visto la colina de Näogee. En Muchni, las colinas son de arenisca: en las cimas de los puertos hay vetas de cuarzo. En el lecho del río Kabul las rocas son de granito, y sobre la aldea de Duka la formación es de mica, que se presenta en estratos verticales. La hierba y las plantas exhalaban un dulce olor aromático. Un arbusto se parecía mucho a una escoba; otro, a la flor de lis, que además permite a la gente producir esteras para construir sus chozas, así como sandalias para los pies, a los que se fijan con una cuerda del mismo material.

Nuestra sed y fatiga se vieron aliviadas por una planta del tipo de la acedera, que encontramos muy recomendable, y que recogimos y comimos mientras subíamos por las colinas. El pasto aquí es favorable para el ganado, y el cordero que se cría en Peshawar le debe su sabor.

Antes de abandonar Duka recibimos la visita del jefe de los momands, Sadut Kan, oriundo de Lal Pur, un hombre apuesto de unos treinta años, de semblante bonachón. Nos sentamos bajo una morera, sobre un catre, durante media hora; nos insistió mucho para que cruzáramos el río y fuéramos sus huéspedes durante unos días, en los que nos entretendría y divertiría con sus halcones, algunos de los cuales eran llevados por sus ayudantes. Declinamos su cortesía con la excusa de nuestro viaje. Más tarde me enteré de que este sonriente momand se había alzado por el liderazgo de su clan, asesinando a dos jóvenes sobrinos y su madre.

En Hazar Naw nos topamos con un lugareño del Khyber que conocíamos del Punyab, donde había servido como *hirkaru* o mensajero de Ranjit Singh. En cuanto se enteró de nuestra llegada, hizo acto de presencia y, cogiéndome por los pies y luego por la barba, me dio a entender, en el poco persa que sabía hablar, que éramos sus huéspedes y que debíamos ocupar su casa en la aldea, lo que aceptamos de buen grado. Tenía dos hijos, a ninguno de los cuales había visto en catorce años, hasta pocos días antes de nuestra llegada. Sin embargo, había llevado dos veces correos a Kabul, y aunque había pasado por su aldea natal y por su casa, nunca se había detenido a preguntar por ellos. Asimismo, ahora había regresado definitivamente a su país.

Después de una fatigosa marcha de doce horas a caballo, tres de las cuales las pasamos esperando a los rezagados, llegamos a Yalalabad el día 26, por la mañana. Al pasar por Surkh Dewal, donde a veces saquean las caravanas, nuestro guía, el persa, ya fuera para demostrar su valor o el desorden de su imaginación, se creyó atacado por ladrones. Disparó su carabina y, para cuando llegaron los de retaguardia, había completado una larga historia de su propia y osada valentía; cómo había castigado a uno de los ladrones con la punta de su arma, y el peligro que había corrido por la bala de su antagonista, que había pasado silbando junto a su oreja. Sus seguidores aplaudieron su coraje, y yo me sumé a los elogios. Parecía singular que sólo el persa hubiera visto a los salteadores de caminos, pero todo el asunto se aclaró por la tranquila observación de un miembro de la caravana: que el caballero deseaba dar pruebas de su valor, ahora que estábamos fuera de peligro.

Nuestra ruta de Hazar Naw a Yalalabad discurría a través de un amplio desierto pedregoso, una parte del cual se conoce con el nombre de *dasht*, o llanura de Buttecote, y es famosa por el viento pestilente, conocido como simún, que prevalece aquí en la estación cálida, aunque las montañas a ambos lados están cubiertas de nieves perpetuas.

Los nativos de este país describen el simún, de manera general, como poseedor de una naturaleza mortal. Los viajeros que se han recuperado dicen que les ataca como un viento frío, que les deja sin sentido. El agua vertida con gran violencia en la boca a veces recupera al paciente; un fuego encendido cerca de él tiene un buen efecto. El azúcar y las ciruelas secas de Bujará también se administran con provecho. Los caballos y los animales son tan vulnerables al simún como el hombre, y se dice que la carne de los que caen víctimas de él se vuelve tan blanda y pútrida que las extremidades se separan unas de otras y el pelo puede arrancarse con la menor fuerza. Este viento pestilente es desconocido en las tierras altas de Kabul, y se limita principalmente a la llanura de Buttecote ahora descrita. Sus efectos son tan malignos durante la noche como durante el día; y en verano, a nadie se le ocurre viajar mientras el sol está por encima del horizonte. En un grupo de treinta o cuarenta individuos, a veces sólo uno es atacado; y el resto se mantienen insensibles a cualquier cambio en la atmósfera. Esto me lleva a pensar que se trata de los efectos del calor sobre los cuerpos, en vez del viento.

En este punto, no viajábamos en la estación de los vientos cálidos y pestilentes; pero en esta marcha nos encontramos con una de esas tormentas de viento y polvo que son comunes en los países cercanos al trópico. Aquí se produjo un fenómeno singular: las nubes de polvo se acercaban unas a otras desde direcciones diametralmente opuestas y, cuando se encontraban, tomaban rumbos muy diferentes. Tal vez esto se deba al remolino que produce el viento en una llanura baja, de unos veinte o veinticinco kilómetros de ancho, con altas montañas a ambos lados. Descubrimos que Yalalabad había sido inundada por la lluvia, de la que, gracias a Dios, nos habíamos librado por completo.

En una colina al norte del río Kabul y de la aldea de Bussoul, observamos algunas excavaciones extensas en la roca, que se atribuyen la llamada época de los *kafires*, o infieles. Estas cuevas estaban excavadas en grupos, la entrada a cada una de ellas estaba separada y era del tamaño de una puerta común. Es posible que formaran aldeas, ya que parece haber sido común en toda Asia habitar en tales lugares excavados, como se desprende del relato de los trogloditas dado por diferentes historiadores. No creo que podamos deducir mucho más acerca de las costumbres de las gentes debido a la existencia de estas estructuras, puesto que en la mayoría de las naciones incivilizadas y turbulentas se daba por sentado que una cueva en una roca sería una residencia más segura que una choza en la llanura.

Cerca de Yalalabad hay siete torres redondas, pero difieren en su construcción de las estupas que he descrito hasta ahora. Se dice que son antiguas, y cerca de ellas se encuentran considerables monedas de cobre. En el territorio de Laghman, entre Yalalabad y las montañas, los lugareños destacan la tumba de Metur Lam, o Lamec, el padre de Noé. Algunos fechan el lugar a la época de los *kafires*, pero los buenos mahometanos se contentan con creer que es la tumba de un profeta, de los que sólo hay otros tres en la tierra.

Nos detuvimos un par de días en Yalalabad, uno de los lugares más sucios que he visto en Oriente. Es una ciudad pequeña, con un bazar de, aproximadamente, cincuenta tiendas y una población de unas dos mil personas; su número se multiplica por diez en la estación fría, ya que la gente acude en masa desde las colinas circundantes. Yalalabad es la residencia de un jefe de la familia Barakzai, que tiene unos ingresos de unos siete millones de rupias al año. El río Kabul pasa a medio kilómetro al norte de la ciudad, donde mide unos ciento cincuenta metros de ancho y, en consecuencia, no es vadeable. Al norte y al sur de Yalalabad hay montañas de nieve paralelas entre sí. La cordillera meridional se llama Safed Koh, pero más frecuentemente es conocida como Rajgul. Disminuye de tamaño a medida que discurre hacia el este, y pierde su nieve antes de llegar a Daka. En las partes más altas, la nieve nunca se derrite, lo que daría una elevación de unos 4.500 metros en esta latitud. Al norte de Yalalabad se encuentra la famosa colina de Nurgil, antes mencionada, a unos cincuenta kilómetros de distancia; y al noroeste comienzan a mostrarse los elevados picos del Hindú Kush.

Dejamos el río Kabul y remontamos un valle hasta Bala Bagh, pudiendo distinguir ahora los ricos jardines que se extienden bajo las colinas nevadas, y que producen las famosas granadas sin semilla, que se exportan a la India. Nos detuvimos en un viñedo. Las vides de este país no se cortan ni se podan, sino que se les permite subir a los árboles más altos, y crecían, en Bala Bagh, sobre lirios, a unos veinticinco metros del suelo. Las uvas que producen son inferiores a las que crecen en un emparrado.

En Bala Bagh nos alcanzó la lluvia y nuestros aposentos eran más románticos que confortables, lo que nos llevó, al anochecer, a buscar refugio en la mezquita. La gente parecía demasiado ocupada en sus asuntos religiosos y mundanos como para preocuparse por nosotros, y hasta ahora no habíamos experimentado la más mínima incivilidad por parte de ninguna persona del país, a pesar de que paseábamos por todas partes. No parecen tener el menor prejuicio contra un cristiano; nunca había oído de sus labios la palabra *perro* o *infiel*, que figuran tan prominentemente en las obras de muchos viajeros. «Cada país tiene sus costumbres», dice un proverbio entre ellos, y los mahometanos afganos parecen rendir a los cristianos un respeto que niegan a sus conciudadanos hindúes. A nosotros nos llaman «gente del libro», mientras que a ellos los consideran ignorantes y sin profeta.

En Gandamak llegamos a la frontera entre de los países cálidos y los fríos. Se dice que nieva a un lado del riachuelo y llueve en el otro. La vida vegetal adopta una nueva forma; el trigo, que estaba siendo cortado en Yalalabad, estaba a sólo ocho centímetros del suelo en Gandamak. La distancia no superaba los cuarenta kilómetros. En los campos descubrimos las margaritas blancas entre el trébol; y las montañas, que estaban a sólo quince kilómetros de distancia, estaban cubiertas de bosques de pinos que comenzaban a unos trescientos metros por debajo del límite de la nieve.

A partir de ahora necesitaríamos ropa adicional contra el aire cortante. Los viajeros están sujetos a una variedad de pequeños problemas, que divierten o ponen a prueba el temperamento, según la disposición del momento. Un gato se apoderó de mi cena esa noche, cuando estaba a punto de comenzar a comer; sin embargo, satisfice las ansias de un apetito hambriento con pan y agua, que, debo añadir, comí en un establo mugriento; pero tuvimos suerte de conseguir tal alojamiento. Me permito añadir mis elogios sobre el pan de este país, que fermentan y hornean para el deleite del paladar.

A unos quince kilómetros de Gandamak pasamos por el jardín de Nimla, célebre por el campo de batalla en el que Shah Shujah al-Mulk perdió su corona, en el año 1809. El jardín está situado en un valle muy cultivado rodeado de colinas estériles. Es un lugar hermoso; todos los árboles han sido podados hasta alcanzar la misma altura, y dan sombra bajo sus arcos a una gran variedad de flores, entre las que el narciso crece de forma exuberante. El lugar, aunque ornamentado por el arte, está mal elegido para una batalla; la fortuna de la guerra fue aquí extrañamente caprichosa. Shuja perdió su trono y su visir tras ser derrotado por un ejército diez veces inferior al suyo. Sin temer semejante resultado, había traído consigo sus joyas y riquezas, a las que se alegró de renunciar por salvar su vida. Fateh Kan, el visir de Mahmud, que logró imponerse a su amo, lo sentó en uno de los elefantes de Estado que se habían preparado para el rey y proclamó así su victoria. Shuja huyó al territorio del Khyber, y desde entonces ha fracasado en todos sus intentos de recuperar su reino.

Nada sorprende más a un forastero en este país que la manera en que guardan sus caballos, que difiere mucho a la india. Nunca quitan la silla de montar durante el día, lo que, según ellos, permite que el caballo descanse mejor por la noche. Nunca pasean a un caballo arriba y abajo, sino que lo montan o le hacen dar vueltas en círculo hasta que se cansa. No sólo eso, sino que no les dan grano en esta estación, sino que los alimentan con cebada verde, que no ha espigado. Atan ocho o diez caballos a dos cuerdas, que fijan en línea paralela. Siempre hacen un nudo en la cola. Asimismo, mantienen los cuartos traseros del caballo cubiertos en todo momento por un fieltro muy limpio, bordeado de seda, que se sujeta por la grupa. Usan la silla uzbeka, que se parece a la de nuestros húsares, y que me pareció bastante cómoda y siempre usé. Los jinetes se atan el látigo a la muñeca. Los afganos cuidan mucho de sus caballos, pero no los miman con especias, como en la India, y siempre los tienen en excelentes condiciones.

Continuamos nuestra marcha hacia Jagdalak, y pasamos el camino del Surkh, o río Rojo, por un puente con una variedad de otros pequeños arroyos, que vierten la nieve derretida del Safed Koh en ese riachuelo. Las aguas de todos ellos eran rojizas: de ahí su nombre. Esta comarca es estéril y miserable. Jagdalak es un lugar lamentable, con unas pocas cuevas como aldea. Hay un proverbio que describe su miseria: «Cuando la madera de Jagdalak empieza a arder, se funde el oro», pues no hay madera a mano en las desoladas colinas. Nos detuvimos bajo una arboleda, célebre por ser el lugar donde quedó ciego Shah Zuman, uno de los reyes de Kabul.

En nuestro camino pudimos distinguir la carretera que había existido en otro tiempo, y también los restos de las casas de postas, que habían sido construidas cada ocho o nueve kilómetros por los emperadores mogoles, para mantener una comunicación entre Delhi y Kabul. Incluso pueden rastrearse a través de las montañas hasta Balj, ya que tanto Humayun como Aurangzeb, en su juventud, fueron gobernadores de esa comarca. ¡Qué idea nos ofrece esto de la grandeza del Imperio mogol! Aquí tenemos un ejemplo de un sistema de comunicación, entre las provincias más distantes, tan perfecto como los puestos de los césares.

De camino a Kabul nos encontramos con miles de ovejas pastoreadas por los ghilzais errantes, una tribu afgana que, ahora que la nieve había desaparecido del suelo, conducían sus rebaños hacia el Hindú Kush, donde residen durante el verano. Nada podía ser más pastoral. Los adultos seguían a las ovejas mientras estas ramoneaban al borde de las colinas, y los niños y niñas venían a dos o tres kilómetros por detrás, a cargo de los corderos jóvenes. Alguna cabra u oveja vieja les animaba a avanzar, y los jóvenes ayudaban con esquejes de hierba y algún que otro grito. Algunos de los niños eran tan pequeños que apenas podían andar, pero el placer de la actividad los animaba a seguir.

Al borde de la carretera pasamos por muchos campamentos, que se estaban mudando o recogiendo. Los campamentos afganos se componen de tiendas bajas de color negro, o mejor dicho, marrón. Las mujeres lo hacían todo por sus perezosos maridos, cargaban los camellos y los guiaban. No sólo eso, sino que son damas morenas, no muy notables por su belleza, entregadas a su vida rural. Iban bien vestidas y calzadas con anchos clavos de hierro fijados a las suelas. Los niños eran inusualmente sanos y regordetes, y se dice que esta gente errante no se casa hasta los veinte años.

Tras pasar la carretera de Surkh, llegamos a Isfahán,* una aldea que marca otra de las derrotas de Shuja, antes de hacerse con su trono. Aquí se cuenta la historia del visir Fateh Kan, que temía ser suplantado en este campo de batalla por un noble durrani, que aspiraba al mismo cargo de visir. Este individuo, cuyo nombre era Mir Alum, había insultado en una ocasión anterior a Fateh Kan, e incluso le había arrancado uno de sus dientes frontales. La injuria había sido aparentemente perdonada, pues desde entonces se había casado con una hermana del visir, pero la alianza sólo se había formado para que Fateh Kan pudiera llevar a cabo más fácilmente sus viles intenciones. La noche anterior a la batalla, se apoderó de su cuñado y le dio muerte. Un montón de piedras, aquí llamado *topa*, marcaba la escena del asesinato. La hermana del visir se arrojó a los pies de su hermano y le preguntó por qué había asesinado a su marido. «¿Qué?», dijo él, «¿tienes más respeto por tu marido que por el honor de tu hermano? Mira mis dientes rotos, y sabrás que el insulto ha sido vengado. Si te duele haber perdido a tu marido, te casaré con un arriero». Este incidente no es una mala ilustración de los bulliciosos modales y sentimientos de los afganos. Existe un dicho entre ellos que invita a temer más, cuando una aparente reconciliación ha tenido lugar por un matrimonio.

---

* Traducción literal del original, *Ispahan*. No confundir con la ciudad persa del mismo nombre. (N. del T.)

Hacia la medianoche del día 30 llegamos al paso de Lataband, desde cuya cima divisamos por primera vez la ciudad de Kabul, a una distancia de cuarenta kilómetros. El paso tiene unos diez kilómetros de largo, y el camino discurre sobre piedras redondas sueltas. Nos acostamos en un manantial llamado *Koke Chushma*, o la Fuente de la Perdiz, y dormimos sin abrigo durante una noche terriblemente fría. Los halcones de nuestro conductor murieron a causa de sus efectos, para su gran pesar. *Lata* significa jirón o remiendo, y este paso se llama así porque los viajeros dejan tras de sí algunos jirones de su ropa en los arbustos del paso. En invierno, la nieve bloquea este camino.

Nos levantamos con el alba y proseguimos nuestro viaje hacia Kabul, adonde no llegamos hasta la tarde. La aproximación a esta célebre ciudad es cualquier cosa menos imponente, pues hasta que no me encontré bajo la sombra de su hermoso bazar, no me creí estar en la capital de un imperio. En nuestro camino pasamos por la aldea de Butkhak, donde se dice que Mahmud de Gazni, a su regreso de la India, enterró el ricamente decorado ídolo hindú que trajo del famoso templo de Somnath. En Kabul, nos dirigimos directamente a la casa del nabab, Jabbar Kan, hermano del gobernador, quien nos ofreció una cordial bienvenida, y nos envió al bazar para una cena, que yo disfruté. No así mi infortunado compañero, cuya salud le abandonó inmediatamente después de cruzar el Indo; sus fuerzas estaban ahora completamente minadas.

Surgió una duda en cuanto al examen de nuestro equipaje en la aduana, pero juzgué más prudente exhibir nuestra pobreza que permitir que las buenas gentes formaran conjeturas contra nuestra supuesta riqueza. Sin embargo, no estábamos preparados para el registro, y mi sextante y mis libros, con las pocas botellas y demás parafernalia del doctor, fueron expuestos para la inspección de los ciudadanos. No les hicieron ningún daño, aunque debieron de habernos tachado de ser, sin duda, prestidigitadores, después de tal exhibición de aparatos tan incomprensibles para ellos.

Nuestro digno guía, después de habernos entregado sanos y salvos en manos del nabab, se despidió para disfrutar de su ciudad natal, que no había visto en ocho años. Mohamed Sharif era lo que podría llamarse un buen tipo. Aunque joven, había sido comerciante y amasado una fortuna, que ahora disfrutaba cazando y pregonando, con «una copa de buen vino». Era corpulento pero con tendencia obesa, y se le podía ver todas las mañanas con sus halcones y perros de caza detrás de él. Mantenía sus juergas en secreto. Nunca vi a un muchacho más encantado que él cuando entramos en Kabul; incluso si se hubiera tratado del Elíseo, no habría podido darle más alabanzas. Había sido un viajero de lo más agradable, y a la cordialidad y buenos sentimientos de un afgano había asumido el impecable trato de un persa.

Al entrar en Kabul ocurrió un incidente que habría hecho las delicias de otros hombres. Un mendigo había descubierto de quién se trataba, y a un kilómetro de la puerta de la ciudad comenzó a elogiar profusamente su persona, dándole la bienvenida a su casa usando su nombre, en un tono de gran adulación. «Dale dinero al pobre», dijo Mohamed Sharif a su criado, con un significativo movimiento de cabeza, y fue difícil determinar si era el comerciante o el mendigo quien estaba más complacido.

Nuestro guía se despidió de nosotros con la recomendación de que no confiáramos en nadie más que en aquellos que se ofrecieran voluntarios, ya que no consideraba que sus compatriotas tuvieran un alto grado de moralidad. Nos hizo prometer que cenaríamos con él, y yo le agradecí sus consejos y atenciones.

CAPÍTULO 5

Kabul

No llevábamos muchas horas en Kabul cuando nos enteramos de las desgracias del señor Wolff, un misionero judío, que estaba detenido en una aldea vecina, y no tardamos en ayudarlo. Se reunió con nosotros al día siguiente, y nos hizo un relato pormenorizado de cómo huyó de la muerte y la esclavitud. Según contó, este caballero había salido, como Benjamín de Tudela, en busca de los israelitas, y entró en Tartaria como judío, que es la mejor identidad para un viajero en un país mahometano. El señor Wolff, sin embargo, era un converso al cristianismo que pronunciaba su credo al desastre del pueblo hebreo. También se declaró en busca de las tribus perdidas; sin embargo, hizo muy pocas averiguaciones entre los afganos de Kabul, aunque estos se proclamaban descendientes suyos.

La narración de las aventuras de Wolff despertó nuestra simpatía y compasión, y aunque no pudimos coincidir en muchas de sus especulaciones sobre el fin del mundo, dimos al caballero reverendo la más cordial bienvenida y lo consideramos como un miembro más de nuestro círculo en Kabul. Había estado en Bujará, pero no se había aventurado a predicar en ese centro del islam. Sus desgracias posteriores se debieron a que se había denominado a sí mismo *haji*, término que denota a un peregrino mahometano que ha visitado La Meca, y por ello había sido saqueado y golpeado.

Ya habíamos oído hablar del carácter afable de nuestro anfitrión, el nabab Jabbar Kan, e incluso nos pareció, al conocerlo personalmente, todo un patriarca. Resuelve todas las diferencias entre sus numerosos y turbulentos hermanos: siendo él mismo el mayor de su familia, no tiene miras ambiciosas, aunque en otro tiempo ocupó el gobierno de Cachemira y otras provincias del Imperio durrani. Su hermano, el actual jefe de Kabul, le ha *recompensado* muchos servicios confiscándole sus bienes, aunque él no habla de su ingratitud. Nos dijo que Dios le ha dado abundancia para sus necesidades y para recompensar a los que le sirven; que hay pocos placeres comparables a poder dar a los que te rodean y disfrutar de este mundo sin estar obligado a gobernar. Descubrí, durante mi estancia en Kabul, que el nabab no asume una actitud, sino que se expresa tal como lo siente, con sinceridad. Nunca hubo un hombre más modesto y más querido: sólo permite que le siga un único asistente, y la gente en las carreteras y caminos se detiene para bendecirle; los políticos le asaltan en casa para tratar intrigas, y, sin embargo, posee el respeto de toda la comunidad, y disfruta, en el momento presente, de una mayor influencia moral que cualquier miembro de la familia Barakzai en Afganistán. Sus modales son notablemente suaves y cautivadores, y por su vestimenta uno no imaginaría que es un miembro influyente de una familia guerrera. Es un placer estar en su compañía, presenciar sus actos y escuchar su conversación. Siente especial predilección por los europeos, y hace huéspedes a todos los que entran en Kabul. Todos los oficiales franceses del Punyab vivían con él y mantenían una relación amistosa. Así era el patriarca de Kabul; tenía unos cincuenta años, y era el dueño de la casa en la que tuvimos la suerte de habitar durante nuestra estancia en la ciudad.

Nuestro primer objetivo, tras la llegada, era ser presentados al jefe de Kabul, el sirdar Dost Mohamed Kan. El nabab le comunicó nuestros deseos, y fuimos cortésmente invitados a cenar con el gobernador la noche del 4 de mayo. El doctor Gerard no pudo asistir por enfermedad; el señor Wolff y yo fuimos conducidos, por la noche, al Bala Hissar, o Palacio de los Reyes, donde el gobernador nos recibió muy cortésmente. Se levantó a nuestra entrada, nos

saludó a la manera persa y nos invitó a sentarnos en una alfombra
de terciopelo cerca de él. Nos aseguró que éramos bienvenidos a
su país y que, aunque nos había visto poco, respetaba nuestra nación y nuestro carácter. A esto respondí tan civilizadamente como
pude, alabando la equidad de su gobierno y la protección que extendía al viajero y al comerciante. Cuando nos sentamos,
descubrimos que nuestro grupo estaba formado por seis u ocho caballeros nativos y tres hijos del jefe. Ocupábamos un pequeño
aunque pulcro apartamento, que no tenía más muebles que la
alfombra.

La conversación de la noche fue variada y abarcó tal número
de temas, que me resulta difícil detallarlos; tal era el conocimiento,
la inteligencia y la curiosidad de que hacía gala el jefe. Estaba ansioso por saber acerca de Europa, el número de reyes, las
condiciones en que vivían unos con otros y, puesto que parecía
que sus territorios eran adyacentes, cómo convivían sin destruirse
mutuamente. Nombré las diferentes naciones, esbocé su poder relativo y le informé de que nuestro avance en la civilización no nos
eximía de guerras y disputas, como a su propio país; que veíamos
los actos de los demás con recelo y nos esforzábamos por mantener
un equilibrio de poder, para evitar que un rey derrocara a otro.

Sin embargo, añadí que existían varios ejemplos de distintas
clases en la historia europea, y el propio sirdar había oído hablar
de Napoleón.

A continuación me pidió que le informara de los ingresos de
Inglaterra, cómo se recaudaban, cómo se promulgaban las leyes y
cuáles eran los productos de su tierra. Comprendió perfectamente
nuestra constitución gracias a una breve explicación; dijo que no
había nada maravilloso en nuestro éxito universal, puesto que los
únicos ingresos que obteníamos del pueblo eran para sufragar las
deudas y los gastos del Estado. «Vuestra riqueza, entonces», añadió, «debe proceder de la India». Le aseguré que los ingresos de
aquel país se gastaban en él; que los únicos beneficios derivados de
su posesión consistían en ser una salida para nuestro comercio, y

que la única riqueza enviada a la madre patria consistía en unos cuantos cientos de miles de libras, y las fortunas sustraídas por los funcionarios del gobierno. Jamás conocí a un asiático que diera crédito a este hecho. Dost Mohamed Kan observó que «esto explica satisfactoriamente el sometimiento de la India. Habéis dejado gran parte de su riqueza a los príncipes nativos; no habéis tenido que enfrentaros a su desesperación, y sois justos en vuestras cortes». Inquirió por el estado de los principados mahometanos en la India y por el poder exacto de Ranjit Singh, de cuya salvación no nos concedía ningún crédito. Deseaba saber si teníamos algún proyecto sobre Kabul. Además, había oído hablar a algunos mercaderes rusos de la manera de reclutar en los ejércitos por conscripción en aquel país, y deseaba saber si era el modo general en Europa.

También había oído hablar de sus hospitales de niños expósitos, y requería una explicación de su utilidad y ventajas. Me rogó que le informara acerca de China; si su pueblo era belicoso, y si su país podía ser invadido desde la India; si su suelo era productivo, y su clima salubre, y por qué los habitantes diferían tanto de los de otros países. La mención de las manufacturas chinas le llevó a hablar de las de Inglaterra; preguntó por nuestra industria y máquinas de vapor, y luego expresó su asombro por el bajo precio de nuestros productos. Me preguntó por las curiosidades que había visto y cuál de las ciudades del Indostán yo había admirado más. Le contesté que Delhi.

Luego me preguntó si había visto el rinoceronte, y si los animales indios diferían de los de Kabul. Había oído hablar de nuestra música y deseaba saber si superaba a la de Kabul. De estos asuntos pasó a los que me concernían a mí; me preguntó por qué había abandonado la India y las razones de mi cambio de vestimenta. Le informé que tenía un gran deseo de ver países extranjeros, y que ahora me proponía viajar hacia Europa por Bujará; y que había cambiado mi vestimenta para evitar que me señalaran en esta tierra; pero que no tenía ningún deseo de ocultarle a él y a los jefes de cada país en el que entraba, que era inglés, y que mi completa adopción de los hábitos de la gente había aumentado mi comodidad. El jefe respondió en términos muy amables, y aplaudió el designio y la conveniencia de cambiar nuestra vestimenta.

Dost Mohamed Kan se dirigió entonces al señor Wolff para que le explicara su historia y, como conocía la vocación del caballero, había reunido entre el grupo a varios médicos mahometanos, que estaban dispuestos a discutir sobre distintos puntos acerca de la religión. Puesto que yo actué como intérprete del señor Wolff, podría proceder a mencionar los diversos argumentos que se adujeron por ambas partes, pero no anticipo lo que el reverendo caballero, sin duda, expondrá al mundo a su debido tiempo.

Como es habitual en tales asuntos, una parte no logró convencer a la otra, y, de no ser por el admirable tacto del propio sirdar, las consecuencias podrían haber sido desagradables. Los mahometanos parecían creer que habían ganado la partida, e incluso se remitieron a mí para la decisión, pero yo me excusé de la difícil tarea, aduciendo que no era mulá ni sacerdote. Como estos reverendos doctores, sin embargo, parecían haber fundado su credo en la razón, pensé que la oportunidad era demasiado favorable para dejarla escapar, si bien el argumento que pretendía utilizar no presumía de ser original.

Les pedí que dijeran a qué hora rezaban; y, entre varias, nombraron antes de la salida del sol y después de la puesta. «Sí», respondió el sacerdote, «y cualquiera que desatienda esas horas es un infiel». Dadas estas premisas, rogué al doctor que me informase de cómo podían realizarse estas oraciones en el círculo polar ártico, donde el sol no sale ni se pone durante cinco o seis meses al año. El divino no había oído antes el argumento: balbuceó varias frases confusas; y al fin afirmó que las oraciones no eran necesarias en aquellos países, donde bastaba con repetir la *kalimah*, u oraciones de los mahometanos. Inmediatamente, exigí al hombre santo que me dijera el capítulo del Corán en el que basaba su doctrina, ya que no recordaba haberlo visto en el libro. No pudo hacerlo, porque el Corán no lo contiene. Surgió entonces una fuerte disputa entre los afganos, y no se reanudó el tema, sino que se cambió a asuntos más comprensibles.

Antes de retirarnos, el jefe nos hizo una oferta muy amistosa para ayudarnos en nuestro viaje, y nos ofreció cartas para los jefes del Oxus, y para el rey de Bujará. También nos pidió que le visitáramos con frecuencia mientras estuviéramos en Kabul, pues le gustaba oír hablar de otros países y nos haría sentir bienvenidos. Nos despedimos de él a medianoche, encantados de nuestro recibimiento y de los modales de Dost Mohamed Kan.

No tardé mucho en comenzar a hacer excursiones cerca de Kabul, y aproveché la primera oportunidad que tuve para visitar la tumba del emperador Babur, que se encuentra a un kilómetro de la ciudad, en el lugar más hermoso de sus alrededores. El buen nabab fue mi guía en la peregrinación. Siento un profundo respeto por la memoria de Babur, que se ha visto acrecentado por la lectura de sus interesantísimas memorias, tituladas *Baburnama*. Había ordenado que su cuerpo fuera enterrado en este lugar, para él, el más selecto de sus vastos dominios. Cito aquí sus propias palabras sobre Kabul: «El clima es extremadamente delicioso, y no hay lugar igual en el mundo conocido»; «Bebe vino en la ciudadela de Kabul, y da vueltas a la copa sin parar, porque es a la vez montaña, mar, ciudad y desierto».[*]

La tumba está marcada por dos losas erectas de mármol blanco y, como es habitual, las últimas palabras de la inscripción indican la fecha de la muerte del emperador. En este caso, el motivo me parece feliz: «Cuando estaba en el cielo, Rizwan[†] preguntó la fecha de su muerte. Le dije que el cielo es la morada eterna de Babur Badshah[‡]». Murió en el año 1530. Cerca del emperador están enterradas muchas de sus esposas e hijos; el jardín, que es peque-

[*]   Traducción de *Baburnama*, las memorias del emperador Babur, por William Erskine.

[†]   Ángel de la tradición islámica que custodia las puertas al Paraíso. (N. del T.)

ño, estuvo en su día rodeado por un muro de mármol. Un arroyo corriente y claro riega todavía las fragantes flores de este cementerio, que es el gran lugar de veraneo de los habitantes de Kabul. Delante de la tumba hay una mezquita de mármol, pequeña pero de buen gusto, y una inscripción en ella dice que fue construida en el año 1640 por orden del emperador Sha Jahan, después de derrotar a Mohamed Nuzur Kan en Balj y Badajshán, «para que los pobres mahometanos pudieran ofrecer aquí sus oraciones». Es agradable ver honrada para la posteridad la tumba de un hombre tan magnífico como Babur.

Desde la colina que domina la tumba de Babur hay una noble vista, y Shah Zuman ha erigido en ella una casa de verano desde la que se puede admirar el paisaje. El nabab y yo subimos a ella y nos sentamos. Si mi lector imaginase una llanura de unos treinta kilómetros de circunferencia, trazada con jardines y campos de una deliciosa irregularidad, atravesada por tres riachuelos que la serpentean y bañan innumerables fuertes y aldeas, tendría ante sí una de las praderas de Kabul. Al norte se extienden las colinas de Paghman, cubiertas de nieve hasta la mitad y separadas de la vista por una sábana del más rico verdor. Al otro lado, las montañas, desoladas y rocosas, marcan los cotos de caza de los reyes, y los jardines de esta ciudad, tan célebre por la fruta, se encuentran debajo, conduciéndose el agua hasta ellos con gran ingenio. No me extraña que el paisaje cautivara los corazones de la gente, ni la admiración de Babur, pues, según sus propias palabras, «su verdor y sus flores hacen de Kabul, en primavera, un paraíso».

Nuestro trato con la gente era mucho mejor en Kabul que en Peshawar, pues ya no estábamos en la casa de un jefe local, y no nos molestaban demasiados visitantes. El nabab ocupaba una parte de una gran mansión y nos dejaba la otra a nosotros. Sin embargo, reunió a su alrededor a mucha gente buena, con la que

‡   Término de origen persa que se traduce como soberano. (N. del T.)

nos familiarizamos; los trajo en persona, y pasamos de un lado a otro, de los apartamentos de unos y otros, durante todo el día.

Los hábitos que habíamos adoptado nos proporcionaron muchas ventajas en nuestras comunicaciones con la gente. Nos sentábamos con ellos en la misma alfombra, comíamos con ellos y nos mezclábamos libremente en su sociedad. Los afganos son un pueblo sobrio, sencillo y formal. Siempre me interrogaban atentamente sobre Europa, cuyas naciones dividen en doce *kulás* o coronas. Había algo encantador en la curiosidad de los hombres, incluso de los más viejos. El mayor mal del mahometismo consiste en mantener dentro de un cierto círculo hermético —en cuanto a civilización se refiere— a quienes lo profesan. Sus costumbres no parecen cambiar nunca. Tienen sus enseñanzas, pero son de otra época, y no existe nada parecido a la filosofía occidental en su tradición.

El idioma de los afganos es el persa, pero no es la lengua suave y elegante de Irán. El pastún es el dialecto del pueblo llano, pero algunas de las clases más altas ni siquiera saben hablarlo. Los afganos son una nación como de niños; en sus disputas se pelean y se hacen amigos como si nada hubiese sucedido. No pueden ocultarse unos a otros sus sentimientos, y una persona, da igual la clase, puede en todo momento averiguar que pasa por sus cabezas. Si tuviéramos que creer lo que ellos mismos aseguran, su vicio dominante es la envidia, que acosa incluso a los parientes más cercanos y queridos. No hay pueblo más incapaz de gestionar una intriga. Me impresionó especialmente su ociosidad; parecen estar sentados, desganados durante todo el día, mirándose unos a otros; sería difícil descubrir cómo viven, y, sin embargo, visten bien, están sanos y son felices. Me llevé una impresión muy favorable de su carácter nacional.

Kabul es una ciudad bulliciosa y populosa. Tal es el ruido por la tarde, que en las calles no se puede uno hacer oír a un compañero. El gran bazar, o *Char Chatta*, es una elegante galería de casi doscientos metros de largo y unos diez de ancho, dividida en cuatro partes iguales. Su tejado está pintado, y sobre los negocios se encuentran las casas de algunos de los ciudadanos. El diseño es sensato, pero ha quedado inacabado y las fuentes y cisternas que formaban parte de él están descuidadas. Sin embargo, hay pocos bazares como este en Oriente, y uno se maravilla ante las sedas, los paños y las mercancías que se exhiben bajo sus plazas. Por la noche presenta un espectáculo muy interesante: cada puesto está iluminado por una lámpara suspendida delante, lo que da a la ciudad el aspecto de estar iluminada. El número de tiendas de frutos secos es notable, y su disposición, de buen gusto. En mayo, se pueden comprar uvas, peras, manzanas, membrillos e incluso melones de la temporada anterior, que entonces tenían diez meses. Hay tiendas de aves en las que se pueden comprar agachadizas, patos, perdices y chorlitos, además de otros animales de caza. Las tiendas de los zapateros y ferreteros también están dispuestas con singular pulcritud. Cada comercio tiene su propio bazar, y todos parecen muy concurridos. Hay libreros y vendedores de papel, de este último una gran parte es de procedencia rusa y de color azul.

El mes de mayo es la estación del *falooda*, una gelatina blanca de trigo que se bebe con sorbete y nieve. La gente es muy aficionada a ella, y los tenderos de todas las partes de la ciudad parecen afanarse constantemente con servir a sus clientes este producto. Una columna de nieve se alza a un lado del puesto, donde se coloca un dispensador, lo que da a estos lugares un aspecto fresco y limpio.

Alrededor de las panaderías se ve multitud de gente esperando su pan. Observé que lo cocían pegándolo a los lados del horno. Kabul es famosa por sus *kebabs*, o carnes cocidas, muy solicitadas: pocos cocinan en casa. El *rhuwash* era el manjar de la temporada de mayo en Kabul. No es más que ruibarbo escaldado, que se cultiva protegido del sol y crece bajo las colinas de los alrededores. Su sabor es delicioso. ¡*Shabash rhuwash*! ¡*Shabash rhuwash*! es el grito más común en las calles, y todo el mundo lo compra. En los lugares más concurridos de la ciudad hay cuentacuentos que divierten a los ociosos, o derviches que proclaman las glorias y hazañas de los profetas. Si un panadero hace su aparición ante dichos dignatarios, estos exigen un pastel en nombre de algún profeta; y, a juzgar por el número de los que mantienen esta ocupación, debe de ser rentable.

En Kabul no hay carruajes de ruedas: las calles no son muy estrechas; se mantienen en buen estado durante el tiempo seco, y están cruzadas por pequeños acueductos cubiertos de agua limpia, lo que constituye una gran comodidad para la gente. Pasamos por ellas sin que nadie nos observara, e incluso sin que nadie nos atendiera. Para mí, el aspecto de la gente era más novedoso que el de los bazares. Se paseaban vestidos con capas de piel de oveja, lo cual les daba un aspecto gigantesco, por la cantidad de ropa que llevaban.

Todos los niños tienen las mejillas regordetas y rojas, lo que al principio me pareció un color artificial, hasta que descubrí que era la alegre flor de la juventud. Los mayores parecen haber perdido dicha tonalidad. Kabul es una ciudad compacta, pero sus casas no pretenden ser elegantes. Están construidas con ladrillos secados al sol y madera, y pocas tienen más de dos pisos. Está densamente poblada y tiene unos sesenta mil habitantes. El río de Kabul atraviesa la ciudad, y la tradición cuenta que ha arrastrado o inundado esta urbe hasta tres veces. Cuando llueve, no hay lugar más sucio que Kabul.

En boca de todos está que Kabul es una ciudad muy antigua; la estiman de unos seis mil años de antigüedad. Una vez formó, junto con Gazni, una de las ciudades tributarias de Bamiyán. En el siglo XI, bajo el mando de Mahmud, Gazni se convirtió en una gran capital, pero hoy día Kabul es la metrópoli tanto de esta como de Bamiyán. Se dice que Kabul se llamaba antiguamente *Zabul*, por un *kafir*, o rey infiel, que la fundó; de ahí el nombre de Zabulistán. Algunos autores han afirmado que en la ciudad se ubican los restos de la tumba de Kabul, o Caín, el hijo de Adán, pero el pueblo no hace caso de tales historias. Sin embargo, es una creencia popular que cuando el diablo fue expulsado del cielo, cayó en Kabul. En la propia Kabul no hay exactamente tradiciones que daten de la época de Alejandro Magno, pero se dice que tanto Herat como Lahore fueron fundadas por esclavos del conquistador macedonio, al que llaman profeta. Sus nombres eran Heri —el antiguo nombre de Herat— y Lahore. Se dice que Kandahar es una ciudad más antigua que las dos anteriores. Mientras estuve en Kabul, hice todo lo posible por conseguir monedas, mas sin éxito, excepto una moneda cúfica de Bujará, de 843 años de antigüedad. Entre las rarezas pertenecientes a la ceca de Kabul, oí hablar de una moneda con la forma y el tamaño de un huevo de gorrión, un modelo caprichoso. Son comunes las monedas triangulares y cuadradas: estas últimas pertenecen a la época de Akbar el Grande.

Entre nuestros visitantes se encontraba un armenio llamado Simón Mugurditch, comúnmente llamado Suleimán, que nos contó con tristeza la dispersión de su tribu. Ahora quedan veintiuna personas, de una colonia de unos centenares originalmente, introducida por Nader y Ahmed Shah desde Yolfa y Mashhad en Persia. Por las inscripciones en su cementerio, parece que algunos mercaderes armenios se habían establecido en Kabul incluso antes de esa época. Durante la monarquía durrani, ocuparon cargos en el gobierno y fueron respetados hasta la muerte de Timur Shah. En las disputas por la sucesión, han ido retirando gradualmente a sus familias a otros países; y el actual líder de Kabul, con las mejores intenciones, ha asestado un golpe definitivo a la colonia armenia, mediante una estricta prohibición del vino y las bebidas alcohólicas. También ha prohibido el juego de los dados, sin ningún tipo de ambages, e igualmente ha amenazado con asar a algunos de los panaderos en sus hornos si cometen la más mínima infracción. Después de una vida en absoluto tranquila, este jefe ha renunciado al vino y, bajo las penas más severas, ordena que sus súbditos sean igualmente abstemios. Los armenios y los judíos de Kabul han huido a otras tierras, pues no tenían otro medio de subsistencia que la destilación de aguardiente y vino. Sólo hay tres familias judías en

Kabul, los supervivientes del centenar que aún vivían aquí el año pasado. No se le podría culpar a Dost Mohammed Kan por querer suprimir la embriaguez mediante el sacrificio de algunos habitantes extranjeros, ya que estos vendían botellas de vino o diez de brandy por apenas una rupia. Como el sirdar en persona da tan buen ejemplo a su pueblo, no criticaremos sus motivos, ni comentaremos con severidad la inconsistencia de un borracho reformado. Kabul parece haber sido siempre famosa por sus juergas.

Los armenios se aferraron a nosotros como si hubiéramos sido unos más de su colonia, y desayunamos con Simón Mugurditch y su familia, donde conocimos a todos sus miembros. Los niños pequeños salieron corriendo a nuestro encuentro, nos besaron las manos y luego apoyaron la frente en ellas. Son gente muy guapa. Vimos su iglesia, un pequeño edificio que no podía albergar a cien personas. Nuestro anfitrión, Simón, nos agasajó muy cómodamente, y lo hizo sobre un paño cubierto con frases del Corán. «Era un paño afgano», dijo, «y los cristianos no se sienten heridos por estas frases, ni comen una comida menos abundante». Los armenios han adoptado todas las costumbres y modales de los mahometanos, y se quitan tanto los zapatos como los turbantes al entrar en su iglesia. Son gente inofensiva, pero aficionados al dinero.

Desde nuestra partida, habíamos viajado en lo que parecía una primavera perpetua. Los árboles florecían cuando salimos de Lahore, en febrero, y los encontramos en plena floración en marzo, en Peshawar. En Kabul nos encontrábamos ahora en el mismo estado alegre de la estación, y llegamos en un momento oportuno. Este estado de la primavera dará una buena idea de la altitud relativa de los diferentes lugares y del progreso de sus estaciones. Kabul está a más de mil ochocientos metros sobre el nivel del mar. Pasé unos días apacibles en sus hermosos jardines. Una tarde visité uno muy bonito, en compañía del nabab, a unos diez kilómetros de la ciudad. Están bien cuidados y dispuestos; los árboles frutales están plantados a distancias regulares, y la mayoría de los jardines se elevan con la pendiente del terreno en mesetas, o repisas, unos sobre otros. El suelo estaba cubierto de flores caídas, que se esparcían por los rincones como la nieve. El nabab y yo nos sentamos bajo un peral de Samarcanda, el más célebre del país, y admiramos el paisaje. La variedad y el número de árboles frutales era enorme. Había melocotones, ciruelas, albaricoques, peras, manzanas, membrillos, cerezas, nueces, moras, granadas y vides, todos creciendo en un mismo jardín.

También había ruiseñores, mirlos, tordos y palomas, que elevaban sus arrullos, y urracas parlanchinas, en casi todos los árboles, que no dejaban de ser atractivas, tal y como las recuerdo de Inglaterra. Me agradó mucho el ruiseñor y, a nuestro regreso a casa, el nabab me envió uno en una jaula, que cantaba durante toda la noche. Se llama *bulbul-i-huzar dastan*, o el ruiseñor de los mil cuentos, y realmente parecía imitar el canto de todos los pájaros. La jaula estaba rodeada de tela, y se convirtió en un compañero tan ruidoso que me veía obligado a sacarlo fuera antes de irme a dormir. Este pájaro es oriundo de Badajshán.

El mejor jardín de Kabul es el llamado Jardín Real, diseñado por Timur Shah, que se encuentra al norte de la ciudad y tiene aproximadamente un kilómetro cuadrado. El camino que conduce a él tiene unos cinco kilómetros de largo y formaba el hipódromo real. Hay una espaciosa casa de verano octogonal en el centro, con alamedas que suben desde cada uno de sus lados, sombreadas por árboles frutales, que producen un efecto muy bonito. Un asiento de mármol en la fachada señala dónde se sentaron los antiguos reyes de Kabul en su apogeo, entre «las peras y las manzanas más soleadas que Kabul, en sus mil jardines».

La gente es muy aficionada a pasear por estos jardines, y se les puede ver acudiendo a ellos todas las tardes. El clima de Kabul es estupendo. Al mediodía, el sol calienta más que en Inglaterra, pero las noches y las tardes son frescas, y sólo en agosto la gente se ve obligada a dormir en sus balcones. No hay estación lluviosa, pero caen chubascos constantes, como en Inglaterra. La nieve dura cinco meses en invierno. Durante el mes de mayo, el termómetro marcaba 18 °C a la hora más calurosa del día; generalmente soplaba un viento del norte, refrescado por la nieve que cubría las montañas. Normalmente, suele soplar de ese lado, ya que todos los árboles de Kabul se inclinan hacia el sur.

Kabul es especialmente famosa por su fruta, que se exporta en gran abundancia a la India. Sus viñas son tan abundantes que las uvas se dan al ganado durante tres meses al año. Hay diez tipos diferentes de vides: las mejores crecen sobre armazones, mientras que las que se dejan arrastrar por el suelo son inferiores. Se podan a principios de mayo. El vino de Kabul tiene un sabor parecido al de Madeira, y no cabe duda de que en este país podría producirse vino con una calidad muy superior con un poco de cuidado. Los habitantes de Kabul dan a la uva más usos que en la mayoría de los demás países. Utilizan su jugo para asar la carne y, durante las comidas, toman polvo de uva como encurtido. Se obtiene machacando las uvas antes de que maduren, después de secarlas. Se parece a la pimienta roja y tiene un agradable sabor ácido. También secan muchas de ellas como pasas, y utilizan mucho sirope de uva. Una libra de uvas se vende por medio penique.

Ya he mencionado el *rhuwash*, o ruibarbo de Kabul: crece espontáneamente bajo las colinas nevadas de Paghman, y Kabul es famoso por su producción. Los nativos lo consideran muy saludable y lo consumen crudo y cocido como verdura. Cuenta la anécdota que unos médicos indios ejercieron durante poco tiempo en Kabul y esperaron a la estación de la fruta, cuando la gente probablemente no estaría sana. Al ver este ruibarbo en mayo y junio, estos galenos abandonaron bruscamente el país, declarando a la planta un remedio general para el catálogo de enfermedades de Kabul. En cualquier caso, esto demuestra que se considera un alimento saludable.

Cuando el ruibarbo llega al mercado, los tallos tienen unos treinta centímetros de largo y sus hojas están recién brotadas. Desde que aparece por primera vez en la superficie, tiene un sabor dulce, como la leche, y no resiste al transporte. A medida que crece, se hace fuerte, y se amontonan piedras alrededor para proteger la planta del sol. La raíz de la planta no se utiliza como medicina. En Kabul no hay dátiles, aunque sí los hay al este y al oeste, en Kandahar y Peshawar. Aquí la gente ignora el arte de extraer de ellos un jugo embriagador, como en la India. Peshawar es famosa por sus peras; Gazni, por sus ciruelas, que se venden en la India con el nombre de ciruelas de Bujará; Kandahar, por sus higos, y Kabul, por sus moras; pero en Kabul prosperan casi todos los tipos de frutas, sobre todo las de hueso. La fruta es más abundante que el pan y se considera una de las necesidades de la vida humana. Hay no menos de catorce formas diferentes de conservar el albaricoque de Kabul: se seca con o sin hueso; a veces se deja la semilla o se sustituye por una almendra; también se forma en tortas y se dobla como papel. Es el más delicioso de los frutos secos.

Entre los edificios públicos de Kabul, el Bala Hissar, o ciudadela, es el más importante, pero no por su fortaleza. Kabul está rodeada al sur y al oeste por altas colinas rocosas, en cuyo extremo oriental se encuentra el Bala Hissar, que domina la ciudad. Se levanta sobre un cuello de tierra, y calculo que puede tener una elevación de unos cuarenta y cinco metros desde los prados del país circundante. Hay otro fuerte bajo aquel, que también se llama Bala Hissar, y que está ocupado por el gobernador y sus guardias. La ciudadela está deshabitada por el jefe actual, pero su hermano construyó en ella un palacio llamado *Kulá-i-Firangi*, traducido como el «sombrero de los europeos», que es el edificio más alto.

Dost Mohamed Kan capturó el Bala Hissar, volando una de sus torres: es una fortificación pobre, irregular y ruinosa, y nunca podría resistir un asalto. El fuerte superior es pequeño, pero el inferior contiene unas cinco mil personas. En él se alza el palacio del rey. El Bala Hissar fue construido por diferentes príncipes de la casa de Timur, comenzando por Babur y pasando por sus descendientes. Aurangzeb preparó amplias bóvedas bajo él para depositar su tesoro, que aún puede verse. Al tiempo que constituía el palacio de los reyes de Kabul, era también la prisión de las ramas más jóvenes de la familia real, donde eran confinados de por vida. Cuentan que, cuando fueron liberados de su prisión, después de asesinar a su guardián, miraron con asombro al ver fluir el agua —tan estrecho había sido el confinamiento en su morada amurallada—. Es difícil decir si estos desafortunados hombres no fueron más felices en un tiempo anterior, que en su estado actual, que es el de abyecta pobreza. Muchos de los hijos de Timur Shah vinieron hambrientos a pedirnos limosna. Les aconsejé que hicieran una petición al sirdar para obtener alguna asistencia permanente, pero dijeron que no podían esperar misericordia de la familia Barakzai, ahora en el poder, que estaba sedienta de su sangre.

Cerca del Bala Hissar, y separados de él y de todas las partes de la ciudad, residen los persas, o kizilbashes, como se les conoce aquí. Son turcos, principalmente de la tribu de javanshir, que fueron establecidos en este país por Nader Shah. Bajo los reyes de Kabul sirvieron como guardaespaldas y fueron un poderoso motor del Estado. Aún conservan su lengua y están unidos al actual jefe, cuya madre pertenece a su tribu. Tuve la suerte de conocer a esta comunidad; fui invitado a una fiesta ofrecida por nuestro guía de Peshawar, el alegre Naib Mohamed Sharif. Conocí a todos los líderes y a su jefe, Shirin Kan. El entretenimiento era más persa que afgano. Pude descubrir entre ellos un nuevo pueblo y un nuevo modo de pensar, pues han conservado parte del ingenio que caracteriza a sus compatriotas.

Cuando la velada tocaba a su fin, el jefe llamó a una persona para que hiciera gala de sus facultades, no para contar un cuento, sino para describir las peculiaridades de las naciones vecinas. Empezó por los afganos y, después de un exordio bastante divertido, en el que exceptuó a los durranis o jefes —que, según dijo, no eran como los demás afganos—, describió la entrada de unas veinte o treinta naciones en el paraíso. Cuando llegó el turno de los afganos, continuó blasfemando al relatar que su horrible lengua era ininteligible y que, como el Profeta había declarado que era el dialecto del infierno, no había lugar en el cielo para los que la hablaban. El tipo tenía sentido del humor e introdujo algunas frases afganas, para gran diversión del grupo. Luego atacó a los uzbekos por su peculiar forma de preparar el té y sus modales groseros. Finalmente, arremetió contra los quejumbrosos, tramposos y embusteros de Cachemira, de los que no hay que dejarse engañar, pues son unos maestros del vicio*. Todos los grupos admiten, no obstante, su talento e ingenio, lo que constituye una compensación considerable. Los nativos de Herat, y su peculiar dialecto, se aprovechaban de los poderes de este locuaz mirza: este se burlaba de los chanchullos de su aduana, y al mismo tiempo se permitía, como oficial de la guardia, ser sobornado por ellos aceptando un poco de vino, fingiendo que no era para él.

La diferencia entre los modales orientales y los europeos es más perceptible en su manera de decir cosas buenas. Un europeo disfruta con una anécdota, pero se sorprendería mucho si le pidieran que contara una para divertirse en un grupo. En Oriente, hay anecdotarios profesionales; en Occidente, nos contentamos con una anécdota que surge en el curso de la conversación. Ambas cosas pueden atribuirse a la forma de gobernar: en Oriente, aunque hay mucha familiaridad, hay poca relación social; y en Europa, los buenos modales nos enseñan a considerar a todo el mundo en pie de igualdad.

Durante nuestra estancia, tuvo lugar el *Eid al-Fitr*, que es la fiesta que se celebra en conmemoración de la intención de Abraham de sacrificar a su hijo Isaac. Se observó con todas las demostraciones de respeto: los negocios cerraron y el líder procedió a rezar en un lugar designado, con una gran concurrencia de personas. Por la tarde, todo el mundo acudió a los jardines; yo no pude resistir el impulso y seguí a la multitud. En Kabul, apenas se abandona el bazar, se llega a las orillas del río, bajo las bellas sombras de moreras, sauces y álamos. Casi todas las carreteras que rodean la ciudad discurren al borde de acueductos o de aguas corrientes.

* Un pareado persa recita: *no hay un hombre honesto entre los suníes de Balj o los chiítas de Cachemira.*

Están cruzadas por puentes; y el gran río tiene tres o cuatro de estos edificios; pero no pueden presumir de belleza arquitectónica. Los jardines más hermosos de Kabul se encuentran al norte de la ciudad, pero son superados con creces por los que se encuentran más allá, en el distrito de Istalif, bajo las primeras montañas nevadas, en dirección al Hindú Kush. Su emplazamiento es visible desde Kabul.

Me llevaron a la tumba de Timur Shah, que se encuentra fuera de la ciudad, y es un edificio de ladrillo de forma octogonal, que se eleva a una altura de 15 metros. El interior tiene unos 12 metros cuadrados y su arquitectura recuerda a la de Delhi. El edificio está inacabado. Antiguamente, se encendía una lámpara sobre este sepulcro; el sentido de los favores de este rey, como el de muchos otros, se ha desvanecido. Timur Shah hizo de Kabul su capital, y aquí está su tumba. Su padre está enterrado en Kandahar, que es el país natal de los durranis.

Recorría todos los rincones de la ciudad durante el día, y tuve el placer de pasar muchas veladas sociables con nuestro anfitrión, el nabab, quien, como muchos de sus compatriotas, buscaba la piedra filosofal con absoluta devoción. Una ocasión como nuestra llegada le pareció su gran oportunidad. Pronto le desengañé y me reí de los crisoles y recetas que me presentó. Le expliqué que la química había sucedido a la alquimia, como la astronomía a la astrología; pero como tenía que detallar la naturaleza exacta de estas ciencias, mis afirmaciones de no ser alquimista tuvieron poco efecto. Se dirigió, pues, al médico, a quien pidió recetas para la fabricación de emplastos y linimentos de calomelano y quinina, que no fue fácil proporcionarle. No podía creer que dar y fabricar medicinas fueran dos conceptos distintos, y nos tachó de muy ignorantes o muy obstinados. Asimismo, no quería recibir las medicinas preparadas, ya que no le servirían de nada después de que nos hubiéramos marchado. Encontramos que, en general, este sentimiento prevalecía entre la población, y ¡ay del médico en estos lugares que da medicinas que no puede fabricar! Mantuvimos al nabab de buen humor, aunque no creíamos que pudiera convertir el hierro en plata. No sólo eso, sino que nos contó la situación de muchas vetas metálicas del país. Presentó, entre otras curiosidades, un amianto, llamado aquí piedra de algodón (*sung-i-pumba*), encontrado cerca de Yalalabad. El buen hombre declaró que debíamos compensarlo con algo de nuestros conocimientos a cambio de lo que él contaba de forma tan gratuita. Le informé de que yo pertenecía a una secta llamada los masones, y le di algunas explicaciones sobre el oficio, en el que pidió ser admitido sin demora. Pero, como el número de hermanos debía ser igual al de las Pléyades, lo aplazamos hasta que se presentara una ocasión propicia. Él creía confiadamente que por fin había conseguido el aroma de la magia en su tinte más puro, y si de mí hubiese dependido, le habría iniciado de buena gana. Me hizo prometerle que le enviaría algunas semillas de flores de nuestro país, que deseaba ver en Kabul —yo se las enviaría fielmente después de mi viaje—.

Recorté las láminas de la *Historia de Kabul*, del señor Elphinstone, y se las presenté al nabab en una gran fiesta, y no sólo los ropajes eran exactos, sino que en algunas de las figuras, para su gran deleite, descubrieron parecidos. Los retratos están prohibidos entre los suníes, pero en este caso resultaron muy aceptables. Entre los amigos del nabab conocimos a un hombre de 114 años que había servido con Nader Shah. Llevaba más de ochenta años en Kabul y había visto fundarse y morir a la dinastía Durrani. Esta venerable persona subió las escaleras hasta nuestras habitaciones.

De la multitud de personas que encontrábamos constantemente en la casa de nuestro anfitrión, estaba decidido a reunir alguna información sobre el tan discutido punto de que los afganos fueran judíos. Me proporcionaron todas sus historias escritas, pero no tuve tiempo de examinarlas y deseaba información oral. Los afganos se llaman a sí mismos *Bin-i-Israil*, o hijos de Israel, pero consideran que el término *yahood*, o judío, es un oprobio. Dicen que Nabucodonosor, después del derrocamiento del templo de Jerusalén, los desterró a la ciudad de Ghor, cerca de Bamiyán; y que toman el

nombre de afganos de su jefe Afghana, que era hijo del tío de Asaf
—el visir del rey Salomón—, que era a su vez hijo de Baraquías. La
genealogía de esta persona se traza a partir de una rama colateral,
debido a la oscuridad de sus propios padres, lo que no es en absoluto infrecuente en Oriente. Dicen que vivieron como judíos, hasta
que Khalid —llamado así por el título de califa— los convocó, en el
primer siglo del mahometismo, para ayudar en las guerras contra
los infieles. Por sus servicios en aquella ocasión, Qais, su líder, obtuvo el título de Abdul Rashid, que significa el «hijo del
poderoso». También se le dijo que se considerara el *batan*, en árabe
«mástil de su tribu», sobre el que pivotaría su prosperidad, y por el
que se regiría la nave de su Estado. Desde entonces, a los afganos
se les llama a veces pastunes, nombre por el que se les conoce familiarmente en la India. Nunca había escuchado esta explicación
del término.

Después de la campaña con Khalid, los afganos regresaron a su
país natal y fueron gobernados por un rey de la dinastía kayania, o
Ciro, hasta el siglo XI, cuando fueron sometidos por Mahmud de
Gazni. Una raza de reyes surgió de Ghor, subvirtió la casa de Gazni y conquistó la India. Como es bien sabido, esta dinastía se
dividió, a la muerte de su fundador, en las divisiones al este y al
oeste del Indo; y así se mantuvieron hasta que Tamerlán sometió a
ambas bajo un nuevo yugo.

Tras exponer con precisión las tradiciones y la historia de los
afganos, no veo ninguna buena razón para desacreditarlas, aunque
hay algunos anacronismos y las fechas no se corresponden exactamente con las del Antiguo Testamento. Tanto en la historia de
Grecia como de Roma, encontramos corrupciones similares, así como en las obras posteriores de los escritores árabes y
mahometanos. Los afganos parecen judíos; dicen que descienden
de judíos, y en su costumbre el hermano menor se casa con la viu-
da del mayor, según la ley de Moisés. Los afganos abrigan fuertes
prejuicios contra la nación judía, lo cual se demuestra en el hecho
de que estos no reivindican dicha supuesta descendencia. Puesto

que algunas de las tribus de Israel llegaron a Oriente, ¿por qué no admitir que los afganos son sus descendientes, convertidos al mahometismo? Soy consciente de que difiero de una alta autoridad,* pero confío en haberlo hecho sobre bases razonables.

Tal y como lo deseó el sirdar, pasé otra noche con él; y el médico, aunque convaleciente, me acompañó; el señor Wolff había proseguido su viaje a la India. Dost Mohamed Kan nos complació como siempre; nos entretuvo hasta pasada la medianoche, también dio una completa visión de los asuntos políticos de su país, y de las desafortunadas diferencias que existen entre él y sus hermanos. Expresó esperanzas de poder restaurar la monarquía, manifestó un odio cordial hacia Ranjit Singh, y parecía ansioso por saber si el Gobierno británico aceptaría sus servicios como aliado para derrocarlo, pero yo le contesté que era nuestro amigo. Entonces me prometió el mando de su ejército si me quedaba con él; una oferta que repitió más tarde. «Doce mil caballos y veinte cañones estarán a tu disposición». Al ver que no podía aceptar el honor, me solicitó que recomendara a algún amigo para que fuera su generalísimo.

En esta ocasión, tuvimos una conversación fascinante sobre los *kafires*, que viven en las colinas al norte de Peshawar y Kabul, y se supone que llegaron a Kabul en la época de Alejandro Magno.† El jefe, en la ocasión anterior, había presentado a un joven *kafir*, uno de sus esclavos, de unos diez años de edad, que había estado en cautividad durante dos años. Su tez, cabello y rasgos eran bastante europeos; sus ojos eran de color azulado. Le hicimos repetir varias palabras en su lengua, algunas de las cuales eran indias. Los *kafires* viven en la mayor de las barbaries, pues se alimentan de osos y monos. Hay una tribu llamada *nimcha mussalman*, o medio mahometanos, que ocupan los pueblos fronterizos entre ellos y los afganos, y realizan el escaso comercio entre ellos. Es curioso en-

* Véase página 244 de *An Account of the Kingdom of Cabul, and its Dependencies in Persia, Tartary, and India* por Mountstuart Elphinstone.

† *Kafir* es un arcaísmo, a este grupo étnico se le conoce hoy día con el nombre de nuristaníes. (N. del T.)

contrar un pueblo tan completamente distinto de los demás habitantes y, desgraciadamente, todo lo que les concierne está cubierto por un velo de oscuridad. En adelante, expondré los datos que recogí sobre los *kafires*, a quienes considero los aborígenes de Afganistán, y de alguna manera relacionados con los supuestos descendientes de Alejandro Magno, como han afirmado varios autores.

Habíamos pasado casi tres semanas en Kabul, que pasaron volando. Ahora era necesario preparar la siguiente etapa de nuestro viaje, lo que no parecía cosa fácil. Ninguna caravana estaba aún lista; e incluso era dudoso que los caminos fueran transitables, pues había nevado durante el mes. Se me ocurrió que nuestro mejor plan sería contratar a un *kafila bashi*, o conductor de caravanas, como uno de nuestros propios sirvientes, y así podríamos partir de inmediato, sin el retraso que conlleva una caravana, y, esperaba yo, con igual seguridad. Al nabab no le gustó ni el plan ni nuestra precipitada partida. De buena gana nos habría retenido durante meses. Sin embargo, contratamos a un tal Hyat, un anciano robusto pero corpulento, que había encanecido al cruzar el Hindú Kush. Cuando el nabab se enteró de nuestra determinación de partir, instó a su pariente, Amin ul-Mulk, un noble de los tiempos del difunto Mahmud Shah y que realizaba transacciones comerciales con Bujará y Rusia, a que enviara con nosotros a una de sus personas de confianza. Por lo tanto, se decidió que un hermano de su *nazir*, o administrador, llamado Doulat, un afgano respetable, viniera con nosotros. Tenía negocios en Bujará, e incluso se dirigía a Rusia: nuestros movimientos aceleraron su partida. Todo parecía ir bien, y el nabab nos proporcionó con amabilidad cartas para los afganos de Bujará. El más influyente de ellos era Budarudín. Su agente en Kabul, que me trajo las cartas, estaba decidido a ser recompensado por ello con el disfrute de nuestra compañía. Se llamaba Jodadad y era mulá. Se detuvo y cenó con nosotros, pero declaró que, fuese cual fuese nuestra sabiduría como nación, no teníamos las ideas correctas sobre la vida. No le gustaba nuestra

comida inglesa, cocinada con agua, decía, y sólo apta para inváli-
dos. Jodadad era un hombre muy inteligente, que había viajado
por la India y Tartaria y era un gran conocedor de la cultura asiática. También había estudiado a Euclides, a quien sus compatriotas,
según él, apodaban *uql duzd*, o el ladrón de la sabiduría, por la confusión que había producido en las cabezas de los hombres. Él no
era aficionado a las matemáticas y deseaba conocer nuestro motivo
para estudiarlas: no había oído decir que mejoraran las facultades
de razonamiento, y sólo consideraba a las personas versadas en
Euclides, como lectores más profundos que los demás.

El jefe también preparó sus cartas; pero había poca comunicación entre los afganos y los uzbekos, y no nos sirvieron de nada; la
del rey de Bujará se había perdido o había sido robada. Sin embargo, uno de los miembros de la corte de Dost Mohamed Kan, el
gobernador de Bamiyán, Haji Kauker, nos proporcionó cartas que
fueron realmente útiles, como se verá más adelante. Este hombre,
aunque sirve bajo las órdenes del jefe de Kabul, es más amigo de
su hermano de Peshawar, quien nos lo presentó. Yo mantuve en
secreto mi trato con él, y me ofreció los servicios de cincuenta jinetes, que fue prudente rechazar.

Antes de abandonar Kabul, conocí a muchos de los mercaderes
hindúes y de Shikarpur. Todo el comercio de Asia central está en
manos de esta gente, que tienen agencias desde Astracán y
Mashhad hasta Calcuta. Son una raza torpe, que no toman parte en
otros asuntos que no sean los suyos propios, y se aseguran la
protección del gobierno prestándole dinero. Tienen un aspecto
peculiar, con una nariz muy alta y visten muy suciamente. A pocos
de ellos se les permite llevar turbante. Nunca traen a sus familias
de su país, que es el Alto Sind, y están constantemente yendo y
viniendo de él, lo que mantiene entre ellos un espíritu nacional. En
Kabul, hay ocho grandes casas de agencia pertenecientes a este
pueblo, que está bastante separado de los demás habitantes
hindúes. De ellas, hay unas trescientas familias. Conocí a uno de
estos mercaderes de Shikarpur en la isla de Kish, en el golfo de

Persia; si se tolerara a los hindúes en ese país, estoy convencido de que se extenderían por toda Persia, e incluso por Turquía.

Con una agencia tan extensa distribuida en las partes de Asia que estábamos a punto de atravesar, no era, como puede suponerse, una tarea muy difícil resolver nuestros asuntos monetarios, y arreglar nuestro suministro de ese artículo necesario, incluso a la distancia a la que pronto nos encontraríamos de la India. Nuestros gastos eran pequeños, y los ducados de oro estaban cuidadosamente cosidos en nuestros cinturones y turbantes, y a veces incluso escondidos en nuestras zapatillas; aunque, como teníamos que dejarlos en la puerta de cada casa, yo no siempre aprobaba tal forma de almacenaje. Tenía en mi poder una carta de crédito por valor de cinco mil rupias, pagadera con cargo a los tesoros públicos de Ludhiana o Delhi; los comerciantes de Kabul no dudaron en aceptarla. Se mostraron dispuestos a pagarlo en el acto con oro, o bien a entregar pagarés de cambio en Rusia, en San Macario (Nizhni Nóvgorod), Astracán o Bujará, lo que yo no tenía por qué poner en duda; así que decidí tomarlos de esta última ciudad. Los mercaderes me impusieron el más estricto secreto, y su ansiedad no era menor que la nuestra por querer parecer pobres, pues la posesión de tanto oro se habría amontonado con las toscas y andrajosas vestiduras que ahora llevábamos. Pero qué prueba tan gratificante tenemos aquí del alto carácter de nuestra nación, al encontrar los billetes de aquellos que casi parecían mendigos liquidados, sin vacilación, en una capital extranjera y lejana. Sobre todo, cuánto nos asombra ver que las ramificaciones del comercio se extienden ininterrumpidamente por regiones tan vastas y remotas, que difieren entre sí en lengua, religión, costumbres y leyes.

CAPÍTULO 6

Travesía sobre las montañas nevadas del Hindú Kush

S I habíamos salido de Peshawar con los buenos deseos del jefe, ahora nos acompañaban los de su hermano, el nabab. El 18 de mayo, que cayó en viernes, salimos de Kabul después de las oraciones del mediodía, según la costumbre habitual de los viajeros, para no ofender los prejuicios del pueblo, que también considera auspiciosa esa hora. Creímos que nos habíamos despedido del buen nabab a la puerta de su casa, donde nos dio su bendición; pero antes de abandonar la ciudad, volvió a reunirse con nosotros, y cabalgó durante tres o cinco kilómetros. Creo que nunca me despedí de un asiático con tanto pesar como lo hice de este digno hombre. Parecía vivir para todos, menos para sí mismo. Nos había agasajado con gran hospitalidad durante nuestra estancia y, día tras día, nos había exhortado a tomar cualquier otro camino que no fuera el del Turquestán, pronosticándonos todos los males. Asimismo, ahora se despidió de nosotros con mucho sentimiento, y no fue posible reprimir una lágrima al despedirnos. Aunque su hermano, el jefe, no nos había dado el mismo trato que el de Peshawar, nos había mostrado gran cortesía y atención, de lo cual nos manifestamos muy sensibles antes de partir.

Nos detuvimos a pasar la noche en una pequeña aldea llamada Killa-i-Kazi, y desde el primer momento experimentamos la influencia y utilidad de nuestro *kafila bashi*. Nos desocupó una casa sobornando a un mulá para que la abandonara, y encontramos el alojamiento muy acogedor, pues hacía un frío penetrante esa noche. Nuestro amigo Hyat era un hombre de buen humor, y acordamos con él que sería recompensado según sus méritos, de los que nosotros seríamos jueces. Nos encomendamos a él como un fardo de mercancías y le aseguramos que marchara como mejor le pareciera. Le entregué mis pocos libros e instrumentos, que él hizo pasar por parte de la propiedad de las familias judías que habían abandonado Kabul el año anterior.

La prudencia aconsejó que procediéramos muy discretamente en esta parte de nuestro viaje, y por eso ahora nos hacíamos llamar *mirza*, o secretario, apelativo común en estos países, y que conservamos durante el resto del viaje.

Así pues, el doctor también ocultó su verdadera ocupación, pero pronto se hizo evidente que habríamos estado indefensos sin nuestro guía, pues a la mañana siguiente un individuo que poseía cierta autoridad agarró la brida de mi caballo y exigió ver el contenido de mis alforjas. Procedía yo con toda prontitud a mostrar mi pobreza, cuando una palabra del *kafila bashi* puso fin a la investigación. Aquí nadie nos reconocía como europeos, lo que sin duda daba una placentera libertad a nuestras acciones.

Entre las mercancías de contrabando que los funcionarios de la aduana debían registrar, figuraba como artículo singular el Corán, pues parecía que los comerciantes habían exportado tantos de estos buenos libros más allá del Hindú Kush, que los «fieles» de Afganistán corrían el riesgo de ser despojados de todos ellos. La supresión del comercio del Corán fue un acto muy popular para el jefe de Kabul, ya que son obras costosas, escritas con gran esfuerzo y trabajo, y muy valiosas.

Dejamos a la izquierda el camino que conduce a Kandahar y remontamos el valle del río Kabul hasta su nacimiento en Sarchashma. Nos detuvimos primero en Jalrez, que debe su nombre a dos palabras persas que significan agua corriente; cerca de la aldea había dos arroyos muy claros, cuyas orillas estaban sombreadas por árboles. Son estos riachuelos los que hacen tan encantador a este país, a pesar de sus rocas sombrías. El valle no tenía más de kilómetro y medio de anchura, y estaba muy laboriosamente cultivado; en algunos lugares el agua se conducía a lo largo de cien metros colina arriba. En las tierras más bajas, los arrozales se alzaban en una gradación muy pintoresca, y las colinas a ambos lados estaban cubiertas de nieve. El termómetro marcaba 16 °C.

En Sarchashma, que literalmente significa «la fuente», visitamos dos estanques naturales, las fuentes del río Kabul, reabastecidas por manantiales y convertidas en reservas naturales para peces, que se conservan con gran cuidado. Había sido un lugar de peregrinación sagrado para Alí, de quien se dice que lo visitó, una «mentira piadosa» que no está respaldada por ninguna autoridad, ya que el yerno de Mahoma nunca estuvo en Kabul, aunque sus hazañas en esta vecindad son numerosas y maravillosas. Alimentamos a los peces con pan, que desapareció enseguida, arrancado de nuestras manos por varios miles de ellos. Del mismo modo, no fueron molestados por nadie, pues se cree que una maldición recae sobre los intrusos.

Antes de entrar en el valle del río, dejamos al sur la famosa Gazni, que sólo dista cien kilómetros de Kabul. Esta antigua capital es ahora dependiente de esa ciudad, y un lugar de poca importancia, aunque contiene la tumba del gran Mahmud, su fundador. No obstante, existe un monumento más honorable a su memoria en la forma de una magnífica presa, construida con un gasto considerable, y la única de las siete que quedan en la actualidad. Es digno de mención que el gobernante del Punyab, en una negociación que llevó a cabo recientemente con el exrey de Kabul, Shuja ul-Mulk, estipuló, como una de las condiciones de su restauración en el trono de sus antepasados, que debía entregar las puertas de madera de sándalo del santuario del emperador Mahmud —las mismas que se trajeron de Somnath, en la India, cuando aquel monarca destructor hirió al ídolo y las piedras preciosas se desprendieron de su cuerpo—. Han transcurrido más de ochocientos años desde el expolio, pero los hindúes aún lo recuerdan, aunque estas puertas hayan adornado durante tanto tiempo la tumba del sultán Mahmud. Babur expresó su asombro de que un monarca tan importante hubiera hecho de Gazni su capital, pero los nativos os dirán que el frío la hace inaccesible durante algunos meses al año, lo que le dio mayor confianza mientras él arrasaba el Indostán y la tierra de los infieles.

Remontamos el valle, que se fue estrechando poco a poco hasta llegar a una zona llana en las montañas, el paso de Unai, cuya ascensión está custodiada por tres pequeños fuertes. Antes de llegar a la cima, nos encontramos por primera vez con la nieve, de la que me alegré mucho de contemplar tras una separación de una docena de inviernos; aunque no había compañeros con los que pudiera retomar los juegos de la juventud. Nevó mientras cruzábamos el paso, que está a unos 3.300 metros de altitud; y al final nos encontramos, con placer, en una pequeña aldea, libres del viento helado que sopló durante todo el día. Ya habíamos avanzado bastante en nuestro viaje de montaña: los ríos corrían ahora en direcciones opuestas; nuestro avance nos había llevado al frío territorio de los hazaras, donde los campesinos sólo araban y sembraban, mientras que nosotros ya habíamos visto la cosecha recogida en Peshawar, y el grano espigado en Kabul.

Continuamos nuestro viaje de montaña por la base de la elevada, y siempre cubierta de nieve, montaña de Kuh-i-Baba, que es una cresta notable, con tres picos que se elevan a una altitud de unos 5.500 metros sobre el nivel del mar. La tarde del 21 de mayo llegamos al pie del puerto de Hajigak, medio muertos de fatiga y casi ciegos por el reflejo de la nieve. Durante unos quince kilómetros habíamos viajado por el lecho de un riachuelo, que nos llegaba hasta las rodillas, formado por la nieve derretida, y que cruzamos más de veinte veces. Luego entramos en la región de la nieve, que todavía se extendía profundamente por el suelo: al mediodía se volvió tan blanda que nuestros caballos se hundieron en ella, arrojaron sus cargas y jinetes, y en varios lugares fueron, con la mayor dificultad, rescatados. La parte del suelo que estaba libre de nieve se había saturado con el agua derretida y se había convertido en un lodazal, de modo que vadeábamos alternativamente el barro y la nieve. El calor era agobiante —supongo que debido al reflejo del sol en la nieve—, había perdido por completo el uso de mis ojos y la piel de mi nariz se había pelado, antes de que llegáramos a un pequeño fuerte bajo el paso, en el que nos apeamos por la tarde con una familia hazara.

Tuvimos aquí la oportunidad de ver a los hazaras en su entorno natural, entre las montañas, y fuimos recibidos por una anciana, en una miserable casa de techo plano, parcialmente bajo tierra, con dos o tres aberturas en el techo a modo de ventanas. Cuidaba de su nieto y nos dio la bienvenida con el señorial nombre de «Agha». Yo la llamé «Madre», y la anciana conversó sobre su casa y asuntos familiares. Nuestro atuendo de mendicantes ocultaba que éramos europeos; nos tomaron por persas y, puesto que los hazaras tienen el mismo credo que esa nación, fuimos invitados de honor. La anciana nos aseguró que la nieve les impedía salir de sus casas durante seis meses al año —pues nunca llueve—, y que sembraban la cebada en junio y la cosechaban en septiembre. Esta gente no tiene dinero y casi ignora su valor. Comerciamos con ellos mediante trueque, y no tuvimos ocasión de mostrarles oro, por el que los ingleses son descubiertos instantáneamente en todos los países. Un viajero que comercie con ellos sólo puede comprar las necesidades de la vida dando unos metros de tela tosca, un poco de tabaco, pimienta o azúcar, que aquí se aprecian muy por encima de su valor.

Los hazaras son gente de corazón sencillo y difieren mucho de las tribus afganas. Por su fisonomía, se parecen más a los chinos, con sus caras cuadradas y ojos pequeños. Descienden de los tártaros, y una de sus tribus se denomina actualmente los hazaras tártaros. Existe la creencia actual de que regalan sus esposas a sus invitados, lo cual es ciertamente erróneo. Las mujeres tienen gran influencia y van sin velo: son guapas y no muy castas, lo que quizá haya provocado el escándalo entre sus vecinos suníes, que las acusan de ser herejes. Si su nación no fuera fuerte, seguro que serían exterminadas, pues tienen enemigos en todas direcciones. La buena matrona, que nos protegió de la nieve y la escarcha, también me dio consejos para mis ojos, que, según dijo, se habían quemado con la nieve. Me recomendó el uso de antimonio, que me apliqué con un lápiz, lo que mejoró mucho mi aspecto, según me informó. De cualquier modo, puedo asegurar que me alivió y reconfortó cuando volví a encontrarme con la nieve.

Observé que estos montañeses, aunque algunos de ellos vivían a tres mil metros de altitud, estaban completamente libres de bocio, esa enfermedad indecorosa que yo había observado en la misma cordillera, el Himalaya, al este del Indo, incluso por debajo de los mil doscientos metros. Tal vez el broncocele sea una enfermedad confinada a las altitudes menores; una opinión sostenida por miembros de la facultad de la primera eminencia en el continente, como lo encuentro en un artículo en *Transacciones de la Sociedad Médica de Calcuta*, por el doctor M. J. Bramley, del ejército de Bengala. Ese caballero, sin embargo, en su tratado sobre la enfermedad, que se basa en la experiencia personal durante una estadía en las regiones montañosas de Nepal, aduce hechos que llevarían a una conclusión contraria en cuanto a su localización, de la que afirma que es más general en la cresta de una alta montaña que en el valle de Nepal.

Uno habría imaginado que, en estas elevadas y lóbregas regiones, los habitantes se dedicarían a otros temas distintos a abstrusos debates de teología. Sin embargo, un mulá, o sacerdote, había aparecido recientemente entre ellos para proclamar algunas doctrinas novedosas y, entre otras, que Alí era la deidad y más importante que el propio Mahoma. Había encontrado unos cien seguidores, a los que este fanático había impresionado con tal opinión de su poder, que creían que podía resucitar a los muertos y atravesar el fuego sin herirse. Uno de los jefes hazara, escandalizado por la blasfemia de este falso profeta, había predicado una cruzada contra él por engañar a los fieles; y muchos de los habitantes le acompañaron para ayudar a recuperar para el islam a los engañados. Nos informaron de que esta secta se llamaba *Ali Illahi*, y había adoptado muchas costumbres odiosas; entre otras, la llamada *comunidad de mujeres*. También celebraban orgías bacanales en la oscuridad, de donde les venía el nombre de *cheragh kosh*, literalmente apagadores de lámparas, en alusión a la oscuridad que ocultaba sus iniquidades. Tal secta, me aseguran, no es en absoluto nueva, puesto que los mogotes* de Kabul han profesado durante mucho tiempo algunos de sus principios, y todavía los practican en secreto. También es conocida en varias partes de Persia y Turquía, pero la voz de la palabra no la había extendido hasta ahora en las gélidas regiones del Hindú Kush.

La cruzada de los hazaras resultó ser una circunstancia afortunada para nosotros, ya que el jefe de doce mil familias, y de estos pasos, de nombre Yezdan Bajsh, se encontraba ausente; es una persona que no reconoce sino una dudosa lealtad a Kabul. Gracias a la amabilidad de Haji Kan Kauker, fuimos presentados a él, pero la descripción de su carácter no nos hizo esperar más que la cortesía común, si es que la recibimos. Escapamos, sin embargo, en medio del tumulto religioso, después de esperar durante una hora a que se abriese la puerta del fuerte, y de pagar, cada uno de nosotros, una rupia como impuesto a su ayudante, ya que no éramos mahometanos. Tal vez nuestra carta de recomendación pudo convencer a los hazaras de que nos dejaran pasar a tan bajo precio, pero no pasó mucho tiempo antes de que ajustaran sus exigencias con el *kafila bashi*, que me dirigió muchas miradas significativas durante la negociación. El doctor y yo no buscábamos más consideración que dar una mirada a aquellos montañeses; no obstante, según parecía, éramos totalmente indignos de su atención.

---

*   Probablemente, Burnes se refiriese a los mogoles, grupo étnico de origen turco establecido en el norte de la India y Pakistán. W. Floor (2014) *Who Were the Candle Extinguishers or Cheragh-koshan?* (N. del T.)

Después de una noche de descanso y de escuchar los amistosos consejos de la matrona hazara, iniciamos la ascensión del paso de Hajigak, que estaba a unos trescientos metros por encima de nosotros y a 3.800 metros sobre el nivel del mar. Partimos temprano en la mañana del 22 de mayo; la nieve helada soportaba nuestros caballos, y llegamos a la cumbre antes de que la influencia del sol la hubiera ablandado. El termómetro descendió cuatro grados por debajo del punto de congelación; el frío era muy agobiante, aunque íbamos vestidos con pieles con pelo por dentro. A menudo bendecía al buen nabab de Kabul, que me había obligado a llevar una pelliza de piel de nutria, que me resultó muy útil. El paso no se logró sin aventuras, pues no había camino que nos guiara a través de la nieve, y en un punto, el agrimensor Mohamed Alí, junto con su caballo, cayeron rodando por un declive, uno tras otro, durante unos treinta metros. Esta exhibición en la vanguardia sirvió para persuadir a la retaguardia a encontrar un camino mejor; en cualquier caso, era imposible no reírse del espectáculo ofrecido por la pareja; él, una figura redonda envuelta en pieles, y yendo más rápido que su animal de largas crines, que hacía las hendiduras más profundas en la nieve.

Estábamos a punto de comenzar la ascensión del paso de Kalu, que es aún trescientos metros más alto que el de Hajigak, pero nuestro progreso fue detenido de nuevo por la nieve. Lo rebasamos, pasando alrededor de su lomo, y tomamos un camino lateral a través de un valle, atravesado por un afluente del Oxus, que nos condujo a Bamiyán.

Nada podía ser más grandioso que el paisaje que encontramos en este valle. Aterradores precipicios se cernían sobre nosotros; muchos fragmentos por debajo nos informaban de su inestabilidad. Durante aproximadamente dos kilómetros, fue imposible avanzar a caballo, y continuamos a pie, con un abismo bajo nosotros. La hondonada presentaba una hermosa sección de las montañas a los ojos del geólogo, y, aunque era un camino secundario, parecía haber estado fortificada en años anteriores, como lo atestiguaban innumerables ruinas. Algunas de ellas fueron señaladas como restos de las casas de postas de los emperadores mogoles, pero la gran mayoría fue atribuida a la época de Zahhak, un antiguo rey de Persia. Un castillo en particular, situado en el extremo norte del valle y que dominaba el desfiladero, había sido construido con gran esfuerzo en la cima de un precipicio y estaba ingeniosamente abastecido de agua. Aquí no tengo espacio para relatar todas las fábulas que la gente contaba sobre estos edificios.

Bamiyán es célebre por sus ídolos colosales y sus innumerables excavaciones, halladas en todo el valle, a lo largo de unos trece kilómetros, y que siguen siendo la residencia de la mayor parte de la población. La gente las llama *sumach*. Una colina en medio del valle está llena de estas cuevas y nos recuerda a los trogloditas referidos por los historiadores de Alejandro Magno. Se conoce como la ciudad de Gholghola y consiste en una sucesión continua de cuevas en todas direcciones, que se dice fueron obra de un rey llamado Jalal.

LOS COLOSALES ÍDOLOS DE BAMIYÁN
LITOGRAFÍA POR LOUIS HAGHE (1834)

Las colinas de Bamiyán están formadas por arcilla endurecida y guijarros, lo que hace que su excavación resulte nada difícil, pero llama la atención la gran extensión que ha alcanzado. Las cuevas están excavadas a ambos lados del valle, pero el mayor número se encuentra en la cara norte, donde encontramos los ídolos, que en conjunto forman una inmensa ciudad. Con frecuencia se contrata a trabajadores para excavar en ellas; su trabajo se recompensa con anillos, reliquias, monedas, etcétera. Suelen llevar inscripciones cúficas y son posteriores a la época de Mahoma. Estas cuevas excavadas, o casas, no tienen pretensiones de ornamento arquitectónico, no son más que agujeros cuadrados en la colina. Algunas están acabadas en forma de cúpula y tienen un friso tallado debajo del punto de donde surge la cúpula.

Los habitantes cuentan muchas historias notables sobre las cuevas de Bamiyán; una en particular merece ser nombrada: ¡la de una madre que perdió a su hijo entre ellas y lo recuperó después de un lapso de doce años! No es necesario creer esta historia, pero nos dará una idea del tipo de fábulas que circulaban. Hay numerosas excavaciones alrededor de los ídolos, y bajo el más grande, medio regimiento podría encontrar alojamiento. Bamiyán está sometida a Kabul: parece ser un lugar de gran antigüedad, y es, tal vez, la ciudad que Alejandro Magno fundó en la base de las montañas del Paropamisus, antes de entrar en Bactriana. De hecho, el territorio, desde Kabul hasta Balj, sigue llamándose *Bajtar Zameen*, o país de Bajtar. Se dice que el nombre de Bamiyán deriva de su elevación —*bam* significa balcón, y el afijo *yan* país—. Igualmente, puede que se llame así por las cuevas que se elevan unas sobre otras en la roca.

No hay reliquias de la antigüedad asiática que hayan despertado tanto la curiosidad de los eruditos como los gigantescos ídolos de Bamiyán. Afortunadamente, puedo presentar aquí un croquis de estas imágenes. Consisten en dos figuras, una masculina y otra femenina; una se llama *Salsal* y la otra *Shah Mama*. Las figuras están talladas en alto relieve en la cara de la colina y representan dos imágenes colosales. La masculina es la mayor de las dos y mide unos treinta metros de altura. Ocupa un frente de veinte metros, y el nicho en el que está excavado se extiende aproximadamente a esa profundidad en la colina. Este ídolo está mutilado; ambas piernas han sido fracturadas por los cañones y el rostro por encima de la boca está destruido. Los labios son grandes, las orejas largas y colgantes, y parece haber tenido una tiara en la cabeza. La figura está cubierta por un manto que le cubre todo el cuerpo y que está hecho de una especie de escayola; a la imagen se le han clavado estacas de madera en varios lugares para ayudar a fijarla. La figura carece de simetría y el ropaje no es muy elegante. Las manos que sostenían el manto están rotas.

La figura femenina es más perfecta que la masculina y está vestida del mismo modo. Está tallada en la misma colina, a una distancia de doscientos metros, y tiene aproximadamente la mitad de tamaño. No se pudo descubrir si el ídolo más pequeño era hermana o hija del coloso mayor, salvo por la información de los nativos. El dibujo que se adjunta transmitirá mejores nociones de estos ídolos que una descripción más elaborada. Las aberturas cuadradas y arqueadas que aparecen en la lámina representan la entrada de las diferentes cuevas o excavaciones; y a través de ellas hay un camino que conduce a la cima de ambas imágenes. En las cuevas inferiores suelen detenerse las caravanas que van y vienen de Kabul, y las superiores son utilizadas como graneros por la comunidad.

Ahora debo señalar la curiosidad más notable de los ídolos de Bamiyán. Los nichos de ambos han estado en un tiempo enlucidos y ornamentados con pinturas de figuras humanas, que ahora han desaparecido de todas las partes, excepto las que está inmediatamente sobre las cabezas de los ídolos. Aquí los colores son tan vivos y las pinturas tan nítidas como en las tumbas egipcias. Hay poca variedad en el diseño de estas figuras, que representan el busto de una mujer, con un mechón de pelo en la cabeza y una manta a cuadros sobre el pecho; todo rodeado por una aureola y la cabeza también con otra aureola. En una parte, pude trazar un grupo de tres figuras femeninas que se sucedían. La ejecución de la obra era anodina, sin ser superior a los cuadros que los chinos hacen imitando a los artistas europeos.

Las tradiciones populares sobre los ídolos de Bamiyán son vagas e insatisfactorias. Se afirma que fueron excavados hacia la era cristiana por una tribu de *kafires* —o infieles— para representar a un rey, llamado Salsal, y a su esposa, que gobernaban en un país lejano y eran venerados por su grandeza. Los hindúes afirman que fueron excavadas por los pandús, tal como se menciona en el gran poema épico del *Mahabharata*. Ciertamente, los hindúes, al pasar por delante de estos ídolos, en este día, levantan las manos en señal de adoración: no hacen ofrendas, y la costumbre puede haber caído en desuso desde el ascenso del islam. Sé que una conjetura atribuye estas imágenes a los budistas; las largas orejas de la gran figura hacen probable la conjetura. No he encontrado ninguna semejanza con las figuras colosales de las cuevas de Salsette, cerca de Bombay, pero la forma de la cabeza no es muy diferente del gran ídolo de tres caras de las Grutas de Elefanta.

En Mankiala, en el Punyab, cerca de la célebre estupa mencionada en un capítulo anterior, encontré una antigüedad de vidrio o cornalina, que se parece exactamente a esta cabeza. En las pinturas sobre los ídolos observé un gran parecido con las imágenes de los templos jainistas de la India occidental, en el monte Abu, Girnar y Palitana, en la península de Kathiawar. Creo que las figuras son femeninas, pero muy rudas, aunque los colores con que están dibujadas son brillantes y hermosos. No hay nada en las imágenes de Bamiyán que evidencie un gran avance en las artes o que la gente más común no pudiera haber ejecutado fácilmente. Desde luego, no pueden atribuirse a la invasión griega, ni son mencionadas por ninguno de los historiadores de la expedición de Alejandro Magno. En su libro *La historia de Tamerlán* (*Zafarnama*), Sharaf al-Din, el historiador del déspota, describe tanto a los ídolos como a las excavaciones de Bamiyán. Se dice que los ídolos eran tan altos que ninguno de los arqueros podía golpearles la cabeza. Los llama Lat y Munat, dos ídolos célebres que se mencionan en el Corán; el escritor también alude al camino que conducía a su cima desde el interior de la colina. No hay inscripciones en Bamiyán que esclarezcan su historia, y todas las crónicas posteriores están tan mezcladas con Alí, el yerno de Mahoma, quien, como bien sabemos, nunca llegó a esta parte de Asia, y son de lo más insatisfactorias. No es en absoluto improbable que debamos los ídolos de Bamiyán al capricho de alguna persona de rango, que residía en esta vecindad, y buscó la inmortalidad en las imágenes colosales que hemos descrito aquí.

Después de un día de retraso en Bamiyán, donde no pudimos presumir de mucha hospitalidad —pues conseguimos una casa con dificultad, y nos vimos obligados a abandonar varias en las que entramos—, partimos para Sayghan, a una distancia de cincuenta kilómetros. En el paso de Aq Rabat, que cruzamos a mitad de camino, dejamos los dominios de la moderna Kabul y entramos en el Turquestán, que los europeos denominan Tartaria. Siguiendo la geografía de nuestros mapas, yo había esperado encontrar las grandes montañas nevadas en nuestra dirección, en cambio, ahora estas quedaban detrás de nuestras espaldas. El Koh-i-Baba es la gran continuación del Hindú Kush. Enfrente teníamos que cruzar una amplia franja de montañas, pero estaban casi libres de nieve y eran mucho más bajas que las que habíamos atravesado. Fuimos conducidos al paso de Aq Rabat por veinte jinetes, que una carta de presentación al gobernador de Bamiyán de Haji Kan de Kabul había procurado como protección contra los hazaras de la tribu de Dai Zungi, que saquean estos caminos. La escolta iba montada en finos caballos turcomanos y acompañada por algunos galgos nativos, una raza de perros veloz, con pelo largo y desgreñado en las patas y el cuerpo. El grupo se despidió en el paso, donde nos despedimos de ellos y del reino de Kabul.

En Sayghan nos encontramos en el territorio de Mohamed Ali Beg, un uzbeko que está sometido alternativamente a Kabul y a

Kunduz, en la medida que los jefes de estos estados obtienen ascendencia en el poder. Satisface al jefe de Kabul con unos pocos
caballos y a su señor de Kunduz con unos pocos hombres, capturados en incursiones por sus hijos y oficiales, que son enviados
ocasionalmente con este fin. Tal es la diferencia entre las preferen-
cias de sus vecinos del norte y del sur. Los cautivos son hazaras, a
los que los uzbekos hacen la guerra supuestamente por su credo
chiíta, para que se conviertan en suníes y buenos mahometanos.
Hace poco, un amigo le reprochó a este jefe su flagrante infracción
de las leyes del Profeta en la práctica del robo de hombres. Admi-
tió el delito, pero como Dios no se lo prohibía ni en sueños, y su
conciencia estaba tranquila, se negó a admitir por qué debía desis-
tir de tan provechoso tráfico. Me hubiera gustado tener la
oportunidad de administrar un somnífero a este uzbeko satisfecho
de su conciencia. Una caravana de judíos pasó por su ciudad el
año pasado, camino de Bujará; detuvo a algunas de sus mujeres y
justificó su ultraje respondiendo a todas las protestas que su pro-
genie se convertiría en mahometana y justificaría el acto. Así que
este miserable roba hombres y viola el honor de la esposa de un
viajero porque cree que es una conducta aceptable ante su Dios y
en consonancia con los principios de su credo.

Nuestro *kafila bashi* esperó a esta persona para informarle de
nuestra llegada, y le dijo que, al parecer, éramos unos pobres armenios. Se burló de él y dijo que podíamos ser europeos, pero
nuestro caravanero apeló a una carta de presentación de Kabul, en
la que no se nos había denominado así. Una pelliza de mahón, con
ocho o nueve rupias —el impuesto usual sobre una caravana—, satisfizo a este uzbeko vendedor de hombres, y pasamos una noche
confortable en una *mehmaan khana*, o casa pública para huéspedes,
muy bien alfombrada, que está situada al borde de la aldea; el dueño mismo nos envió una pata de venado, al saber de nosotros por
sus amigos de Kabul que nos conocían.

Nos encontrábamos ya en un país diferente; los suelos de las
mezquitas estaban cubiertos de fieltro, lo que indicaba una mayor

atención a las cuestiones religiosas, y eran también mucho mejores edificios. Se nos ordenó que no durmiéramos con los pies hacia La Meca, lo que demostraría nuestro desprecio por aquel lugar sagrado; y desde entonces observé los rumbos de la brújula en el interior, tan atentamente como lo había hecho hasta entonces en el exterior. También me afeité la parte central del bigote, ya que un descuido de tal costumbre me señalaría como chiíta y, por consiguiente, como infiel. Hicimos todos estos preparativos en Sayghan, que es un lugar bonito, con hermosos jardines, aunque situado en un valle lúgubre, desprovisto de toda vegetación más allá de su recinto. Cuando salimos de allí a la mañana siguiente, un hombre se acercó a unos quinientos metros de la aldea para darnos la fátiha, o bendición, como es habitual en este país; partimos, y pasamos las manos por nuestras barbas con gravedad en señal de honor.

Viendo esta rígida adherencia a las leyes de Mahoma, y la constante recurrencia a la práctica del Corán en cada acto de la vida, no estaba dispuesto a augurar nada favorable en lo relativo a nuestra comodidad, ni siquiera a la confianza que podíamos depositar en la gente con la que ahora íbamos a mezclarnos. Pensaba en las expediciones del príncipe Bekóvich y en nuestros desafortunados predecesores, el pobre Moorcroft y su grupo. El destino del conde ruso y su pequeño ejército es bien conocido: fueron traicionados y bárbaramente masacrados. La suerte de Moorcroft fue igualmente melancólica, pues él y sus compañeros perecieron de fiebre, y no sin sospechas de una muerte más violenta. Tendré ocasión de hablar de ellos más adelante.

Sin embargo, no podíamos dejar de persuadirnos de que teníamos ante nosotros una perspectiva más alentadora. No habíamos venido, como los rusos, a buscar oro ni a fundar un asentamiento, y no teníamos ninguna de las riquezas del malogrado viajero inglés, que, no vacilo en decir, fueron su ruina. No sólo eso, sino que nos presentamos incluso sin regalos a los jefes, pues era mejor ser considerados mezquinos que arriesgar nuestras cabezas despertando la codicia de hombres avaros. Puede imaginarse que nuestros sentimientos no eran de naturaleza agradable, pero la experiencia disipó muchos de nuestros temores. Las ideas de nuestro guía eran incluso singulares. Poco después de salir de Kabul, tomé una piedra al borde del camino, para examinar su formación, y el *kafila bashi*, que me observaba, me preguntó con ansiedad:

—¿Lo encontraste?

—¿El qué? —respondí.

—Oro.

Tiré la piedra y me volví más cauteloso en mis futuras observaciones.

Desde Sayghan cruzamos el paso de Dandan Shikan, que significa, literalmente, el «rompedor de dientes», y es acertadamente llamado así por su inclinación y dificultad. Aquí encontramos la planta asafétida en exuberancia, que nuestros compañeros de viaje comieron con gran deleite. Creo que esta planta es la que los historiadores de Alejandro Magno denominaron como silfio, pues las ovejas la devoran con avidez y la gente la considera un alimento nutritivo. Descendimos ahora a un estrecho valle, con un hermoso huerto de albaricoques, que se extendía algunos kilómetros más allá de la aldea de Kahmard. Las rocas se alzaban a ambos lados hasta una altura de novecientos metros, a menudo precipitadas, y la hondonada no tenía en ningún sitio más de trescientos metros de anchura. Ni siquiera podíamos ver las estrellas durante la noche, toda la escena era de lo más imponente.

En Kahmard pasamos por la sede de otro jefe ruin, Rajmut Ulá Kan, un tayiko profundamente adicto al vino. Llevaba diez días sin beber, y se deshizo en jaculatorias y lamentaciones que divirtieron a nuestro grupo durante el resto de la marcha. Le daba igual el cielo y la tierra sin su dosis, declaró, y sacó una jarra, con una ferviente petición para que el *kafila bashi* la repusiera en Khulm, y se la devolviera a la primera oportunidad. Un burdo lungui,* junto con la promesa del vino, satisfizo a este jefe, que también exige un

---

* Prenda tradicional, común en el sudeste asiático, similar a una falda larga. (N. del T.)

impuesto al viajero, aunque no es más que un tributario de Kunduz. Su poder es limitado, y es curioso observar cómo se mantiene en contacto con su señor, Mohamed Murad Beg. Incapaz de hacer incursiones y capturar seres humanos, como su vecino de Sayghan, el año pasado se apoderó deliberadamente de todos los habitantes de una de sus aldeas y los envió, hombres, mujeres y niños, como esclavos a Kunduz. Fue recompensado con tres aldeas más por su lealtad y servicios; sin embargo, aquí contratamos a un hijo de este hombre para que nos escoltara en nuestros viajes, y fue acertado que lo hiciéramos.

El jefe de Kahmard, en una disputa que tuvo hace algunos años con uno de sus vecinos, desgraciadamente perdió a su esposa, que fue capturada. Inmediatamente, fue trasladada al serrallo de su rival, y con el tiempo le dio una familia numerosa. Transcurridos varios años, las circunstancias la devolvieron a su marido, pero se consultó a los médicos mahometanos sobre la conveniencia de recibirla en su familia. Como la mujer había sido llevada sin su consentimiento, se decidió que debía volver con toda su familia. Es común entre los turcos casarse con las esposas de sus enemigos capturados en batalla, pero la costumbre es bárbara y parece contradecir los buenos principios de delicadeza hacia las mujeres que profesan todos los mahometanos.

Hasta ahora he olvidado mencionar que nuestro compañero, el *nazir*, estaba acompañado por una persona llamada Mohamed Huseín, un personaje divertido, que había viajado a Rusia, y a menudo nos entretenía con relatos de ese país, y la metrópoli de los zares. A él, y a otros asiáticos que conocí más tarde, les pareció un lugar muy cercano, en vino y mujeres, al paraíso de su bendito profeta. Un mahometano, proveniente de un país donde las mujeres están tan apartadas, se sorprenderá en todo momento del gran contraste con un país europeo; pero en Rusia, donde el tono moral de la sociedad parece, según todos los indicios, bastante relajado, su asombro será realmente enorme. Las inclusas y sus internos son un tema de observación perpetua, y por mucho que el profeta árabe haya condenado el uso de líquidos embriagantes, he podido descubrir, en aquellos que han visitado Rusia, que no han podido evitar las tentaciones de las tiendas de ginebra y ponche. Muchos de los asiáticos también se convierten en jugadores, y el comercio ha importado naipes a la ciudad santa de Bujará. La baraja consta de treinta y seis cartas, y los juegos son estrictamente rusos. Describir los sentimientos de un asiático sobre Europa, produciría una historia monótona, pero siempre es muy interesante escuchar sus relatos. Particularidades que se nos escapan, y una multiplicidad de nimiedades, son notadas con gran gravedad. Nada es tan maravilloso para un asiático como las nociones europeas de disciplina y ejercicios militares, que se consideran como una descripción de la tortura y el despotismo. Tuve que responder a repetidas e interminables preguntas sobre la utilidad de obligar a un hombre a mirar siempre en una dirección, marchar siempre con un pie y mantener las manos en determinadas posiciones en una plaza de armas. Como no habían oído hablar de Federico el Grande, no pude remitirlos a su alto nombre como ejemplo, pero señalé la India y Persia como prueba de la ventaja del valor disciplinado sobre el díscolo. Los asiáticos, sin embargo, tienen una opinión mucho más alta de la sabiduría europea que del valor; y verdaderamente, ahora que la era de la fuerza física ha cesado, la sabiduría es valentía.

El 26 de mayo cruzamos el último paso del Cáucaso indio, el Kara Kotal, cuyo nombre significa el «paso negro», pero aún nos quedaban ciento cincuenta kilómetros de viaje antes de salir de las montañas. Descendimos, desde la aldea de Duab, al lecho del río de Khulm, y lo seguimos hasta aquel lugar entre terribles precipicios, que por la noche oscurecían todas las estrellas, excepto las del cenit. En este paso tuvimos una aventura, que ilustra los modales de la gente entre la que viajábamos, y que podría haber resultado grave. Nuestro *kafila bashi* nos había advertido que habíamos llegado a una zona peligrosa, por lo que contrató una escolta, encabezada, como ya he dicho, por el hijo de Rajmut Ulá Kan. Al ascender el puerto, nos encontramos con una gran caravana de caballos que se dirigía a Kabul y, al llegar a la cima, divisamos una partida de ladrones que avanzaba por una cadena de colinas en dirección al Hindú Kush. El grito de *¡alamán, alamán!*, que aquí significa ladrón, no tardó en extenderse; nos pusimos en marcha con nuestra escolta para enfrentarnos al grupo y, si era posible, combatirla. Los ladrones observaron nuestros movimientos y se les unieron otros hombres que preparaban una emboscada, con lo que su grupo aumentó a unos treinta. Cada uno de nosotros envió un par de jinetes, que se detuvieron a una distancia de cien metros, para negociar. Los asaltantes eran hazaras tártaros, al mando de un célebre pistolero llamado Dilawar, que habían venido en busca de la caravana de caballos.

Al descubrir que ésta ya había pasado, y que estábamos en la buena compañía del hijo del jefe de Kahmard, renunciaron a toda intención de ataque, y seguimos adelante sin demora; en cuanto hubimos despejado el paso, lo ocuparon; y todo su botín consistió en dos camellos cargados de la caravana, que habían quedado rezagados. Se apoderaron de ellos antes de que los hubiéramos perdido de vista, así como de sus conductores, que ahora se convertirían en esclavos de por vida, y si no hubiéramos contratado nuestra escolta, tal vez hubiéramos compartido un destino similar, y nos hubiéramos encontrado al día siguiente cuidando rebaños y manadas entre las montañas. La banda estaba bien organizada y compuesta por hombres desesperados: decepcionados con su botín, atacaron la aldea de Duab por la noche, donde teníamos intención de detenernos. Por suerte, habíamos avanzado cinco kilómetros y acampado a salvo en el lecho de un torrente. Los incidentes de nuestra huida nos proporcionaron cierto espacio para la reflexión, y tuvimos que agradecer al *kafila bashi* su prudencia, que nos había librado del peligro. El viejo señor se acarició la barba, bendijo el día afortunado y dio gracias a Dios por haber preservado su buen nombre y su persona de semejantes canallas.

Nuestra vida era ahora mucho más tranquila de lo que una narración de los detalles de sus circunstancias podría hacer creer, a pesar de nuestros peligros y fatigas. Montábamos al amanecer, y generalmente viajábamos sin interrupción hasta las dos o tres de la tarde. Avanzábamos una media de treinta kilómetros, y aquí hago un inciso para recordar que la gente de esta región no tiene patrón de medida, y los kilómetros, coses* y farsajs[†] les son igualmente desconocidos, pues siempre cuentan sus viajes por número de días. A menudo desayunábamos en la silla de montar, con pan seco y queso; siempre dormíamos en el suelo y al aire libre, y después de la marcha del día, nos sentábamos con las piernas cruzadas, hasta que la noche y el sueño nos alcanzaban. Nuestro grupo era todo lo que uno podía desear, pues el *nazir* y su divertido compañero de viaje eran muy serviciales: nosotros sólo éramos ocho personas; tres de ellos eran nativos del país, y otros dos tenían instrucciones de fingir que no tenían nada que ver con nosotros; aunque uno de ellos anotó los pocos rumbos de la brújula, que yo no podía tomar convenientemente sin exponerme a ser descubierto. Éramos felices en tales circunstancias, y nos alegraban hasta las más insignificantes novedades; también fue delicioso reconocer a algunos *viejos amigos* entre la maleza y los arbustos. El espino y la zarza crecían al borde del río, y la cicuta, que crecía bajo su sombra, parecía ahora hermosa por las asociaciones que despertaba. La compañía que hallamos también era divertida, y yo aprovechaba cualquier ocasión favorable para mezclarme con los viajeros que encontrábamos por el camino y en los lugares de parada.

No encontré nada más desconcertante que los diferentes modos de saludo entre los afganos, con los que el extranjero sólo podrá familiarizarse con el tiempo. Cuando te unes a un grupo, debes poner tu mano derecha sobre tu corazón, y decir «¡La paz sea contigo!» (*salam alaykum*). Entonces se te dice que eres bienve-

---

* Unidad de medida india equivalente a media milla. (N. del T.)

† Unidad de medida originaria de Persia equivalente a cinco kilómetros. (N. del T.)

nido; y cuando te marchas, repites la ceremonia, y se te dice de nuevo que eres bienvenido. En el camino, un viajero te puede saludar con un: «¡Qué no te fatigues!» (*starai ma sha*). A lo que tú debes responder: «¡Qué vivas mucho!» (*zinda bashi*). Si tratas con un conocido, entonces los saludos se multiplican: «¿Estás fuerte? ¿Estás bien? ¿Estás libre de desgracias?», etcétera. A todas las preguntas debes responder: «¡Gracias a Dios!» (*shukar*). Al despedirte, tu amigo te dirá que tu viaje no es tedioso y te encomendará a la custodia de Dios (*khuday pa amaan*). Si te invitan a cenar, debes responder a la cortesía: «¡Qué tu casa se habite!» (*khana i to abad*); y si te hacen un cumplido, el que sea, debes responder que «no soy digno de tal, es vuestra grandeza». A toda persona, alta o baja, debes dirigirte con el título de *kan* o *agha*, para ganarte sus favores. Si es un mulá o sacerdote, debes llamarle *ajund* o maestro, si es hijo de un mulá, *ajundzadá*. A un secretario o administrador se le llama *mirza*; que es, sin embargo, un apellido para todos los personajes anodinos, clase en la que nos incluíamos nosotros. Los conocidos íntimos se llaman entre sí *lalu*, o hermano. Los afganos deben de haber aprendido todas estas ceremonias de los persas, pues no hay en Asia una raza de gente menos sofisticada. Era muy entretenido oír los diversos saludos que se dirigían a nuestro *kafila bashi*: todas las personas del camino parecían conocerle y, a medida que avanzábamos, solía darnos lecciones sobre buenas maneras, las cuales yo aprovechaba cada ocasión, como su apto estudioso, para exhibirlas.

Continuamos nuestro descenso por Khuram y Sar Bagh hasta Heibak,* que no está a más de una marcha en las montañas, y pasamos gradualmente de estar rodeados de elevadas rocas estériles a recorrer tierras más hospitalarias. Nuestro camino nos condujo a través de los más imponentes desfiladeros, que se elevaban sobre nosotros a una altura de seiscientos a novecientos metros, y dominaban el sendero, mientras águilas y halcones giraban en vertiginosos círculos sobre nosotros: entre ellos, distinguimos el

---

* Heibak se conoce actualmente como Samangan. (N. del T.)

águila negra, que es un ave noble. Cerca de Heibak, el desfiladero se hace tan estrecho que lo llaman *Dura i Zindan*, que significa «valle de la mazmorra», y tan altas son sus paredes, que el sol queda excluido de algunas partes a mediodía. Aquí se halla una planta venenosa, mortal incluso para una mula o un caballo: crece como un lirio, y la flor, de unos diez centímetros de largo, cuelga y presenta un largo nódulo de semillas. Tanto ésta como la flor se asemejan al más rico terciopelo carmesí. Los nativos la llaman *zahr buta*, lo que no hace sino explicar sus cualidades venenosas. Llevé un espécimen de esta planta a Calcuta, y el doctor Wallich, el inteligente científico jefe del jardín botánico de la Honorable Compañía, me ha informado que pertenece al género *Arum*. Encontramos grandes rebaños paciendo en los aromáticos pastos de las montañas y pasamos por extensos huertos de árboles frutales. En las cumbres de las rocas se veían manadas de ciervos, y en los valles, el suelo era removido por cerdos salvajes, que se encuentran en gran número. A medida que nos acercábamos a las llanuras de Tartaria, la población se hacía más numerosa y en Heibak tuvimos que encontrarnos con otro jefe uzbeko llamado Baba Beg, un tirano mezquino de cierta notoriedad.

Cuando nos acercábamos a su ciudad, un viajero nos informó de que el jefe esperaba la llegada de los *firangis* (europeos), cuya proximidad había sido anunciada unos días atrás. Esta persona es un hijo de Khilich Ali Beg, que una vez gobernó en Khulm con gran moderación, pero el niño no ha imitado el ejemplo de sus padres. Envenenó a un hermano en un banquete y se apoderó de las riquezas de su padre antes de que su vida se extinguiera. Había aumentado enormemente las dificultades del grupo del señor Moorcroft, y se sabía que no era en absoluto favorable a los europeos. Sus súbditos le habían expulsado de Khulm, su ciudad natal, a causa de su tiranía, y ahora sólo poseía el distrito de Heibak. Vimos su castillo a eso de las cuatro de la tarde, y nos acercamos con reticencia, pero nuestros preparativos se llevaron a cabo con discreción, y también aquí escapamos a salvo. Al llegar, nuestra pequeña caravana se apeó en las afueras de Heibak, y nos tumbamos en el suelo como viajeros fatigados, cubriéndonos con una basta manta de caballo hasta que se hizo de noche.

Por la tarde, el jefe vino en persona a visitar a nuestro amigo, el *nazir* de Kabul, a quien ofreció todos sus servicios, sin que pareciera percatarse en absoluto de nuestra presencia. Baba Beg, en esta ocasión, se ofreció a despachar el grupo, con su propia escolta, directamente a Balj, evitando Khulm —un acuerdo que oí con placer y que, como pronto se verá, nos habría ahorrado un mundo de ansiedad—. Nuestros compañeros de viaje, sin embargo, declinaron la amabilidad que se les ofrecía, y alardearon tanto de su influencia en Khulm, que no tuvieron ningún temor en acercarnos a un lugar donde finalmente seríamos atrapados. Mientras este jefe uzbeko visitaba al *nazir*, nosotros comíamos una chuleta de cordero junto al fuego, a pocos metros de distancia, y lo bastante cerca como para verle y oír su conversación. Era un hombre de mal aspecto, de costumbres libertinas. Sin embargo, tenía alguna obligación para con nuestros compañeros de viaje; nosotros y nuestros animales nos alimentábamos bien con la carne y la cebada que les enviaba para su deleite. Nunca se sospechó de nuestra verdadera identidad; era una noche tan hermosa, iluminada por las estrellas, que no dejé pasar la oportunidad de observar nuestro horizonte al norte del Hindú Kush. Partimos por la mañana, antes de que saliera el sol, y nos felicitamos por haber dejado atrás con tanto éxito a un hombre que sin duda nos habría hecho daño.

Heibak es una aldea próspera, con un castillo construido con ladrillos secados al sol, sobre una colina dominante. Por primera vez entre las montañas, el valle se abre y presenta una sábana de jardines y verdor exuberante. El clima también experimenta un gran cambio; encontramos la higuera, por ejemplo, que no crece en Kabul ni arriba en las montañas. La elevación de Heibak es de unos mil doscientos metros. El suelo es fértil y la vegetación abundante. Esperábamos librarnos de esos molestos compañeros de los climas tropicales, las serpientes y los escorpiones; pero aquí eran más numerosos que en la India, y nos encontramos con muchos de ellos por el camino. Uno de nuestros criados fue picado por un escorpión; y como existe la creencia popular de que el dolor cesa si se mata al reptil, se le dio muerte en consecuencia.

Nos llamó la atención la construcción de las casas de Heibak: tienen cúpulas en lugar de terrazas, con un agujero en el tejado a modo de chimenea; de modo que la aldea tiene el aspecto de un racimo de grandes colmenas marrones. Los habitantes adoptan este estilo de construcción, ya que la madera escasea. La gente, que era tan peculiar como sus casas, llevaba gorros cónicos en lugar de turbantes, y casi todos los que conocimos, ya fueran viajeros o aldeanos, llevaban largas botas marrones. Las damas parecían elegir los colores más alegres para sus vestidos, y ahora podía distinguir algunos rostros muy hermosos, ya que las damas mahometanas no prestan escrupulosa atención al velo en las aldeas. Eran mucho más bellas que sus maridos, y su aspecto no tenía nada de desgarbado, a pesar de ser tártaras. Ahora podía, en efecto, comprender las alabanzas de los orientales a la belleza de estas muchachas turcas.

El 30 de mayo hicimos nuestra última marcha entre las montañas, y nos desviamos hacia las llanuras de Tartaria en Khulm, o Tashkurgán, donde obtuvimos una noble vista del país al norte de nosotros, que descendía hacia el Oxus. Dejamos las últimas colinas a unos tres kilómetros de la ciudad, que se elevan de una manera abrupta e imponente; el camino pasa a través de ellas por un estrecho desfiladero, que podría ser fácilmente defendido. Khulm tiene unos diez mil habitantes y es la ciudad fronteriza de Murad Beg, el poderoso jefe que ha sometido bajo su yugo a todos los territorios al norte del Hindú Kush. Nos apeamos en uno de los caravasares, donde apenas llamamos la atención. Los caravasares son demasiado conocidos hoy día como para requerir una descripción: es un recinto cuadrado, cerrado por muros, bajo el cual hay habitaciones o celdas para el alojamiento. Las mercancías y el ganado se sitúan en el recinto. Cada parte tiene su cámara, y es estrictamente privada; ya que es contrario a la costumbre que una persona moleste a otra. Todos los huéspedes son viajeros, y muchos suelen estar fatigados. Si la sociedad estuviera organizada en las mismas condiciones que un caravasar, el mundo se libraría de los males de la calumnia. Aquí descansamos después de nuestro arduo y fatigoso viaje a través de rocas y montañas, y nos sentimos realmente refrescados por el cambio. Desde que salimos de Kabul, habíamos dormido con la ropa puesta en muchas ocasiones, pues rara vez podíamos cambiárnosla. Nos habíamos detenido en el barro, habíamos vadeado ríos, habíamos tropezado con la nieve y, durante los últimos días, nos había asado el calor. Estos no son más que los pequeños inconvenientes de un viajero; que se hunden en la insignificancia, cuando se comparan con el placer de ver nuevos hombres y países, curiosos modales y costumbres, y de templar sus prejuicios, observando a aquellos de otras naciones.

CAPÍTULO 7

Serias dificultades — Una travesía a Kunduz

HABÍAMOS entrado en Khulm con la intención de emprender al día siguiente nuestro viaje a Balj, confiando implícitamente en la afirmación de nuestros amigos de que no teníamos nada que temer al hacerlo. Juzgue el lector, pues, nuestra sorpresa, cuando supimos que los oficiales de la aduana habían enviado un mensajero al jefe de Kunduz, para informarle de nuestra llegada y pedirle instrucciones sobre nuestro destino. Mientras tanto, esperamos la respuesta. Nuestro compañero, el *nazir*, estaba muy disgustado por la detención, pero ya era inútil reprocharle que nos hubiera traído a Khulm. Nos aseguró que se trataba de un inconveniente pasajero; asimismo, envió una carta al ministro de Kunduz, pidiéndole que no nos detuvieran, ya que sus negocios en Rusia no podían llevarse a cabo sin nosotros. El ministro era amigo de la familia del *nazir*, y puesto que nos habíamos metido en dificultades, las cosas parecían algo favorables para obtener un salvoconducto a través de ellos. Yo me lamenté de haberme dejado seducir por los consejos de un cualquiera, y aún en esta estación tan avanzada habría intentado escapar a Balj, si el *kafila bashi*, y todos los demás, no hubieran declarado la acción temeraria e impracticable.

En cierta ocasión, hacia medianoche, el *kafila bashi* accedió a nuestras propuestas de escapar a Balj durante la noche siguiente, e incluso pronunció el primer versículo del Corán como juramento y bendición. Sin embargo, no comprendí que el plan debía mantenerse en secreto ante el *nazir*, a quien se lo revelé al día siguiente, con gran descontento y consternación para el *kafila bashi*, que recibió una parte merecida de su ira. «Esperad una respuesta de Kunduz, no dudaremos de su carácter favorable», nos dijo el *nazir*. Así fue, y a medianoche del 1 de junio recibimos una citación para dirigirnos a Kunduz con toda prontitud, mientras que el ministro, en respuesta a la carta de nuestro guía, le rogaba que no se permitiera ser detenido por nuestra causa, sino que prosiguiera su viaje a Bujará. Nuestra sorpresa puede ser mejor imaginada que descrita. Ya era demasiado tarde para escapar, pues estábamos vigilados en el caravasar y los oficiales ni siquiera permitieron que mi caballo entrara en la ciudad y fuera herrado. Hubiéramos podido hacerlo a nuestra llegada, pero entonces se consideró imprudente, y sólo nos quedaba, por lo tanto, hacer frente a las dificultades de nuestra situación de una manera rápida y adecuada. Urgí una partida inmediata a Kunduz, dejando al doctor Gerard y a todo el grupo, excepto dos afganos, en Khulm. Estaba decidido a hacerme pasar por armenio y creía que la prontitud me ayudaría a disipar las sospechas.

Tenía cartas del sacerdote de Peshawar, que me ayudarían, según creía, a usar esta nueva identidad, puesto que allí nos llamaban armenios, pero mis compañeros de viaje me aseguraron que la sola posesión de tales documentos probaría nuestra verdadera condición, y los destruí todos, así como las cartas del jefe de Kabul, que eran igualmente objetables. Me despojé, en efecto, de toda mi correspondencia persa, y rompí entre el resto muchas de las epístolas de Ranjit Singh, que eran ahora, a mis ojos, menos aceptables de lo que pensaba que llegarían a ser. Durante estos preparativos, descubrí que el *nazir* no tenía ningún deseo de viajar a Kunduz, y parecía dispuesto a quedarse atrás, casi frenético de desesperación, mas la vergüenza es una gran promotora del esfuerzo, y le rogué que me acompañara, a lo que accedió.

Para comprender mejor la crítica situación en que nos encontrábamos, haré una breve reseña de los desastres que el señor Moorcroft sufrió en esta parte del país, en el año 1824, de manos del mismo personaje que ahora nos convocaba a Kunduz. Al cruzar las montañas, el viajero británico fue a esperar al jefe y, después de hacerle algunos regalos adecuados a su rango, regresó a Khulm. Apenas llegó allí, recibió un mensaje del jefe, diciendo que algunos de sus soldados habían sido heridos y, solicitando que apresurase su regreso, y trajese consigo sus instrumentos médicos, y al señor Guthrie, un indo-británico, que había acompañado al señor Moorcroft, como cirujano. Las propias habilidades del señor Moorcroft en esa capacidad también eran conocidas, pues ya había dado pruebas de su gran destreza a este pueblo. Partió hacia Kunduz sin sospechar nada, pero a su llegada se encontró con que sus servicios quirúrgicos no eran requeridos, y que se trataba simplemente de una treta para tenderle una trampa. El jefe le ordenó que trajese a Kunduz a todo su grupo con su equipaje, y así lo hizo.

Tras un mes detenido, sólo consiguió liberarse cumpliendo las exigencias más extravagantes de Murad Beg. Por uno u otro medio, se apoderó de dinero en efectivo por valor de 23.000 rupias, antes de que al señor Moorcroft se le permitiera partir. Sin embargo, el asunto no terminó aquí, pues la codicia del jefe se había despertado. También se dice que tenía cierto temor de los designios de Moorcroft, por las armas y dos pequeñas piezas de artillería que llevaba consigo con fines de protección. El grupo se dispuso a abandonar Khulm para dirigirse a Bujará, pero la víspera de la partida fueron rodeados por cuatrocientos jinetes y convocados de nuevo a Kunduz. En ese momento, se hizo evidente que el jefe estaba decidido a apoderarse de todas las pertenencias y dar muerte al grupo. El señor Moorcroft tomó la única medida que podría haber salvado a su grupo y a sí mismo. Disfrazado de nativo, huyó de noche y, tras un viaje sorprendente, llegó a Talokán, una ciudad al este de Kunduz, donde vivía un hombre santo que, según se decía, tenía mucha influencia sobre la conciencia de Murad Beg. Se arrojó a los pies de este santo, agarró el borde de su manto y le suplicó su protección. «Levántate», le dijo, «se te concederá; no temas nada». Este buen hombre envió inmediatamente un mensajero a Kunduz, para convocar al jefe, que se presentó en persona con la respuesta. Murad Beg obedeció, y el santo varón declinó recibir la menor recompensa por sus servicios.

Tras la huida del señor Moorcroft, los uzbekos hicieron marchar a Kunduz a su compañero de viaje, el señor George Trebeck, con todo el grupo y sus pertenencias. Su ansiedad no se disipó hasta su llegada a ese lugar, cuando se enteraron del éxito de Moorcroft, de su seguridad y de la suya propia. Después de estos desastres, Moorcroft prosiguió su viaje a Bujará, pero desgraciadamente murió a su retorno, al año siguiente, en Andhvoy, a unos ciento treinta kilómetros de Balj. Su compañero de viaje, el señor Trebeck, no pudo ir más allá de Mazar, en las cercanías de esa ciudad, ya que el jefe de Kunduz estaba decidido a interceptar al grupo a su regreso, y el único camino seguro a Kabul pasaba por Khulm, donde ya habían encontrado tantas dificultades. Permaneció en Balj durante cuatro o cinco meses y murió de fiebre, que había padecido durante todo ese tiempo. El señor Guthrie había quedado previamente aislado por la misma enfermedad de la que también fueron víctimas la mayoría de sus compañeros. Así terminó la desafortunada expedición a Tartaria.

La tarde del 2 de junio emprendí el viaje a Kunduz, que se encuentra más arriba en el valle del Oxus, habiendo convencido previamente al oficial de aduanas, que era hindú, para que me acompañara. No salí de Khulm en circunstancias muy alentadoras, pues acababa de descubrir que un hindú de Peshawar había informado amablemente a las autoridades de muchos de nuestros actos, circunstancias y estado, desde que salimos del Indostán; añadiendo, por cierto, numerosas exageraciones a la narración, en la que se nos presentaba como individuos ricos, cuyos billetes habían afectado incluso al mercado monetario.

Al salir de la ciudad, vimos que nuestra caravana estaba formada por ocho o diez comerciantes de té de Badajshán y Yarkanda, que habían vendido sus propiedades y regresaban a su país. En nuestro grupo íbamos el *nazir*, el *kafila bashi* y yo, con el hindú Chamandas, que venía solo. Descubrí que esta última persona tenía un conocimiento bastante correcto de nuestros asuntos, pero no ayudé a hilvanar el hilo de su discurso, y me denominé audazmente armenio del Indostán. La identidad de inglés, que nos había ayudado a viajar con seguridad en otros lugares, suponía aquí un peligro enorme, pues no sólo transmitía nociones de gran riqueza, sino la creencia de que ésta podía generarse a partir de metales inferiores.

Sin embargo, yo había descubierto que el hindú era un buen hombre, pues su facilidad para registrar nuestro equipaje en el caravasar, después de nuestra primera llegada, me causó una impresión favorable, y él mismo declaró al *nazir* que no era culpa suya que nos arrastraran a Kunduz, ya que no era más que un oficial de aduanas, y estaba obligado a informar de nuestra llegada. Para mí era evidente que se podía influenciar a esta persona mediante la persuasión y el oro, y tras observarlo un tiempo entre nosotros, deduje que el dinero podía ser su dios. Pronto entablamos conversación, y descubrí que era natural de Multán y que había residido largo tiempo en estos países. Le hablé mucho de la India, de sus gentes y costumbres; le dije que había visto su ciudad natal, y empleé toda la elocuencia de que era capaz para alabar a sus gentes y todo lo relacionado con ella.

Habría sido difícil descubrir, por los variados temas de nuestra conversación, que se trataba de un momento de angustioso suspense. Repasé los dioses del catálogo hindú hasta donde recordaba, y produje casi una fiebre de deleite en mi socio, que hacía tiempo que había dejado de nombrar a sus deidades en términos que no fueran de profundo reproche. Había llegado el momento de poner en práctica mi estrategia de persuasión, y como hablábamos en el idioma de la India, nuestra conversación se desarrolló en un dialecto extraño para la mayoría de los presentes, y que ellos ignoraban. Expliqué al hindú, en términos sencillos, nuestra condición desamparada y desesperada, cuando estábamos en poder de una persona como el jefe de Kunduz, y le pregunté si nuestro equipaje no atestiguaba nuestra pobreza. Entonces le hice ver que, como yo pertenecía a la India, algún día podría servirle en aquel país, y finalmente me ofrecí a darle una recompensa en dinero, y le imploré por todo su panteón a que nos ayudara en nuestras dificultades.

A unos veinte kilómetros de Khulm, nos detuvimos en una aldea llamada Angarak,* para dar de comer a nuestros caballos, y entonces se me ocurrió que se presentaba una oportunidad verdaderamente favorable para escapar. No había guardia ni escolta que nos asistiera, y el honesto hindú estaba lejos de Khulm, y sin medios de sonar la alarma, mientras que la velocidad más moderada nos llevaría más allá de la frontera de Murad Beg, e incluso a la ciudad de Balj antes de la mañana. Sin embargo, era evidente que este plan, aunque factible, no podía ponerse en práctica, ya que el doctor Gerard se quedaría en Khulm y su seguridad correría más peligro que nunca, y sólo ahora podía lamentarse que la ocasión no se hubiera presentado antes. El tono del hindú, sin embargo, me había reconciliado en gran medida con mi situación, y de nuevo continuamos nuestro viaje de medianoche y reanudamos nuestra conversación. Antes de que saliera el sol, estaba convencido de que si los motivos más honorables no habían abierto el corazón de este hombre, los metales más bajos sí lo harían, y entonces casi creí que triunfaríamos sobre nuestras desgracias. Un nuevo dilema, sin embargo, nos acechaba ahora.

Viajamos hasta una hora antes del amanecer por un lúgubre camino, a través de dos pasos bajos, entre colinas, sin un solo árbol y ni una gota de agua fresca en setenta kilómetros a la redonda. En este lúgubre erial, nos llamó la atención unos fósforos encendidos

---

* Actual Yangi Arigh. (N. del T.)

que parecían cruzarse en nuestro camino, y que no pudimos sino concluir que eran ladrones, ya que este país está infestado de bandidos. Uno de los mercaderes de té se afanó en arrancar trapos, frotarlos con pólvora y encenderlos, literalmente, como demostración de nuestra fuerza; y, a juzgar por el número de luces que aparecieron del grupo opuesto, ellos debieron hacer lo mismo, lo que hubiera sido bastante divertido si no los hubiéramos interpretado como verdaderas cerillas. No teníamos más que un arma de fuego y cinco o seis espadas, y no habríamos podido oponer más que una resistencia lamentable, pero la gallardía puede demostrarse tanto con una banda pequeña como con una grande, y el comerciante de té, que parecía acostumbrado a tales escenas, nos pidió que desmontásemos y nos preparásemos para el ataque.

No ocultaré al lector mis sentimientos en ese momento, que eran de enfado e irritabilidad, ante tantos desastres sucesivos. Al fin, nos acercamos a una distancia razonable, y un joven de nuestro grupo profirió un grito en persa, pero fue silenciado al instante por un anciano que habló en turco. El persa, por ser la lengua del comercio, delataría de inmediato nuestra identidad, y era conveniente que al menos pareciéramos soldados. El otro grupo no respondió, sino que se desvió hacia Khulm, y nosotros tomamos el camino de Kunduz, supongo que contentos de habernos librado el uno del otro. Al llegar a la ciudad, descubrimos que nos habíamos enfrentado a viajeros pacíficos, que debían de estar tan contentos como nosotros de haber escapado.

Hacia las once de la mañana llegamos a los primeros cultivos y nos detuvimos en un huerto de albaricoques, a unos veinte kilómetros de Kunduz, para descansar unas horas después del viaje nocturno. Me encontré cerca de un seto de madreselvas, un arbusto que me encantó y que nunca había visto en el este. Llegamos a Kunduz al anochecer, después de viajar más de ciento diez kilómetros.

A nuestra llegada nos recibieron en casa de Atmaram, el ministro, o también conocido como el Dewan Begi, de Murad Beg, y nos sentamos delante de su puerta hasta que salió. Recordaré durante mucho tiempo la mirada silenciosa que se cruzó entre él y el *nazir*. El recibimiento nos dio buen augurio, pues el ministro nos condujo a su casa de huéspedes, donde trajeron buenas camas para nuestro uso, pero no dijo nada sobre el tema que más nos interesaba, y nos dejaron cavilando sobre nuestros propios asuntos.

Yo debía encarnar ahora la identidad de un viajero sin dinero, y como me correspondía actuar como tal, me mostré recatado, tomé asiento en un rincón, me comporté con los criados y traté al *nazir*, mi amo, con gran respeto; y demostré, en cada ocasión, tanta humildad como me fue posible. Era prudente, sin embargo, que cuando nos preguntaran, todos contáramos la misma historia, y en una hora tranquila, antes de ir a dormir, expliqué quien era con el siguiente relato. Me hice pasar por un armenio de Lucknow, Sikander Alaverdi, relojero de profesión, que, al llegar a Kabul, había obtenido información de Bujará acerca de mis parientes en aquel país, lo que me indujo a emprender viaje hacia allí, y que tanto más me convenció a hacerlo debido a la protección que recibiría del *nazir*, de cuyo hermano en Kabul era, en cierto modo, sirviente.

Descartamos el argumento de que yo acompañaba al *nazir* a Rusia, ya que podría haber dado lugar a investigaciones desagradables. Entonces declaré que el doctor Gerard era pariente mío y que lo habían dejado enfermo en Khulm, y así produje, en un breve espacio de tiempo, todas las evasivas que mi ingenio podía inventar. Todos estuvimos de acuerdo en que lo más aconsejable era tomar el nombre de un armenio y descartar por completo los europeos, pero el *kafila bashi* quiso saber hasta qué punto era apropiado mentir indiscriminadamente, lo que había provocado su risa. Le respondí con las palabras del poeta Saadi:

Darogh i maslahat amez
Bih az rasti ba fitna angez

«Una falsedad que preserva la paz es mejor que una verdad que suscita problemas».

Asintió con la cabeza en señal de aprobación por la sabiduría del moralista persa, y después me pareció el más dispuesto del grupo a ampliar mi pretendida narración y mis circunstancias. Se acordó que primero contáramos la consistente historia al hindú de la aduana, y que luego la adoptáramos en general, y el *nazir* prometió que al día siguiente se la contaría al ministro.

El 4 de junio transcurrió sin que se resolvieran nuestros asuntos, y el *nazir* dio muestras de una imbecilidad y debilidad intelectual que no se podía tolerar. En un momento estaba lloriqueando ante los visitantes, medio llorando, sobre nuestros desastres; y al siguiente estaba sentado, erguido, con todo el orgullo y la autosuficiencia de un hombre importante. Por la tarde se retiró a un jardín, y regresó con un séquito de seguidores, como si hubiera sido un grande en vez de un prisionero. Ni siquiera había visitado al ministro durante el día, y nuestros asuntos no habían avanzado nada desde esa mañana.

Tan pronto como oscureció, aproveché la oportunidad para señalar a mi amigo la gran impropiedad de su conducta, por lo que fui objetivo de buena parte de su indignación. Le dije que su dolor y su orgullo eran igualmente inoportunos e impolíticos; que cada hora que pasaba aumentaba el peligro de nuestra situación, y que, si actuaba correctamente, buscaría inmediatamente una entrevista con el ministro, y que trataría de convencerlo o de engañarlo. «Estáis en casa de un hindú», añadí, «y podéis conseguir cualquier cosa arrojándoos sobre él y sentándoos en *dhurna*, es decir, sin comer, hasta que vuestra petición sea atendida». «Vuestra conducta», proseguí, «es ahora la contraria, pues parece que preferís desfilar por sus jardines y devorar las sabrosas viandas que nos envía». La seriedad con que hice valer estos puntos de vista produjo un buen efecto, y el *nazir* envió un mensajero al ministro para decirle que, si fuera amigo de su familia, no le retendría de esa manera, pues no había venido como un perro a comerse su pan, sino como un conocido a solicitar un favor. Me alegré de la decisión que estaba tomando, y le grité con alegría desde mi rincón del apartamento, pero el *nazir* me pidió que me comportara con mayor discreción y permaneciera más tranquilo. Yo merecía la reprimenda, y por eso me alegré cuando la situación entre nosotros llegó a un acuerdo. En el momento en que el ministro recibió el mensaje, llamó al *nazir*, y se produjo una larga conversación sobre nuestros asuntos, que, por lo que pude deducir, le habían dejado perplejo en cuanto a su realidad. Ahora parecía, sin embargo, que íbamos a contar con sus buenos oficios, pues se acordó que partiríamos a primera hora de la mañana siguiente hacia la residencia campestre del jefe, donde veríamos a aquel personaje. El *nazir*, como era hombre de importancia, recibió instrucciones de no presentarse con las manos vacías, y el ministro, con gran amabilidad, le devolvió un chal que le había sido regalado a su llegada, y le pidió que se lo diera, junto con otro, al jefe de Kunduz.

Durante el día vi a buena parte de la gente, pues había muchos visitantes, y aunque la mayoría cortejaba al gran hombre, unos pocos encontraron su camino hacia mí en la esquina. Nada se hace en este país sin té, que se reparte a todas horas y da un carácter social muy agradable a la conversación. Los uzbekos beben el té con sal en lugar de azúcar, y a veces lo mezclan con grasa; lo cual llaman *kaimak chai*. Después de que cada persona haya tomado una o dos tazas grandes, se reparte una más pequeña, preparada de la manera habitual, sin leche. Las hojas de la olla se reparten entre todos y se mastican como tabaco. Muchos de los forasteros mostraban interés por los asuntos de Kabul; algunos hablaban de Ranjit Singh y unos pocos de los ingleses en la India. La mayoría eran mercaderes que comerciaban entre ésta y China. Hablaban mucho de sus relaciones con aquella singular nación y alababan la equidad y la justicia que caracterizaban sus transacciones comerciales. Estos mercaderes eran tayikos, y nativos de Badajshán, territorio del que ahora estábamos muy cerca. Me contaron diversos detalles acerca de los supuestos descendientes de Alejandro Magno, de los que se decía que aún existían en esta vecindad y en el valle del Oxus, así como en los países cercanos a la cabecera del Indo. El tema había ocupado gran parte de mi atención, y un comerciante de té de nuestra pequeña caravana me había entretenido con su historia del linaje recibido de estos macedonios, durante el camino desde Khulm. Era sacerdote y creía que Alejandro Magno había sido un profeta, lo que, a sus ojos, explicaba satisfactoriamente la descendencia ininterrumpida de griegos, ya que ningún ser humano podía dañar a una raza tan sagrada.

El día 5, por la mañana temprano, emprendimos el viaje para encontrarnos con Murad Beg. Lo encontramos en la aldea de Khanabad, a unos veinticinco kilómetros de distancia, y situada en la cima de las colinas sobre los pantanos de Kunduz, animada por un riachuelo que corre enérgicamente al lado de un fuerte, sombreado por árboles del más rico verdor. Cruzamos el riachuelo por un puente y nos encontramos ante la puerta de una pequeña vivienda, pulcramente fortificada, en la que el jefe celebraba con su corte. Había en ella unos quinientos caballos ensillados, y los jinetes iban y venían en gran número. Todos iban calzados con botas, y llevaban largos cuchillos, ajustados en la cintura a modo de espadas, algunas de las cuales estaban ricamente montadas con oro. Nos sentamos bajo la muralla y tuvimos tiempo de contemplar la escena y admirar el aire marcial y la pompa de aquellos belicosos uzbekos. Ninguno de los jefes tenía más de un asistente, y todo estaba dispuesto con gran sencillez. Un hindú que obedecía al ministro entró para anunciar nuestra llegada y, mientras tanto, yo ensayaba mi patraña y me calzaba un par de botas, tanto por protocolo como para ocultar mis tobillos provocadoramente blancos. Hacía tiempo que mi rostro había adquirido un tono asiático, y no temía que me descubrieran. El oficial de aduanas estaba allí, y yo me había cuidado de instruirlo previamente en todos los detalles antes relatados. Después de una hora de retraso, nos llamaron y entramos por la primera puerta del complejo. Encontramos aquí una zona en la que estaban los ayudantes y los caballos del jefe. Seis u ocho *yessawals*, o porteros, anunciaron entonces nuestra aproximación, y entramos en el edificio interior. El *nazir* encabezó el grupo, se acercó al jefe, le besó la mano y le entregó sus chales. El hindú de la aduana le siguió con dos panes de azúcar blanca rusa, que entregó como ofrenda; y yo, en mi humilde calidad, me coloqué en la retaguardia y avancé para hacer mi reverencia, pronunciando un fuerte *salam alaykum*, y colocando mis manos entre las del jefe, las besé según la costumbre y exclamé *¡taksir!*, el modo habitual de expresar inferioridad. El uzbeko emitió un gruñido de aprobación y, rodando sobre un costado, dijo: «Ya veo, entiende el *salam*». El *yessawal* hizo entonces una señal para mi retirada, y me quedé en el portal con las manos cruzadas entre los sirvientes.

Murad Beg estaba sentado sobre una piel de tigre, con las piernas extendidas y cubiertas con enormes botas, despreciando todas las reglas orientales de decoro. Estaba sentado en la puerta, pues, contrariamente a la costumbre de todas las cortes asiáticas, es ahí donde los líderes uzbekos ocupan su puesto, y sus visitantes son conducidos al interior del apartamento. Murad Beg era un hombre de elevada estatura, con rasgos de tártaro bien marcados; sus ojos eran pequeños hasta la deformidad, su frente ancha y ceñuda, y carecía de la barba que adorna un semblante masculino en la mayoría de las naciones orientales.

Procedió a conversar con el *nazir*, y le hizo varias preguntas sobre Kabul, y luego sobre sus propios asuntos, durante las cuales habló de nuestra pobreza y situación. Entonces llegó el hindú de la aduana con mi historia. Dijo: «Vuestro esclavo ha examinado el equipaje de los dos armenios y ha comprobado que son pobres viajeros. Está en boca de todos que son europeos, y me habría puesto bajo vuestro desagrado si los hubiera dejado partir; he traído, pues, a uno de ellos para conocer vuestras órdenes». El momento era crítico, y el jefe me miró y preguntó en turco: «¿Estás seguro de que es armenio?». Entonces una segunda explicación le convenció, y ordenó que nos condujeran más allá de la frontera. Me quedé a su lado y vi a su secretario preparar y sellar el documento. ¡Podría haberle abrazado cuando lo dio por terminado!

Ahora era necesario retirarse con cautela y manifestar lo menos posible la alegría que sentíamos. El jefe no me había considerado siquiera digno de una pregunta, y mi atuendo, roto y raído, no podía darle ninguna pista sobre mi verdadera identidad. Sus asistentes y jefes, sin embargo, me hicieron muchas preguntas; su hijo, un joven con el poco prometedor nombre de Atalik, me mandó llamar para conocer los principios de los armenios: si rezaban, si creían en Mahoma y si comían con los «fieles». Respondí que éramos «gente del libro» y que teníamos nuestros profetas; pero a la pregunta de si creíamos en Mahoma, dije que el Nuevo Testamento se había escrito antes de que ese notable profeta —que en paz descanse— apareciera en la tierra. El muchacho se volvió hacia los hindúes que estaban presentes y dijo: «¿Por qué este pobre hombre es mejor que vosotros?». Entonces narré mi historia al príncipe con más confianza, y besé la mano del joven jefe por el honor que me había conferido al escucharla.

Pronto salimos de la fortificación y cruzamos el puente, pero el calor del sol era agobiante y nos detuvimos en un jardín para descansar unas horas. Los hindúes nos ofrecieron un refrigerio y, aún representando el papel de un hombre pobre, hice que me enviaran una porción del pilaf del *nazir* y comí abundantemente a solas. Por la tarde regresamos a Kunduz, y el buen hindú de la aduana me dijo por el camino que los uzbekos eran mala gente y no merecían conocer la verdad. «Seas quien seas, ahora estás a salvo».

Me alegré sinceramente del éxito del viaje, pues si el jefe hubiera sospechado por un momento nuestra verdadera identidad, nos habrían privado de todo nuestro dinero, nos habrían sometido a grandes vejaciones y, tal vez, nos habrían confinado durante meses en el clima malsano de Kunduz. En todo caso, habríamos abandonado toda esperanza de proseguir nuestro viaje, y nuestra supuesta pobreza pronto nos habría servido de poco, pues no faltaban personas que adivinarían nuestros propósitos. Todo el asunto muestra una simplicidad en los uzbekos que es difícil de creer, pero no hay pueblo más simple. El veterano *kafila bashi*, que me acompañaba, fue tomado por mi compañero de viaje, y el doctor Gerard, por un musulmán serio, de barba gris y recatado. Toda la corte de Murad Beg ignoraba lo que muchos de la comunidad hindú sabían tan bien como nosotros: que éramos europeos. En Kunduz, nos apeamos en nuestros antiguos aposentos, en casa del ministro. La ciudad está situada en un valle rodeado de colinas, excepto al norte, donde el Oxus fluye a una distancia de unos sesenta y cinco kilómetros. Está regada por dos ríos, que se unen al norte de la ciudad. El clima es tan insalubre que hay un proverbio entre la gente que dice: «Si quieres morir, ve a Kunduz».

La mayor parte del valle es tan pantanoso que los caminos se construyen sobre montones de madera y atraviesan la maleza más espesa; sin embargo, en los lugares que no están completamente inundados se cultiva trigo y cebada, así como arroz. El calor es intolerable, pero nieva durante tres meses al año. Kunduz fue en un tiempo lejano una gran ciudad, pero su población no supera ahora las mil quinientas almas, y en ella no reside ninguna persona que pudiera vivir en otro lugar, aunque sigue siendo el mercado de la vecindad. Murad Beg nunca la visita, salvo en invierno. Tiene un castillo, rodeado por un foso, que viene a ser una fortaleza: los muros están construidos con ladrillos secados al sol, y es tal el calor, que se desmoronan bajo los rayos del sol, y requieren constantes reparaciones. Las grandes montañas del Hindú Kush están a la vista, al sur de Kunduz, cubiertas de nieve: las colinas vecinas son crestas bajas y rastreras, cubiertas de hierba y flores, pero desprovistas de árboles o matorrales. Un poco más arriba, en el valle, el clima se vuelve mucho más agradable y la gente habla con entusiasmo de los bosques, riachuelos, los frutos y las flores de Badajshán. El gobernante de Kunduz, Mohamed Murad Beg, es un uzbeko de la tribu kazgán, que acaba de ascender al poder. Se ha dedicado a invadir en todas direcciones, y posee todo el valle del Oxus, y muy recientemente tenía la soberanía sobre Balj. Todavía acuña su moneda con el apelativo general de esa capital, la «madre de las ciudades». Es totalmente independiente y ahora gobierna todos los territorios situados inmediatamente al norte del Hindú Kush.

No podíamos abandonar Kunduz sin la autorización formal del ministro, y esperamos a que nos diera su beneplácito hasta las tres de la tarde. Entonces envió un *khalat*, o vestido de honor, al *nazir*, y una túnica, junto con otras prendas de vestir, a mí y al *kafila bashi*, pues, al parecer, no podíamos abandonar la casa de huéspedes de tan notable persona sin alguna señal de su favor. Sin embargo, descubrí que el *nazir*, ahora que se había recuperado del susto, estaba resuelto a sacar el máximo provecho de la generosidad del ministro, y había puesto en marcha una negociación, empleando a uno de sus criados, para conseguir un regalo lo más valioso posible. A mí me horrorizaba semejante conducta, ya que podía meternos de nuevo en un lío, pero el malvado individuo logró su propósito, y todos nos vestimos con trajes de honor, como ya he dicho. A él, de hecho, le obsequiaron además con un caballo. Es necesario mencionar que el ministro pensaba viajar a Kabul, donde esperaba obtener algunos favores de la familia del *nazir*. Yo, que no era más que un espectador de los acontecimientos, disfruté con el despliegue de carácter de ambos.

Nos vestimos con nuestras nuevas ropas y ensillamos a las tres de la tarde, y no nos detuvimos hasta llegar a Khulm a la mañana siguiente —una distancia de más de cien kilómetros—, agotados por la fatiga, después de haber estado veinte horas sentados sobre un caballo.

Es singular que yo montase el mismo animal que me había regalado el hermano del jefe de Peshawar, y que, como se recordará, él me había obligado a montar, puesto que podría haberme ayudado en mis dificultades con los uzbekos; un caballo de la misma raza había servido anteriormente al señor Moorcroft cuando escapó a Talokán. ¡Qué singular coincidencia! ¡Cuánto más singular el regalo! Con gran satisfacción me encontré de nuevo con el doctor Gerard y nuestro grupo, y fui testigo de la felicidad de todos. Pude detallarles mis aventuras en Kunduz, pero no pude recuperarme

de la fatiga que había padecido después de haberme ido a dormir.
He comprobado que, al cabo de un tiempo, el cuerpo es insensible
al sueño, que sólo se vuelve a refrescar y rejuvenecer después de
que éste haya sido lavado a fondo y descansado, y el estómago refrescado con té, la bebida más reconfortante para el viajero
agotado. Entre los uzbekos, a menudo era nuestra única
subsistencia.

Khulm es un lugar mucho más agradable que Kunduz, y tiene
muchos jardines hermosos, y fruta apetitosa. Sus albaricoques, cerezas y moras estaban ya maduros, pero no era prudente correr
más riesgos, pues no queríamos seguir el ejemplo del pobre Moorcroft, y nos preparamos para partir a la mañana siguiente.
Mostramos la orden de Murad Beg al *valí*, o gobernador, y él de-
signó la escolta prescrita para que nos acompañara. Durante la
noche, transferí una parte de mi oro al hindú de la aduana, por sus
eminentes servicios; y, para evitar ser descubierto, lo pagué a través de las manos del *nazir*: pero podrá el lector imaginarse mi
asombro, cuando descubrí por la mañana que, de veinte piezas de
oro, él se había embolsado quince, y había dejado al hindú con cinco. No hubo tiempo para explicaciones y, después de cerciorarme
de la veracidad del hecho, pagué por segunda vez y abandoné
Khulm en compañía de nuestro avaro amigo, el *nazir*. Este *honrado*
personaje nos ordenó hacer un alto en el camino, para darle ocasión de leer un capítulo del Corán, con el que siempre viajaba; lo
colgaba en una bolsa del pomo de su silla de montar, y lo sacaba a
las horas indicadas. El doctor Gerard y yo precedimos a nuestra
gente, que nos seguía con una caravana, y llegamos a Mazar en la
tarde del día 8, a una distancia de cincuenta kilómetros más allá de
Khulm.

El terreno entre estos lugares es árido y lóbrego, y el camino
conduce a través de un paso bajo, llamado Abdu, que es el recurso
de todos los ladrones de la región, ya que todos los jefes vecinos
saquean en él. Nuestra escolta de uzbekos inspeccionó el paso,
desde el que se divisa Mazar, a unos veinticinco kilómetros, y lue-

go nos dejó solos. Estos hombres hablaban del botín que ellos mismos habían capturado unos días antes, y no puedo decir que lamentara su marcha. Las ruinas de acueductos y casas demuestran que esta comarca estuvo poblada en otro tiempo, pero ahora carece de agua y, por consiguiente, de habitantes. En nuestra ruta vimos un magnífico espejismo a nuestra derecha, una serpenteante línea de vapor, tan grande como el mismo Oxus, y que tenía toda la apariencia de ser ese río. Se burlaba de nuestras lenguas resecas, pues habíamos gastado el contenido de las botellas de cuero que siempre llevábamos mucho antes de llegar a la aldea.

Mazar tiene unas quinientas casas y está dentro de los límites del canal de Balj. Tiene capacidad para unos mil caballos y es independiente de esta ciudad y de Khulm. Pertenece a un sacerdote, o *mutawali*, que supervisa el culto en un lugar sagrado de una gran santidad, que aquí está dedicado a Alí. *Mazar* significa tumba, y la de este lugar consta de dos elevadas cúpulas, construidas por el sultán Ali Mirza de Herat, hace unos trescientos cincuenta años. Visité el santuario, lo recorrí como peregrino y como tal hice mi parte. Si bien no podía creer las leyendas de este pretendido santuario y unirme a las devociones de la gente, al menos podía dar las gracias a mi manera por nuestra tardía huida. La concurrencia a las oraciones vespertinas era numerosa, y los sacerdotes, sentados en la puerta del santuario, repartían la recaudación del día, moneda por moneda, entre ciertas familias, que tienen derecho a ella de manera hereditaria. Un sacerdote se acercó y me preguntó por qué no rezaba con los demás. Le dije que no era mahometano, pero no se opusieron a que entrara en el santuario, aunque no debí arriesgarme a un juicio. No había ningún objeto curioso que ver que se diferenciara de otros edificios mahometanos similares. Por la noche, se ilumina con luces de candelabros de latón.

Mazar es el lugar donde murió el señor Trebeck, el último superviviente del malaventurado grupo de Moorcroft. Uno de nuestros compañeros, un *haji*, le asistió en su lecho de muerte, y nos condujo al lugar donde está enterrado, que es un pequeño cementerio, al oeste de la ciudad, bajo una morera que ahora estaba dando sus frutos. Este joven ha dejado una impresión muy favorable de sus buenas cualidades en todo el territorio por el que pasamos, y no pude por menos de compadecerme de su melancólico destino. Después de enterrar a sus dos compañeros de viaje europeos, pereció, a una edad temprana, después de cuatro meses de sufrimiento, en un país lejano, sin un amigo, sin ayuda y sin consuelo. Todos sus bienes fueron malversados por un sacerdote que acompañaba al grupo, o confiscados por *los santos hombres* de este templo, que aún los conservan: consistían en algunos caballos valiosos, equipo de campamento, dinero y unos pocos libros impresos. Todos los manuscritos de Moorcroft han sido afortunadamente recuperados; y, en justicia a un hombre amable, que dedicó su vida a la pasión por los viajes y la investigación, deberían, mucho antes de esto, haber sido publicados. El dinero no cayó en manos de la gente de Mazar: se puede seguir su rastro, pero no puedo asegurar que sea posible encontrarlo.

En la mañana del 9 de junio, entramos en la antigua ciudad de Balj, que está en los dominios del rey de Bujará, y deambulamos entre sus extensas ruinas durante casi cinco kilómetros antes de llegar a un caravasar, en el rincón habitado de esta antaño orgullosa «madre de las ciudades» (*Umm-al-belad*). Por el camino nos esperaban dos policías turcomanos, que nos registraron en busca de nuestro dinero para cobrarnos impuestos. Les dije enseguida que teníamos veinte *tillas* de oro* cada uno, y nos exigieron una de cada veinte, según su ley, ya que no éramos mahometanos. Accedimos y obtuvimos un recibo sellado; volvieron por la noche y exigieron otro tanto, pues nos declarábamos europeos y no estábamos sometidos a un gobernante mahometano. Descubrí que sus exigencias eran legítimas y pagué la suma, pues yo tenía una reserva de oro mayor que la que llevaba encima. La gente no nos molestó en absoluto, y nuestro equipaje y libros se sometieron li-

---

* Una *tilla* equivale a trece chelines.

bremente a la mirada y el asombro de la policía. Por supuesto, si hubiéramos podido, los habríamos ocultado. Uno de los sentimientos más satisfactorios que experimentamos a nuestra llegada a Balj, fue el alivio certero de estar lejos de las manos de nuestro enemigo en Kunduz.

En este punto, debo comentar sobre las tretas de nuestro guía, el *nazir*; porque a estas alturas había adoptado una línea de conducta tan indigna, que decidimos no confiar más en él. Como ahora nos encontrábamos en los territorios de un rey, podíamos comunicarle nuestras opiniones, aunque tal vez hubiera sido más prudente guardárnoslas para nosotros. Si la experiencia había demostrado que el *nazir* era indigno de nuestra confianza, Hyat, el *kafila bashi*, se había ganado plenamente nuestra simpatía por su conducta sensata y fiel. Despreciaba la mezquindad del *nazir*, y manifestaba más desdén hacia él que nosotros mismos. Hyat era un hombre bien perspicaz, y me asombró un poco una conversación que mantuvimos al acercarnos a Balj, cuando discutíamos los motivos que nos habían llevado a emprender aquel viaje. Yo mencioné que Bujará se ubicaba en el camino hacia Europa, pero Hyat replicó que los *firangis* indagaban acerca de los asuntos de todos los países, y que la prematura muerte del señor Moorcroft había impedido que se tuviera un conocimiento correcto del Turquestán. Según él, probablemente habíamos sido enviados de manera discreta para obtener información, ya que gran parte de las desgracias de aquel viajero se debieron al modo en que había viajado. Sonreí ante la sagaz suposición de aquel hombre y lancé el irónico grito de ¡*Barikila!* (¡Bravo!), y alabé su perspicacia: pero Hyat y yo nos habíamos hecho buenos amigos, y no sólo no teníamos nada que temer, sino mucho que esperar de sus amables oficios.

CAPÍTULO 8

Balj y continuación del viaje a Bujará

P ERMANECIMOS en Balj durante tres días, para examinar los restos de esta ciudad, antaño orgullosa. Sus ruinas se extienden por un circuito de unos treinta kilómetros, pero no presentan ningún vestigio de magnificencia; consisten en mezquitas derrumbadas y tumbas deterioradas, que han sido construidas con ladrillos secados al sol; ninguna de estas ruinas es de una época anterior al mahometismo, aunque Balj presume de una antigüedad superior a la mayoría de las ciudades del globo.

Los asiáticos la llaman la «madre de las ciudades» y dicen que fue construida por Ciro el Grande, fundador de la monarquía persa. Tras la conquista de Alejandro Magno, floreció bajo el nombre de Bactriana, bajo una dinastía de reyes griegos. En el siglo III de la era cristiana, «Artajerjes hizo reconocer solemnemente su autoridad en una gran asamblea celebrada en Balj, región de Jorasán».* Continuó sometida al Imperio persa y fue residencia del *archimago* o jefe de los *magos* zoroastrianos, hasta que los seguidores de Zoroastro fueron derrocados por las incursiones de los califas. Sus habitantes fueron masacrados a sangre fría por Gengis Kan y, bajo la dinastía timúrida, se convirtió en provincia del Imperio mogol. Fue sede del gobierno de Aurangzeb en su juventud, e invadida finalmente por el gran Nader Shah. Al instaurarse la monarquía

---

* Capítulo VIII de *History of the Decline and Fall of the Roman Empire* (1845), por Edward Gibbon.

durrani tras su muerte, cayó en manos de los afganos, y hace ocho años fue conquistada por el rey de Bujará, cuyo lugarteniente la gobierna en la actualidad. Su población actual no llega a las dos mil personas, que son principalmente nativos de Kabul y el remanente de los *kara noukar*, una especie de milicia establecida aquí por los afganos. También hay algunos árabes. El jefe de Kunduz ha hecho marchar a gran parte de su población y amenaza constantemente la ciudad, lo que ha empujado a los habitantes a las aldeas vecinas.

En su amplia extensión, la ciudad parece haber albergado innumerables jardines, que incrementaron su tamaño sin aumentar su población; y por los frágiles materiales de que están construidos sus edificios, cuyos cimientos son sólo de ladrillo, dudo que Balj haya sido alguna vez una ciudad importante. Hay tres grandes colegios de bella estructura, ahora en estado de decadencia, con sus celdas vacías. Una muralla de barro rodea una parte de la ciudad; debe de ser muy antigua, ya que excluye las ruinas por todos lados a lo largo de unos tres kilómetros. La ciudadela, o arca, en el lado norte ha sido construida más sólidamente; sin embargo, es un lugar sin firmeza. Hay en ella una piedra de mármol blanco, que aún se señala como el trono de Kay Khosrau, o Ciro.

Balj se encuentra en una llanura, a unos seis kilómetros de las colinas, y no sobre ellas, como se representa erróneamente. Hay muchos desniveles en los campos circundantes, que pueden deberse a ruinas y escombros. La ciudad misma, como Babilonia, se ha convertido en una cantera perfecta de ladrillos para la comarca circundante. Éstos son de forma oblonga, más que cuadrada. La mayoría de los antiguos jardines están ahora descuidados y cubiertos de maleza, los acueductos se han secado, pero hay grupos de árboles en muchas direcciones. La gente siente una gran veneración por la ciudad, pues se cree que fue uno de los primeros lugares habitados de la tierra y que su reocupación será uno de los signos del próximo fin del mundo. La fruta de Balj es deliciosa, sobre todo los albaricoques, que son casi tan grandes como manzanas. Se venden casi por debajo de su valor, pues dos mil de ellos se podían comprar por una rupia, y, con agua helada, son realmente un lujo, aunque peligroso. La nieve se trae en grandes cantidades desde las montañas al sur de Balj, a unos treinta kilómetros de distancia, y se vende por una bagatela durante todo el año.

El clima de Balj es muy insalubre, pero no desagradable. En junio, el termómetro no superaba los 27 °C, y el mes siguiente era el más caluroso del año. El trigo madura en ese mes, lo que hace que la cosecha se produzca cincuenta días más tarde que en Peshawar. Su insalubridad se atribuye al agua, que está tan mezclada con tierra y arcilla, que le da un aspecto turbio, como un charco después de llover. El suelo es de color grisáceo, como la arcilla de las tuberías, y muy denso; cuando está húmedo, es viscoso.

Las cosechas son buenas; los tallos de trigo crecen tan altos como en Inglaterra, y no presentan el rastrojo atrofiado de la India. En Balj, el agua se ha distribuido, con gran trabajo, mediante acueductos desde un río. Se dice que hay, al menos, dieciocho, pero muchos no se pueden contemplar ahora. Con frecuencia se desbordan y dejan pantanos que se secan rápidamente bajo los rayos del sol. Esto parece explicar las enfermedades del lugar. Todas las ciudades y ruinas antiguas son, tal vez, más o menos insalubres. No es probable, sin embargo, que tantos reyes y príncipes hayan frecuentado un lugar siempre desfavorable para la salud del hombre; Balj no está situada en un terreno naturalmente pantanoso, sino en una suave pendiente que desciende hacia el Oxus, a unos quinientos cincuenta metros sobre el nivel del mar. Toda el agua de su río se pierde mucho antes de llegar a esa corriente.

En Balj, hice todo lo posible por recoger monedas antiguas, que no podían dejar de ser valiosas en un terreno con tanta historia. Me trajeron varias de cobre, similares a las que encontré en Mankiala, en el Punyab, que representaban una figura de cuerpo entero, sosteniendo un incensario o una vasija en la mano derecha, y vestida con un gorro alto; lo que, según creo, determina que toda la serie de ellas sea persa. Es bien sabido que la India fue una de las satrapías de Darío, y sabemos sobre una conexión entre ella y Persia en la antigüedad, lo que quizá aclare la historia de estas monedas. La ejecución es tosca y, como difieren entre sí, parece que se trata más bien de medallas que de monedas. Al final de este capítulo he incluido grabados precisos de estas reliquias. Aquellos que se sientan interesados en la materia, encontrarán que se han hallado algunas de una descripción similar en la India y se han mencionado en el boletín *Transacciones de la Sociedad Asiática de Bengala*. Entre las monedas que examiné en Balj había muchas cúficas y árabes, y toda una serie de la época de los emperadores del Indostán. Una pieza de oro de Sha Jahan hablaba bien de la ejecución de su época. Es notable que, en los países al norte del Hindú Kush, la moneda actual sea la de los emperadores de Delhi que gobernaron antes de la era de Nader Shah.

El 12 de junio, llegó nuestra caravana, procedente de Khulm, y nos dispusimos a acompañarla en su viaje hacia Bujará. Durante tres días estuvimos viviendo con nuestro amigo, el *kafila bashi*, que se las arregló para conseguirnos arroz y carne en el bazar, pero hicimos una chapuza al cocinar. Esto no era más que un inconveniente menor, y no sin esperanza de remedio. Sin embargo, ahora era necesario dar permiso a nuestro *kafila bashi* para que regresase a Kabul, ya que un afgano sería de poca utilidad entre los uzbekos.

Lamenté mucho separarme de Hyat, pues tenía un carácter y una disposición admirables para dirigir a la gente, y en todas partes tenía amigos que lo estimaban y respetaban. Temía que echáramos de menos al hombre que solía conseguirnos comida y alojamiento, cuando era posible, y decir mentiras indiscriminadas sobre nuestra identidad cuando era necesario. Le hicimos regalos como compensación por sus buenos oficios, cuyo valor superó con creces sus expectativas, de modo que se sintió más que feliz. Le entregué una nota escrita a mano en la que le expresaba nuestro aprecio por sus servicios, y él se apresuró para ayudarnos a partir.

Además, llevó aparte al *kafila bashi* de la nueva caravana y le indicó cuánto le interesaría servirnos; esperó hasta que la caravana partió y, al vernos sobre nuestras alforjas —el nuevo modo de viajar en camello—, se despidió de nosotros, nos encomendó a Dios y nos dejó seguir nuestro camino.

Como ejemplo de la honradez de este hombre, puedo mencionar que tras regresar a Kabul encontró un cuchillo que habíamos dejado en un caravasar, el cual envió por medio de un hombre de confianza que iba a Bujará, junto con una carta en la que expresaba su recuerdo de nosotros y su agradecimiento por nuestra amabilidad.

La caravana se reunió fuera de la ciudad, cerca de otro lugar melancólico, la tumba del pobre Moorcroft, que nos llevaron a ver. El señor Guthrie yacía a su lado. Era una noche de luna brillante, pero tuvimos algunas dificultades para encontrar el sitio exacto. Por fin, nuestra mirada se posó bajo un muro de barro que habían tirado a propósito. Los intolerantes habitantes de Balj se habían negado a permitir que los viajeros fueran enterrados en su cementerio, y sólo lo autorizaron cerca de la ciudad, a condición de que se ocultara, para que ningún mahometano pudiera confundir su tumba con la de uno de los verdaderos creyentes, y ofreciera una bendición al pasar junto a ella. Era imposible contemplar semejante escena a altas horas de la noche sin reflexionar melancólicamente.

Este grupo de viajeros, enterrado a menos de veinte kilómetros de distancia los unos de los otros, nos daba una pequeña muestra de apoyo a nosotros, que seguíamos el mismo camino y nos guiábamos por motivos casi similares. Era una suerte que los vivos no experimentaran el mismo desprecio que los muertos, pues no recibimos ningún desaire de nadie, aunque nuestro credo y nuestra nación no estuvieran ocultos. El cadáver de Moorcroft fue traído desde Andhvoy, donde pereció, a cierta distancia de su grupo. Lo acompañaban unos pocos seguidores, todos los cuales fueron saqueados por el pueblo. Si murió de muerte natural, no creo que lo hiciera sin despertar sospechas; no le acompañaba ninguno de sus socios europeos ni sirvientes confidenciales, y lo trajeron sin vida en un camello, tras una corta ausencia de ocho días; la propia salud del señor Trebeck no le permitió examinar el cadáver.

Salimos de Balj a medianoche, con una pequeña caravana de veinte camellos, pues habíamos cambiado nuestros caballos por estos útiles animales. A cada camello se le ajustaban dos alforjas, llamadas *kayawas*: al médico le acompañaba un afgano; yo compartía la mía con mi criado indostaní. Al principio, este tipo de transporte era muy incómodo, porque las alforjas no tenían más de ciento veinte centímetros de largo y ochenta de ancho, y se requería cierta flexibilidad e ingenio para estibar un cuerpo de un metro y sesenta centímetros en semejante espacio, metido como un fardo de mercancías. La aduana pronto nos reconcilió con el traqueteo de los camellos y la pequeñez del medio de transporte, y fue un gran alivio descubrir que podíamos leer e incluso tomar notas sin ser observados.

Una marcha de cincuenta kilómetros nos llevó a los límites del agua de Balj, a través de una rica comarca, atravesada por canales por todas partes. Tal es su efecto sobre la temperatura, que el termómetro descendió por debajo de 11 °C por la mañana, aunque más de dos tercios de la tierra estaban baldíos. Nuestros camellos se deleitaban con un arbusto espinoso llamado *chuch* o *zuz* por los nativos. El lenguaje del más gráfico escritor no podría describir este territorio con mayor exactitud que Quinto Curcio, y yo destaqué el siguiente pasaje sobre el terreno:

> La faz de Bactriana es significativamente diversa: en muchos lugares, frondosos árboles y vides dan frutos de fino crecimiento y sabor; numerosos manantiales [¿canales?] riegan un suelo fértil. Las tierras más generosas están sembradas de maíz; otros campos ofrecen pastos. Además, una gran parte de la comarca está deformada por extensiones de arena estéril, en las que una triste ausencia de vegetación niega el alimento al hombre. Cuando los vientos soplan desde el océano Índico, el polvo flotante es arrastra-

do en masa. La parte cultivada del país está atestada de habitantes y bien provista de caballos. Bactra, la capital, está situada bajo el monte Paropamisus. El río Bactrus, que baña sus murallas, da nombre a la ciudad y a la provincia.*

Los árboles, los frutos y el maíz de Balj gozan de gran celebridad; sus caballos son igualmente conocidos. Aunque no tiene manantiales, y un río no pasa ahora por sus murallas, la comarca está perforada por los canales de uno que fluye desde las montañas vecinas, cuyas aguas se dividen artificialmente antes de llegar a la ciudad.

El 14 de junio entramos en el desierto y viajamos toda la noche camino del Oxus. Abandonamos la gran carretera de Balj a Keleft, la ruta habitual, por miedo a los ladrones, y nos dirigimos hacia el oeste. Al amanecer, nos detuvimos y comprendimos lo que nos esperaba en los desiertos de Tartaria. Las montañas del Hindú Kush habían desaparecido por completo bajo el horizonte, y una amplia llanura, como un océano de arena, nos rodeaba por todas partes. Aquí y allá había algunas chozas redondas, o, como se las llama aquí, *khirgahs*, las moradas de los erráticos turcomanos. Los habitantes eran pocos; a primera vista, presentaban un aspecto feroz y terrible para un forastero. Hicimos un alto cerca de uno de sus asentamientos, y ellos se pavoneaban vestidos con enormes gorros negros de piel de oveja, pero no nos molestaron; y aquí sólo tengo que presentar a nuestros nuevos conocidos, ya que tendremos amplia ocasión de hablar de ellos más adelante.

Levantamos nuestro campamento en su desierto, y encontramos una escasa provisión de agua que había bajado desde los canales de Balj. Tampoco teníamos tienda ni refugio de ninguna clase, sino una manta que extendíamos sobre dos juegos de alforjas. Incluso esta endeble cubierta nos protegía de los rayos del sol; por la noche la quitábamos y dormíamos al aire libre. Nuestra comida consistía ahora en pan y té, pues los turcomanos se oponen a

---

* Libro séptimo, capítulo IV, *Historia de Alejandro Magno* por Quinto Curcio.

menudo a deshacerse de sus ovejas, ya que perjudica a su hacienda; y nosotros no podíamos sino contemplar sus innumerables rebaños con el deseo insatisfecho de poseer un solo cordero. Los europeos, que están tan acostumbrados a comer carne, son sensibles al cambio a una dieta de pan, pero nosotros la encontramos tolerablemente nutritiva, y nos refrescaba mucho el té, que tomábamos con pan a todas horas. Me pareció que la abstinencia de vino y bebidas alcohólicas resultó más saludable que otra cosa; dudo que hubiéramos podido soportar las vicisitudes del clima si hubiéramos consumido tales estimulantes.

Parecía que no habíamos escapado del todo a las huellas de los saqueadores por habernos desviado del camino principal, por lo que contratamos a una guardia de turcomanos para que nos escoltaran hasta el Oxus, a una marcha de distancia. Ensillamos al atardecer, y después de quince horas de viaje y cincuenta kilómetros de distancia, nos encontramos a orillas de aquel gran río, que contemplé con sentimientos de puro deleite. Ahora corría ante nosotros con toda la grandeza de la soledad, como recompensa por el trabajo y la ansiedad que habíamos experimentado al acercarnos a él. Tal vez no hubiera sido prudente confiarnos a una escolta de turcomanos en semejante desierto, pero nos condujeron con seguridad e hicieron pocas o ninguna pregunta sobre nosotros. Sólo hablaban turco. Montaban buenos caballos y estaban armados con una espada y una lanza larga. No sólo eso, sino que no llevaban escudos ni cuernos de pólvora, como otros asiáticos, y algunos sólo tenían cerillas. Además, pasaban el tiempo cantando juntos en una lengua áspera pero sonora. Parecían el ideal de la caballería ligera, y sus gorras daban al conjunto una uniformidad muy atractiva. Nunca llevan más de una rienda, lo que hace que sus caballos destaquen. Observé más tarde que algunos de los jefes turcomanos llevaban escarapelas y piezas sueltas de cuero ornamentadas con oro y plata, que caían detrás de la oreja del animal, dando a su cabeza un aspecto vistoso. Hasta dos kilómetros y medio antes de llegar al río, habíamos atravesado un territorio peculiarmente inhóspito y poco prometedor, totalmente desprovisto de agua, y su hierba achaparrada sobresalía de montículos de arena suelta a la deriva, o aparecía a través de láminas de arcilla dura. Recordaré durante mucho tiempo nuestro lúgubre avance por el Oxus y los feroces individuos que tuvimos por compañía.

Nos detuvimos a orillas del río, cerca de la pequeña aldea de Khoja Sala. Las inmediaciones del Oxus están surcadas por acueductos a lo largo de casi tres kilómetros, aunque no están laboriosamente cultivadas en modo alguno. Aquí vimos signos de un territorio más tranquilo, tras ver la casa de cada campesino a cierta distancia de la de su vecino y en medio de sus propios campos. Nos detuvimos durante dos días a orillas del río, hasta que llegó nuestro turno de subir a bordo del transbordador, que trasladó nuestra caravana, el día 17, a la orilla septentrional, o región del Turquestán, más comúnmente conocida por los europeos con el nombre de Tartaria. El río tenía más de setecientos metros de ancho y unos seis metros de profundidad. Sus aguas estaban cargadas de arcilla, y la corriente pasaba a razón de unos seis kilómetros por hora. Los asiáticos llaman a este río Jihún o Amu.

El modo en que pasamos el Oxus fue singular y, creo, bastante peculiar en esta parte de la región. Fuimos arrastrados por un par de caballos, que estaban unidos a la barca, a cada proa, por una cuerda fijada al pelo de la crin. Luego se les colocaba la brida como si se tratara de montar al caballo; se empujaba la barca hacia la corriente y, sin más ayuda que la de los caballos, se la transportaba directamente a través del canal más rápido. Un hombre a bordo sujetaba las riendas de cada caballo, y las dejaba jugar libremente en la boca, instándole a nadar, y, así guiado, avanzaba sin dificultad. No había ningún remo que ayudase a impulsar la embarcación, y la única ayuda de los que estaban a bordo consistía en maniobrar una tosca pértiga en la popa, para evitar que la embarcación girase en la corriente, y despejar el agua para que ambos caballos pudiesen nadar sin dificultades. A veces utilizaban cuatro caballos, y en ese caso, dos se fijaban en la popa. Estos caballos no

requerían entrenamiento previo, pues los turcomanos engancha-
ban indiscriminadamente a los botes a todos los equinos que
cruzaban el río.

Una de las barcas fue arrastrada con la ayuda de dos de nuestros cansados ponis; la embarcación, que intentó seguirnos sin
ellos, fue arrastrada tan lejos, río abajo, que nos retuvo un día entero en las orillas, hasta que pudo ser llevada al campamento de
nuestra caravana. Por este ingenioso medio, cruzamos un río de
casi un kilómetro de ancho, y navegamos a razón de seis kilómetros por hora, un total de quince minutos de navegación real, pero
hubo que hacer algún alto por tener que enhebrar nuestro camino
entre los bancos de arena que separaban los ramales. No veo nada
que impida la adopción general de este expeditivo modo de pasar
un río, y sería una mejora inestimable si se aplicase a los *ghats** de
la India. Nunca había visto un caballo convertido para tal uso; y en
mis viajes por la India, siempre había considerado a ese noble animal como un gran estorbo para cruzar un río.

Después de nuestro paso por el Oxus, comenzamos nuestro
viaje hacia Bujará, y nos detuvimos en Shorkaddak, donde no había habitantes, y alrededor de quince o veinte pozos salobres. El
agua era clara, pero amarga y de mal sabor. Nuestra manera de
viajar se hizo ahora más placentera. Partimos hacia las cinco o seis
de la tarde, y viajamos hasta las ocho o nueve de la mañana siguiente. Las etapas superaban los cuarenta kilómetros, aunque los
camellos no podían marchar más allá de esa distancia debido al
calor.

Por la noche, éstos avanzaban con paso firme a un ritmo de
tres kilómetros por hora, y eran impulsados por un par de cascabeles tintineantes colgados del pecho o de las orejas del favorito, que
precedía a cada *quittar* o cuerda. El sonido era vivificante y alegre;
y cuando su tintineo cesaba por una parada de la caravana, el si-

---

* *Ghat* es un término usado en la India para denominar a las escalinatas
que conducen a un río o cuerpo de agua. (N. de T.)

lencio que seguía, en medio de un páramo deshabitado, era verdaderamente sorprendente.

Durante la salida y puesta de sol, la caravana se detenía para permitir la realización de oraciones, y el sonoro clamor de *allahu akbar* convocaba a todos los «verdaderos creyentes» a la presencia de Dios. Se acariciaban las barbas y, con los ojos vueltos hacia La Meca, realizaban las genuflexiones prescritas por su credo. El resto del grupo se sentaba a contemplar el rito con solemnidad, sin sufrir burlas ni insultos; experimentamos una tolerancia que habría honrado al país más civilizado de Europa.

En la sociedad de una caravana hay mucha buena camaradería y muchas lecciones valiosas para un hombre egoísta. Se eliminan todas las distinciones entre amo y sirviente; y donde ambos comparten todo, es imposible sentirse especial. Nuestros sirvientes comían ahora de los mismos platos que nosotros. Un asiático nunca toma un pedazo de pan sin ofrecer una porción a los que están cerca de él. Los mahometanos indios se sorprendieron de que sus hermanos en la fe nos dieran una parte de su comida y participaran libremente de la nuestra.

A continuación llegamos a Kiz Kadak, o pozo de la doncella, como se dice en turco. Bendije a la joven que lo había cavado, pues habíamos sufrido mucho por la falta de agua, y ahora encontrábamos un hermoso pozo en medio de otros cientos, todos los cuales, al igual que los manantiales que encontramos en el camino, eran de sal. Se dice que fue cavado por una virgen. El día anterior no teníamos agua, y ahora no teníamos leña, y sólo recogiendo el estiércol de los camellos pudimos hervir el agua para el té.

Quién nos iba a decir que cada vez nos encontrábamos más cerca de esos paraísos de Oriente que son Samarcanda y Bujará. Habíamos viajado entre colinas bajas y onduladas, o más bien crestas, desprovistas de árboles o madera; cubiertas de una especie de hierba seca, que crecía en un suelo duro y pedregoso. Los pozos tenían unos cinco metros y medio de profundidad. A diferentes intervalos en el camino, vimos *robats* o caravasares, que habían sido construidos con grandes cisternas cubiertas, llamadas *sardabas*, o depósitos de agua, para recoger el agua de lluvia en nombre de los viajeros. Todas ellas estaban vacías. El clima era seco y variable, y el termómetro, que marcaba 40 °C durante el día, bajaba a 15 °C por la noche, lo que resultaba fresco y agradable. En esta comarca sopla generalmente un viento constante del norte. Nuestro día amaneció veinte minutos después de las tres, y tuvimos un crepúsculo largo y refrescante, que compensó en cierta medida el calor abrasador del sol.

Uno de los comerciantes de té de la caravana nos visitaba con frecuencia en nuestro lugar de descanso, y pronto nos hicimos íntimos amigos. Era un juaya, como se llama a los seguidores de los primeros califas, y era a la vez sacerdote y comerciante. Parecía encantado con nuestra compañía y tomamos té juntos a orillas del Oxus. Le contamos nuestra verdadera historia. Gracias a nuestro trato con este juaya, pude hacerme una idea del estado de la literatura entre los uzbekos. Le ofrecí una pequeña obra persa para que la leyese, las *Memorias del rey Shuja de Kabul*, que había recibido de aquel desafortunado monarca. El libro fue escrito por el propio rey, y ofrece detalles de su vida y aventuras, en un estilo sencillo, libre de extractos del Corán, metáforas y otras extravagancias de los autores orientales. También prescinde de toda mención de los milagros que, según los relatos de los historiadores, nunca faltan en favor de este déspota oriental. La obra, de hecho, era lo que nosotros llamaríamos una interesante narración de los acontecimientos. El juaya me lo devolvió pocos días después, diciendo que era una producción árida, sin las amenizaciones del temor de Dios o del recuerdo del Profeta, y enteramente ocupada con asuntos de naturaleza personal. Puesto que ese era precisamente el objeto del libro, no podría haberle dedicado mayores elogios. Este juaya no es la única persona que ha encontrado tales defectos en obras similares, pues un *reverendo divino*,* que nos pro-

* El obispo anglicano Reginald Heber (1783-1826).

porcionó un diario tan admirable e interesante de sus viajes por la India, ha sido culpado por algunos cronistas de su mundanalidad. Dado que la literatura entre los mahometanos es una profesión exclusiva de los mulás, no debería sorprendernos en absoluto que encontraran defectos en una obra que no presentara los matices de la literatura de su orden.

Cerca del territorio en el que habíamos entrado, había una tribu de uzbekos, llamados *lakay*, que eran famosos por su propensión al saqueo. Un dicho entre ellos maldice a todo aquel que muere en su cama, ya que un verdadero *lakay* debe haber dado su vida en una incursión. Me dijeron que las mujeres a veces acompañaban a sus maridos en estas expediciones de saqueo, pero se afirmaba, con mayor probabilidad, que las jóvenes saqueaban las caravanas que pasaban cerca de su casa. Esta tribu vivía cerca de Hissar, un barrio romántico, ya que, además de las amazonas de *lakay*, tres o cuatro tribus vecinas reivindicaban su ascendencia de Alejandro Magno.

Nuestra siguiente marcha, hacia un lugar llamado Kirkinjak, nos condujo a un asentamiento de turcomanos, y el terreno pasó de ser colinas a montículos de arena desnuda. El agua del pozo tenía ahora el doble de profundidad, es decir, unos once metros desde la superficie. Los rebaños de los turcomanos se nutrían de la escasa hierba que nos rodeaba, y los caballos, camellos y ovejas vagaban sueltos, como en un estado salvaje. Un pastor que cuidaba estos rebaños se quedó por bastante tiempo cerca de nuestro campamento. Era un desafortunado persa, que había sido capturado hacía unos ocho años cerca de Mashhad, junto con otras trescientas personas, y ahora anhelaba su libertad, para poder visitar el famoso santuario del imán Reza en su propia ciudad santa. Antes se llamaba Mohamed, pero ahora se llamaba Doulat, o el «rico», un nombre singular para un pobre desgraciado que cuidaba ovejas en el desierto bajo un sol abrasador. Nos habló muy bien del trato que recibía de su amo, que pretendía comprarle una esposa. El pobre hombre se pasó todo el día alrededor de nuestra caravana, y expresó muchos deseos de acompañarla; sin embargo, había sido comprado por treinta piezas de oro, y, si bien no poseía riquezas propias, ahora formaba parte de las de su dueño.

Oí por casualidad una polémica entre algunos de los mercaderes acerca de los cristianos, sobre si eran infieles (*kafires*) o no, y, como puede imaginarse, estaba no poco ansioso por oír la conclusión. Una persona, que era sacerdote, sostenía que no podían ser infieles, puesto que eran «gente del libro». Cuando se afirmó que no creían en Mahoma, el tema se complicó. Por su conversación supe que entre los mahometanos prevalece la creencia universal de que su credo ha sido derrocado por los cristianos. Cristo, dicen, vive, pero Mahoma ha muerto; sin embargo, sus deducciones son curiosas, ya que Jesús descenderá del cuarto cielo y el mundo entero será *convertido al mahometismo*. Del mismo modo, un caso singular de blasfemia fue relatado por este grupo: «Un nativo de Badajshán se ennegreció la cara y salió a la carretera, diciendo a todos los viajeros que, como había rezado a Dios sin ningún resultado durante ocho años, ahora parecía deshonrar al Creador a los ojos de sus criaturas». ¡Vaya loco fanático!

En la tarde del día 20, al acercarnos a la ciudad de Karshi, divisamos al atardecer, muy al este de nosotros, una estupenda cadena de montañas cubiertas de nieve. Como estábamos en pleno verano, su altitud debía de ser superior a la de cualquier cordillera situada al norte del Hindú Kush. Se hallaban a una distancia de doscientos cuarenta kilómetros, y a la mañana siguiente sólo pudimos distinguirlas débilmente, sin poder volver a verlas. A la luz del día, llegamos al oasis de Karshi; una escena alentadora, después de haber marchado desde el Oxus, una distancia de ciento cuarenta kilómetros, sin ver un árbol. Al acercarnos a esta ciudad, entramos en un territorio llano y de color champaña, completamente desolado hasta los límites del río: tortugas, lagartos y hormigas parecían ser sus únicos habitantes. Como bienvenida a esta primera ciudad tártara, uno de nuestros amigos de la caravana nos ofreció, *como manjar*, dos tazones de *kaimak chai* o té, en el que la grasa flotaba tan profusamente que lo tomé por sopa, pero en realidad era té mezclado con sal y grasa, y es la bebida matinal de los uzbekos. El hábito nunca me reconcilió con este té, pero nuestros compañeros de viaje afganos hablaban de él con grandes elogios, y la forma en que nuestro regalo desaparecía rápidamente, cuando les era entregado, no desmentía en absoluto su peculiar sabor.

Habíamos previsto con gran alegría nuestra llegada a un lugar habitado, después de nuestras marchas por el desierto, pero aquí experimentamos esa desgracia a la que los viajeros son más propensos que otras personas, la enfermedad. Algunos de nosotros nos habíamos estado quejando unos días antes, e inmediatamente después de nuestra llegada, yo quedé postrado por un severo ataque de fiebre intermitente; el agrimensor fue atacado al mismo tiempo, y, al día siguiente, el doctor y otros dos de nuestro grupo enfermaron. Los mercaderes y la gente de la caravana también sufrieron, y llegamos a la conclusión de que debíamos haber contraído la enfermedad en Balj, o en las orillas del Oxus. El terror de la fiebre de Balj se había desvanecido, y no temíamos el germen de la enfermedad. Adoptamos el tratamiento habitual de la India, tomando eméticos y medicinas; y, en mi caso, los complementé con quinina, que tuvo el efecto más bienaventurado. En tres días dejaron de castañetearme los dientes y de arderme el cuerpo, pero el médico, que persistió en tratarse con calomelano *secundum artem,* no tuvo tanta suerte, y no se libró de la enfermedad hasta mucho después de que hubiéramos abandonado la comarca. Uno de nuestros compañeros de viaje, un comerciante de Badajshán, que nos había caído muy bien, murió al llegar a Bujará. Nuestras posibilidades de supervivencia eran mucho menores que las suyas: había ofrecido sacrificios y rechazado la quinina. Nuestra estancia en Karshi se prolongó durante tres o cuatro días, durante los cuales vivimos en un jardín bajo unos árboles y sin otro cobijo. Era un hospital miserable; saciábamos nuestra sed abrasadora con sorbe-

* Expresión en latín que se traduce como «según es práctica habitual». (N. del T.)

tes de cerezas, bajo un termómetro que marcaba 42 °C, refrescados con hielo, que se hallaba en gran abundancia.

En medio de nuestra indisposición, nos perturbaron algunos rumores vejatorios sobre nosotros. Nos informaron de que el rey se había enterado de nuestra llegada y no sólo nos había prohibido entrar en la ciudad de Bujará, sino que se oponía a que prosiguiéramos el viaje. Esta historia se exageró aún más al mencionar que ciertos *yessawals*, u oficiales de la corte, habían sido enviados para apresarnos, lo que creímos con mayor facilidad, ya que estas personas nos hicieron no menos de tres visitas para examinar nuestro equipaje, lo que en nada contribuyó a nuestro descanso.

Nos habíamos acostumbrado bastante bien a los rumores de todo tipo, pues un europeo que viaja por países orientales debe esperar muchos sobresaltos. Decidí tomar medidas inmediatas para contrarrestar cualquier mala impresión hacia nosotros, e inmediatamente me dirigí al ministro de Bujará, y envié, junto con una carta, a Suleimán, un afgano de los nuestros. Me dirigí al ministro con todas las formas de etiqueta y elocuencia orientales; y, como estábamos en un país intolerante, me referí a él como la «torre del islam», «gema de la fe», «estrella de la religión», «dispensador de justicia», «pilar del estado», etcétera. Asimismo, pasé a informarle particularmente de nuestras circunstancias y de que habíamos atravesado con seguridad los dominios de otros príncipes, y le manifesté el placer que sentíamos ahora por encontrarnos en las cercanías de Bujará, la «ciudadela del islam». Concluí diciéndole que en todos los países nos habíamos considerado súbditos del soberano, y que ahora nos acercábamos a la capital del Comandante de los Creyentes —como se conocía al rey de Bujará—, cuya protección del comerciante y del viajero es distinguida en los rincones más recónditos de Oriente. Además, en ocasiones anteriores yo había encontrado la ventaja de ser el primero en transmitir la información sobre nuestra propia aproximación, y no dudaba del buen resultado de esta comunicación. No fuimos engañados, y antes de llegar a la ciudad, descubrimos que un persa mentiroso de nuestra caravana había dado curso a estos rumores, que carecían por completo de fundamento. El ministro envió de vuelta a nuestro criado para que nos recibiera y nos dijera que seríamos bienvenidos en Bujará.

Nuestra parada en Karshi nos dio la oportunidad de conocer el lugar. Es una ciudad dispersa, de dos kilómetros de largo, con un bazar considerable y unos diez mil habitantes. Las casas tienen tejados planos, pero son simples. Un fuerte de barro, rodeado por un foso húmedo, forma una respetable defensa en el lado suroeste de la ciudad. Un río, que nace en Shahrisabz, a unos cincuenta kilómetros de distancia, y famoso por ser el lugar de nacimiento de Tamerlán, pasa al norte de Karshi, y permite a sus habitantes formar innumerables jardines, a la sombra de árboles cargados de frutos y algunos álamos altos. Estos árboles tienen un aspecto erguido y noble, y sus hojas, cuando susurran al viento, adoptan un aspecto blanco plateado, aunque en realidad son verdes, lo que produce un curioso y agradable efecto en el paisaje. Nunca fueron tan evidentes las bendiciones del agua como en este lugar, que de otro modo habría sido un yermo páramo. En las orillas del riachuelo y sus ramificaciones, todo es verde y hermoso; lejos de ellas, todo es arenoso y estéril. Karshi es el lugar más significativo del reino de Bujará, junto a la propia capital. Su oasis tiene unos treinta y cinco kilómetros de ancho, pero el río se extiende por los campos circundantes.

Marchamos de Karshi a Karsan,* a veinticinco kilómetros de distancia, que es una aldea próspera, situada en la extremidad de este oasis. Llegamos en el Día del Mercado, pues en las ciudades del Turquestán celebran sus bazares en días señalados, como en Europa. Además, nos encontramos con innumerables individuos que se dirigían a la muchedumbre, pero ni uno solo iba a pie: todos eran jinetes. A un forastero le divierte ver a un caballo convertido literalmente en transporte familiar, y a un hombre tro-

---

* Actual Koson. (N. del T.)

tando con su mujer detrás. Las mujeres, por supuesto, llevan velo, como la mayoría de las mujeres de este país; prefieren la ropa azul a la blanca, como en Kabul, y los uzbekos son de aspecto sombrío. Ahora nos encontramos entre los uzbekos, un pueblo serio, de rostro ancho y pacífico, con una expresión tártara en el semblante. Son rubios, y algunos de ellos son bien parecidos, aunque la mayor parte de la gente, al menos los hombres, carecen de atractivo personal. Me llamó la atención el gran número de ancianos que había entre ellos. Habíamos abandonado las tribus turcomanas, que aquí no se extienden mucho más allá del Oxus.

En nuestra segunda marcha desde Karshi, nos detuvimos en Karaul Tepe, donde hay un caravasar construido por Abdulá, un rey de Bujará, que reinó en el siglo XVI. Me recordó al Indostán y sus monarcas. También pasamos junto a tres grandes embalses (*sardabas*), construidos por orden de este príncipe filántropo. Habían sido erigidos con grandes gastos en un terreno llano y desértico, y el agua de lluvia que cae es conducida hasta ellos por acequias, a menudo desde muy lejos. El rey Abdulá había peregrinado a La Meca, pero tenía la impresión de que no había resultado aceptable a los ojos de Dios. Con la esperanza de propiciar el favor divino, emprendió la construcción de caravasares y cisternas en diversas partes de sus dominios. Estos actos son más beneficiosos para la humanidad y, por tanto, más aceptables, me atrevo a creer, que las peregrinaciones a santuarios o tumbas.

En Karshi, se nos unieron otros viajeros, entre los que había un mulá de Bujará, que se presentó ante mí: la gente de este país posee una gran afabilidad de modales, y son compañeros agradables. El sacerdote y yo cabalgamos juntos en nuestra última marcha hacia la ciudad, siendo las únicas personas a caballo. Me habló del colegio al que pertenecía en Bujará y me pidió que lo visitara, cosa que no dejé de hacer. Mi otro amigo, el juaya, intercambió por fin el transporte con el sacerdote, y me entretuvo durante media noche repitiendo y explicando odas y versos de poesía, más para mi diversión que para mi edificación, pues todos trataban de ruiseñores y de amor. Es curioso que se hable tanto de esta última pasión en un país donde realmente hay tan poca. No parece que la gente de aquí haya reparado en esto, aunque algunos de sus versos rezuman un espíritu que podría inducirnos a creer lo contrario:

Me enamoré de una chica infiel, desprovista de religión.
Esto es amor, ¿qué tiene que ver con la religión?

Sin embargo, a pesar de todo, se casan sin haberse conocido, ni saber más allá de que son de distinto sexo; y aquí no acaba la cosa: un mercader, en tierra extranjera, se puede casar por el tiempo que ha de continuar en ella, y este desecha a la dama cuando regresa a su país natal; entonces ambos buscan otras alianzas.

Nuestro viaje del Oxus a Bujará había sido de lo más fatigoso y difícil. En Kabul nos habíamos enfriado por el frío, y ahora estábamos casi abrasados por el calor. Nuestro modo de viajar, además, había sido extremadamente fastidioso, pues los camellos sólo avanzaban a la mitad del paso de un caballo, y pasábamos el doble de tiempo en la marcha, lo que aumentaba el cansancio. El único caballo que nos acompañaba estaba tan maltrecho que se cayó en varias ocasiones antes de entrar en Bujará. También viajábamos de noche, y el descanso que se obtiene montando un camello es interrumpido y perturbado constantemente. El agua era a menudo mala y nuestra comida consistía principalmente en galletas rancias. Todos estos inconvenientes, sin embargo, estaban llegando a su fin y, antes de que hubiéramos llegado a las puertas de Bujará, habían dado paso a reflexiones de naturaleza más agradable.

Al principio de nuestro viaje solíamos prever, con cierta ansiedad, el trato que podríamos experimentar en aquella ciudad, y, de hecho, en muchos de los entonces remotos lugares por los que ya habíamos pasado. Estos temores se habían disipado a medida que avanzamos, y ahora mirábamos hacia atrás con asombro ante la vasta extensión de terreno que habíamos atravesado con seguridad. Bujará, que antes nos había parecido tan lejana, estaba ahora al alcance, y el éxito que hasta entonces había acompañado nuestros esfuerzos nos daba todas las esperanzas de concluir el viaje con feliz término. Con estos sentimientos, nos hallamos a las puertas de esta capital oriental, una hora después de la salida del sol, el 27 de junio, pero no había nada llamativo en la aproximación a Bujará. Sin embargo, el terreno es fértil, llano, y los árboles ocultan las murallas y mezquitas hasta muy cerca. Entramos con la caravana y nos apeamos en un barrio apartado de la ciudad, donde nuestro mensajero había alquilado una casa.

MONEDAS DE BACTRIA Y OTROS SITIOS

MONEDAS DE BACTRIA Y OTROS SITIOS

CAPÍTULO 9

Bujará I

N UESTRA primera precaución al entrar en Bujará fue cambiarnos de atuendo y ajustarnos a los usos prescritos por las leyes del país. Tal vez una petición al ministro nos habría eximido de esta necesidad, pero la medida estaba en consonancia con nuestros propios principios y no tardamos ni un momento en adoptarla. Nuestros turbantes fueron cambiados por raídos gorros de piel de oveja, con la piel por dentro, y nuestras *kamarbands* (fajas) fueron reemplazadas por un tosco trozo de cuerda o cinta. Las prendas exteriores campesinas fueron abandonadas, así como nuestras calcetas; ya que estos son las señales de distinción en la ciudad santa de Bujará entre un infiel y un verdadero creyente. También sabíamos que sólo un mahometano podía cabalgar dentro de los muros de la ciudad. Sin embargo, un sentimiento interior nos animaba a conformarnos con lo poco que se nos permitiese, pues a cambio de tan insignificantes sacrificios, se consentiría nuestra estancia en la capital. Escuché un pareado, que describe a Samarcanda como el paraíso del mundo, y nombra también a Bujará como la fuerza de la religión y del islam; impíos e indefensos como éramos, no sentíamos ningún deseo de poner a prueba a aquellos que parecían, al menos superficialmente, tan fanáticos. La vestimenta que he descrito no está prescrita en ninguna parte del Corán, ni se adquirió en estos países hasta dos siglos después de la muerte del Profeta, cuando el prejuicio de algunos de los califas estableció que los «fieles» debían distinguirse de los que no eran mahometanos.

Al entrar en la ciudad, las autoridades ni siquiera nos registraron; pero por la tarde, un oficial nos convocó a presencia del ministro. Mi compañero de viaje estaba todavía con fiebre y no podía acompañarme, por lo que me dirigí solo al arca o palacio, donde vivía el ministro con el rey. No salía de mi asombro ante la novedosa escena que se presentaba ante mí, ya que tuvimos que caminar unos tres kilómetros por las calles de Bujará, antes de llegar a la ciudadela. Inmediatamente, me presentaron al ministro, comúnmente conocido como Kush Beg, o «señor de todos los *begs*», un hombre mayor, de gran influencia, que estaba sentado en una pequeña habitación que tenía un patio privado delante. Me pidió que me sentara fuera, en la acera, pero mostró un trato amable y considerado que me tranquilizó. La dureza de mi asiento y la distancia que me separaba del ministro no me apesadumbraron, ya que su hijo, que entró durante la entrevista, estaba sentado incluso más lejos que yo. Le presenté un reloj de plata y un vestido de cachemira, que había traído a tal efecto; se negó a recibir nada, diciendo que no era más que el esclavo del rey. Luego me interrogó durante unas dos horas acerca de mis propios asuntos y de las razones que me habían traído a un lugar tan remoto como Bujará.

Conté nuestra historia habitual de estar en ruta hacia nuestro país natal, y presenté mi pasaporte, del gobernador general de la India, que el ministro leyó con particular atención. Añadí entonces que Bujará era un país tan célebre entre las naciones orientales, que yo había sido inducido principalmente a visitar el Turquestán para verlo. «Pero, ¿cuál es su profesión?», inquirió el ministro. Respondí que era oficial del ejército indio. Entonces contestó: «Pero dígame algo sobre sus conocimientos», y aquí hizo varias observaciones sobre las costumbres y la política de Europa, pero particularmente de Rusia, país del que estaba bien informado. En respuesta a algunas preguntas sobre nuestro equipaje, consideré prudente darle a conocer un sextante, pues concluí que nos registrarían, y era mejor hacer méritos de necesidad. Le informé, pues, que me gustaba observar las estrellas y demás cuerpos celestes, ya que era un estudio de lo más atractivo. Al oír esto, se despertó la atención del visir y me rogó, con cierta seriedad y en un tono de voz tenue, que le informara de una conjunción favorable de los planetas y del precio del grano que indicaba para el año siguiente. Le dije que nuestros conocimientos astronómicos no permitían obtener tal información, por lo que se mostró decepcionado. En general, sin embargo, pareció estar satisfecho con nuestro carácter, y me aseguró su protección. Mientras estuvimos en Bujará, dijo que debía prohibirnos el uso de pluma y tinta, ya que podría dar lugar a que nuestra conducta fuera tergiversada ante el rey, y resultar perjudicial. También me dijo que la ruta hacia el mar Caspio, a través de Jiva, estaba cerrada desde hacía un año y que, si queríamos entrar en Rusia, debíamos seguir la ruta del norte desde Bujará o cruzar el desierto turcomano, por debajo de Urgench, hasta Asterabad,* en el Caspio.

Dos días después de esta entrevista, fui llamado de nuevo por el visir, y le encontré rodeado de un considerable número de personas respetables, a las que parecía deseoso de exhibirme. Fui interrogado de tal manera que me hizo creer que nuestra identidad no estaba del todo libre de sospecha, pero el visir dijo jocosamente: «Supongo que has estado escribiendo sobre Bujará».

Como yo había dado en primer lugar un relato tan verídico, no tuve aquí ningún temor de contradecirle, y dije libremente al grupo que había venido a ver el mundo y las maravillas de Bujará, y que, por gracia del visir, había estado ya deambulando por la ciudad, y contemplado los jardines fuera de sus murallas. El ministro fue la única persona que pareció complacida con mi franqueza, y dijo que siempre se alegraría de verme por la noche. Me preguntó si tenía alguna curiosidad que mostrarle de la India o de mi propio país, pero lamenté no poder satisfacer sus deseos.

* Actual Gorgán. (N. del T.)

De regreso a casa, se me ocurrió que el curioso visir podría sentirse satisfecho al ver una brújula patentada, con sus cristales, tornillos y reflectores; aunque también pensé que él podría considerar la posesión de este complicado artefacto con un cariz desfavorable. Sin embargo, salí con el instrumento en el bolsillo y pronto me encontré de nuevo en su presencia. Le dije que creía tener una curiosidad que le complacería, y le mostré la brújula, que era bastante nueva y de magnífica factura. Le describí su utilidad y le señalé su belleza, hasta que el visir pareció olvidar «que no era más que un esclavo del rey y que no podía recibir nada». En efecto, nada más procedió a regatear su precio, le interrumpí asegurándole que la había traído del Indostán para regalársela, ya que había oído hablar de su fervor religioso, y que ésta le permitiría señalar la santa Meca y rectificar el *kiblu* de la gran mezquita que estaba construyendo en Bujará. No podía, pues, recibir nada a cambio, puesto que su protección ya nos recompensaba por encima de todo precio.

El Kush Beg empaquetó la brújula con toda la prisa y ansiedad de un niño, y afirmó que la llevaría directamente a su majestad, y describiría el maravilloso ingenio de nuestra nación. Así se esfumó una de mis brújulas. Era un excelente instrumento de la casa Schmalcalder, pero yo tenía una duplicada, y creo que se admitirá que no fue sacrificada sin una amplia recompensa. Si hubiéramos estado en Bujará disfrazados, y aparentando algún supuesto personaje, nuestros sentimientos habrían sido muy diferentes de lo que eran ahora. Como los búhos, sólo habríamos aparecido de noche; pero, después de este incidente, salíamos al sol del mediodía y visitábamos todos los rincones de la ciudad.

Por la noche, mi lugar habitual era el Registán de Bujará, que es el nombre que se da a una amplia zona de la ciudad, cerca del palacio, que se abre sobre él. En otros dos lados hay edificios descomunales, colegios de eruditos, y en el cuarto hay una fuente, llena de agua y sombreada por altos árboles, donde ociosos y vendedores de periódicos se reúnen alrededor de las mercancías de

Asia y Europa, que aquí se exponen a la venta. Un forastero sólo tiene que sentarse en un banco del Registán para conocer a los uzbekos y a la gente de Bujará. Aquí podrá conversar con los nativos procedentes de Persia, Turquía, Rusia, Tartaria, China, India y Kabul. Se encontrará con turcomanos, calmucos y cosacos de los desiertos circundantes, así como con nativos de tierras más favorecidas. Podrá contrastar los refinados modales de los súbditos del «gran rey» con los hábitos más rudos de un tártaro errante. Del mismo modo, podrá ver a los uzbekos de todos los estados de *Mawara al-Nahr* (Transoxiana) y especular a partir de su fisonomía acerca de los cambios que el clima y el terreno producen sobre cualquier raza de hombres. El uzbeko de Bujará es difícilmente reconocible como turco o tártaro, debido a su mezcla con sangre persa. Los de la comarca vecina de Kokand han cambiado menos, y los nativos de Urgench, la antigua Corasmia, tienen todavía una dureza de rasgos peculiarmente suya. Se distinguen de todos los demás por sus gorros oscuros de piel de oveja, llamados *telpek*, de unos treinta centímetros de altura. La barba pelirroja, los ojos grises y la piel clara llaman de vez en cuando la atención de un forastero, al tratarse de un pobre ruso que ha perdido su patria y su libertad, y lleva aquí una miserable vida de esclavitud.

Se puede ver aquí y allá nativos de China en la misma situación desesperada, sin sus largas cabelleras, con sus coronillas bajo un turbante, ya que tanto estos como los rusos viven como mahometanos. Luego les siguen los hindúes, con atuendos ajenos a ellos. Un pequeño gorro cuadrado y un cordón, en lugar de una faja, les distinguen de los mahometanos y, como los propios musulmanes nos aseguran, evitan que profanen los saludos prescritos de su lengua dirigiéndolos a un idólatra. Sin estas distinciones, el nativo de la India se reconoce por su mirada recatada y la forma estudiosa en que evita toda comunicación con la multitud. Sólo pastorea con unos pocos individuos, en circunstancias similares a las suyas. El judío es un ser tan señalado como el hindú: lleva un vestido algo diferente y un gorro cónico.

Ninguna señal, sin embargo, es tan distintiva como los conocidos rasgos del pueblo hebreo. En Bujará son una raza notablemente bella, y he visto más de una Rebeca en mis excursiones. Sus rasgos se realzan con rizos de hermoso cabello que cuelgan sobre sus mejillas y cuello. Hay unos cuatro mil judíos en Bujará, emigrantes de Mashhad, en Persia, que se dedican principalmente a teñir telas. Reciben el mismo trato que los hindúes. Un armenio extraviado, con un atuendo también diferente, representa a esta nación errante, pero hay pocos en Bujará.

Salvo estas excepciones, el forastero contempla en los bazares una masa de gente corpulenta, hermosa y bien vestida, los mahometanos del Turquestán. Un gran turbante blanco y un *chogha*, o pelliza, de algún color oscuro, sobre otros tres o cuatro de la misma descripción, es el atuendo general, pero el Registán conduce al palacio, y los uzbekos se deleitan en presentarse ante su rey con una prenda moteada de seda, llamada *adras*, hecha de los colores más brillantes, y que sería intolerable para cualquiera que no fuera uzbeko.

Algunas de las personas de mayor rango van vestidas de brocado, y se pueden distinguir los rangos de los jefes, ya que los más favorecidos entran a caballo en la ciudadela y los demás se apean en la puerta. Casi todas las personas que visitan al rey van acompañadas de sus esclavos; y aunque esta clase de personas son en su mayoría persas o sus descendientes, tienen un aspecto peculiar. Se dice, de hecho, que tres cuartas partes de los habitantes de Bujará son de origen esclavo, ya que de los cautivos traídos de Persia al Turquestán, a pocos se les permite regresar y, según todos los indicios, hay muchos que no tienen ninguna inclinación a hacerlo.

Una gran parte de los habitantes de Bujará aparecen a caballo; pero, ya sean montados o a pie, van vestidos con botas, y los transeúntes se pavonean sobre tacones altos y pequeños, con los que me resultaba difícil caminar o incluso estar de pie. Miden alrededor de cuatro centímetros de alto, y el pináculo no llega a un tercio del diámetro. Éste es el traje nacional de los uzbekos. Algunos hombres de rango tienen un zapato sobre la bota, que se quitan al entrar en una habitación. No debo olvidar a las damas en mi enumeración de los habitantes. Generalmente, se desplazan a caballo, cabalgando como los hombres; unas pocas van a pie, y todas llevan un velo negro. La dificultad de ver a través de él hace que las bellas miren a todo el mundo como en una mascarada. Aquí, sin embargo, nadie debe hablarles; y si pasa alguien del harén del rey, se te advierte que mires en otra dirección, o recibirás un golpe en la cabeza si desatiendes el consejo. Tan santas son las bellezas de la «santa Bujará».

Tal vez el lector pueda ahora hacerse una idea del aspecto de los habitantes de Bujará. De la mañana a la noche, la multitud que se reúne produce un zumbido, y uno se queda atónito ante la masa móvil de seres humanos. En el centro del lugar, los frutos de la temporada se venden a la sombra de un trozo cuadrado de estera, sostenido por un solo poste. Uno se maravilla del interminable trabajo de los fruteros, que reparten sus uvas, melones, albaricoques, manzanas, melocotones, peras y ciruelas a una continua sucesión de compradores. Difícilmente se puede forzar el paso por las calles, y sólo se hace a riesgo momentáneo de ser atropellado por alguien a caballo o en burro. Estos últimos animales son muy finos y van a paso ligero con sus jinetes y cargas. También circulan carros ligeros, ya que las calles no son demasiado estrechas para admitir carruajes de ruedas. En todos los rincones del bazar hay gente preparando té, que se deja en infusión en grandes urnas europeas, en lugar de teteras, y se mantiene caliente mediante un tubo metálico. Creo que el amor que los ciudadanos de Bujará profesan por el té no tiene parangón, pues lo beben a todas horas y en cualquier lugar, y de media docena de maneras: con y sin azúcar, con y sin leche, con grasa, con sal, etcétera. Junto a los vendedores de esta bebida caliente, se puede comprar *rahat i jan*, literalmente, la «delicia de la vida» —jalea o jarabe de uva, mezclado con hielo picado—.

Esta abundancia de hielo es uno de los mayores lujos de Bujará, y se puede tomar hasta que el frío lo hace innecesario. En invierno se deshiela y se vende a un precio al alcance de los más pobres. A nadie se le ocurre beber agua en Bujará sin helarla, y se puede ver a un mendigo comprándola mientras proclama su pobreza y suplica la generosidad del viandante. Es un espectáculo refrescante ver las enormes masas heladas de nieve coloreadas, raspadas y amontonadas con el termómetro a 32 °C.

Se me haría interminable describir el conjunto de los comerciantes, baste decir que en el Registán puede comprarse casi todo: las joyas y los cubiertos de Europa —aunque bastante toscos—, el té de China, el azúcar de la India, las especias de Manila, etcétera. En los puestos de libros, donde los eruditos, o los aspirantes a serlo, hojean las ajadas páginas, uno puede ampliar sus conocimientos sobre turco y persa. Al anochecer, cuando uno se retira de esta bulliciosa multitud hacia las zonas más alejadas de la ciudad, serpentea a través de bazares abovedados, ahora vacíos, y pasa junto a mezquitas coronadas por hermosas cúpulas y adornadas con todos los sencillos ornamentos que admiten los mahometanos. Después de las horas de bazar, éstas se abarrotan para las oraciones vespertinas. A las puertas de los colegios, que generalmente dan a las mezquitas, se puede ver a los estudiantes holgazaneando después del trabajo del día; sin embargo, no tan alegres ni tan jóvenes como los novicios de una universidad europea, sino muchos de ellos ancianos, serios y recatados, con más hipocresía, pero de ningún modo menos vicio, que los jóvenes de otras partes del mundo.

Con el crepúsculo, esta bulliciosa escena se cierra, el tambor del rey resuena, es repetido por otros en cada parte de la ciudad, y, después de cierta hora, a nadie se le permite salir sin una linterna. Gracias a estas disposiciones, la policía de la ciudad es excelente, y en todas las calles se dejan grandes fardos de tela en los tenderetes durante la noche con perfecta seguridad. Todo queda en silencio hasta la mañana, cuando comienza de nuevo el bullicio en el Registán. El día comienza con los mismos tragos y el mismo té, y cientos de muchachos y burros cargados de leche se apresuran a acudir a la concurrida muchedumbre. La leche se vende en pequeños cuencos, sobre los que flota la nata: un muchacho lleva al mercado veinte o treinta de ellos en estantes, sostenidos y suspendidos por un palo sobre el hombro. Cualquiera que sea el número, desaparece rápidamente entre la población que bebe té en esta gran ciudad.

Poco después de nuestra llegada, hice una visita a nuestros últimos compañeros de viaje, los comerciantes de té, que se habían instalado en un caravasar y estaban ocupados desempaquetando, alabando y vendiendo su té. Nos enviaron al bazar a por hielo y albaricoques, que nos sentamos a disfrutar juntos. Uno de los compradores me tomó por un comerciante de té, tras ver el grupo al que pertenecía, y me solicitó algo de *mi mercancía*. Su petición nos divirtió tanto a los comerciantes como a mí, pero no le pudieron convencer sobre mi verdadera identidad mercantil, y continuamos conversando. Habló de las noticias del día, de las últimas conquistas del rey en Shahrisabz y de las amenazas de los persas de atacar Bujará, todo ello sin sospechar en ningún momento que yo no era un asiático. A cambio, recibíamos visitas de estos mercaderes y de muchas otras personas, que venían a satisfacer la curiosidad a nuestra costa. No se nos permitía escribir, y era una forma grata de pasar el tiempo, ya que eran muy comunicativos. Los uzbekos son gente sencilla, con la que uno se familiariza fácilmente, aunque hablan con un curioso tono de voz, como si te despreciaran o estuvieran enfadados contigo. Nunca nos saludaron con ninguna de las formas existentes entre los mahometanos, sino que parecían tener otra serie de expresiones, las más comunes de las cuales son: «Que tu riqueza se haga grande» (*doulut zyada*), o «Que tu vida sea larga» (*amr daraz*). Sin embargo, siempre rezaban la fátiha, los versos iniciales del Corán, extendiendo las manos y acariciándose la barba, a la que nos uníamos, antes de sentarse con nosotros. Muchos de nuestros visitantes sospechaban de nuestra identidad, pero no por ello dejaban de mostrarse dispuestos a conversar sobre cualquier tema, desde la política de su rey hasta el estado de sus mercados. ¡Qué gente tan sencilla! No me resultó pesado explicar los usos de Europa a nuestros huéspedes, pero permítanme aconsejar a un viajero que haga acopio de este tipo de conocimientos antes de aventurarse a viajar por los países orientales. Hay que saber un poco de comercio, arte, ciencia, religión, medicina y, francamente, de todo; y cualquier respuesta dada es mejor que una negativa, ya que la ignorancia, real o fingida, se interpreta como un encubrimiento deliberado.

Un día, temprano, aproveché la oportunidad para ver el mercado de esclavos de Bujará, que se celebra todos los sábados por la mañana. Los uzbekos manejan todos sus asuntos empleando esclavos, trasladados principalmente de Persia por los turcomanos. Aquí, estos pobres desgraciados son expuestos a la venta y ocupan treinta o cuarenta puestos, donde son examinados como el ganado, sólo con la diferencia de que pueden dar cuenta de sí mismos *vivâ voce*. La mañana que visité el bazar, apenas había seis desgraciados, y fui testigo de la manera en que se desarrollaba el negocio. Primero se les interroga sobre su filiación y captura, y si son mahometanos, es decir, suníes. La pregunta se formula así, pues los uzbekos no consideran a un chiíta como un verdadero creyente; para ellos, como para los cristianos primitivos, un miembro de otra secta es más odioso que un infiel mismo. Una vez que el comprador está seguro de que el esclavo es un infiel (*kafir*), examina su cuerpo, fijándose especialmente si está libre de lepra, tan común en el Turquestán, y procede a regatear su precio. Tres de los muchachos persas estaban a la venta por treinta *tillas* de oro cada uno,* y era sorprendente ver lo contentos que estaban estos miserables. Oí a uno de ellos contar que había sido capturado al sur de Mashhad, mientras cuidaba sus rebaños. Otro, que había oído por casualidad una conversación entre los transeúntes acerca de la escasez de es-

---

* Suma equivalente a doscientas rupias.

clavos en aquella estación, declaró que se habían apoderado de un número considerable. Su compañero dijo con cierto sentimiento: «Tú y yo sólo pensamos así por nuestra propia desgracia, pero esta gente debe saber que no es así». Había una muchacha desafortunada, que había estado mucho tiempo en servicio, y ahora estaba expuesta a la venta por su amo, a causa de su pobreza. Tuve la certeza de que se habían derramado muchas lágrimas en el patio donde contemplé la escena; no obstante, me aseguraron por todas partes que los esclavos son tratados con bondad, y la circunstancia de que tantos de ellos continúen en el país después de haber sido manumitidos, parece confirmar este hecho. Los bazares de esclavos en Bujará se abastecen principalmente de Urgench. También se venden súbditos rusos y chinos, pero raramente. Los sentimientos de un europeo se rebelan ante este tráfico tan odioso, aun así, los uzbekos no tienen tales ideas y creen que están otorgando un beneficio a un persa cuando lo compran y renuncia así a sus opiniones heréticas.

Aquella mañana pasé del mercado de esclavos al gran bazar, y lo primero que vi fue a los infractores del mahometismo del viernes anterior. Consistían en cuatro individuos, que habían sido sorprendidos durmiendo a la hora de la oración, y un joven, que había estado fumando en público. Se hallaban todos atados unos a otros, y la persona que había sido sorprendida consumiendo tabaco iba en cabeza, sosteniendo el narguile, o pipa, en la mano. El policía los seguía con una gruesa correa y los reprendía a su paso, gritando en voz alta: «¡Seguidores del islam, contemplad el castigo de los que violan la ley!». Nunca, sin embargo, hubo tal serie de contradicciones y absurdos como en la práctica y teoría de la religión en Bujará. Uno puede comprar abiertamente tabaco y todos los aparatos apropiados para inhalarlo; sin embargo, si se te ve fumando en público, eres arrastrado directamente ante el cadí, castigado con azotes, o paseado en un burro, con la cara ennegrecida, como advertencia para los demás. Si una persona es sorprendida volando palomas un viernes, es exhibida con el pájaro muerto al cuello, sentada en un camello. Si se le ve por las calles a la hora de las oraciones y se le condena por esta negligencia habitual, se le imponen multas y penas de prisión; sin embargo, hay bandas de los más abominables desgraciados que frecuentan las calles por la noche con fines tan contrarios al Corán como a la naturaleza. Todo, en efecto, presenta un tapiz de contrariedades, y ninguno me resultó más evidente que el castigo de los culpables que desfilaban, con toda la pompa publicitaria, ante la misma puerta del tribunal, donde los seres humanos eran rebajados al nivel de las bestias de la tierra, *sin duda* contra las leyes de la humanidad, pero *tan ciertamente* contra las leyes de Mahoma.

Los hindúes de Bujará cortejaron a nuestro grupo, pues ese pueblo parece considerar a los ingleses como sus superiores naturales. Nos visitaban en todos los países por donde pasábamos, y nunca hablaban otra lengua que el indostaní, que era un vínculo de unión entre nosotros y ellos. En este país, parecían disfrutar de un grado de tolerancia suficiente para permitirles vivir felizmente. Una enumeración de sus restricciones podría hacerlos parecer una raza perseguida. No se les permitía construir templos, ni erigir ídolos, ni pasear en procesión: no cabalgaban dentro de los muros de la ciudad y debían llevar una vestimenta peculiar. Pagaban el *jizyu*, o impuesto municipal, que oscilaba entre cuatro y ocho rupias al año; esto lo pagaban en común con los demás, no con los mahometanos. No sólo eso, sino que nunca debían abusar o maltratar a un mahometano. Cuando el rey pasaba por su barrio en la ciudad, debían detenerse y desearle salud y prosperidad; cuando montaban a caballo fuera de la ciudad, debían desmontar si se encontraban con su majestad o con el cadí. No se les permitía comprar esclavas, ya que un infiel deshonraría a una creyente, ni llevar a sus familias más allá del Oxus.

Debido a estos sacrificios, los hindúes de Bujará viven sin ser molestados y, en todos los juicios y pleitos, reciben la misma justicia que los mahometanos. No tuve noticia de ningún caso de conversión forzosa al islam, aunque tres o cuatro individuos habían cambiado de credo en otros tantos años. El comportamiento de esta gente es de lo más sobrio y ordenado; uno podría imaginar que la tribu ha renunciado a la risa, a juzgar por la seriedad de sus semblantes. Ellos mismos, sin embargo, hablan muy bien de sus privilegios y están satisfechos con la rapidez con la que pueden ganar dinero, aunque sea sacrificando sus prejuicios. En Bujará viven unos trescientos hindúes en un caravasar propio. Son principalmente nativos de Shikarpur, en Sind, y su número ha aumentado bastante en los últimos años. Los uzbekos y, de hecho, todos los mahometanos, se ven derrotados por la diligencia comercial de este pueblo, que invierte las mayores sumas de dinero a cambio de la menor ganancia.

Entre los hindúes, fuimos honrados con la singular visita de un desertor del ejército indio en Bombay. Había emprendido una peregrinación a todos los santuarios del mundo hindú y se dirigía a los templos del fuego en las costas del Caspio. Conocía a muchos de los oficiales del regimiento número 24, al que yo había pertenecido, y me alegré de oir los nombres que me eran familiares en aquella remota ciudad. Escuché con interés los pormenores de las aventuras y viajes de aquel hombre, que no se dejó amilanar por el temor de que yo *presentara información* contra él y lograra su detención. Le consideraba como un hermano de armas, y me divertí con sus historias de mi amigo Murad Beg de Kunduz, a quien había seguido en sus campañas y servido como bombardero. Este hombre, cuando se presentó por primera vez, iba disfrazado con el atuendo de un peregrino, aunque el porte de un soldado es inconfundible, incluso en Bujará.

La casa donde vivíamos era mínima, y fácil de ignorar, pero no podíamos lamentarlo, ya que nos brindaba la oportunidad de ver a una belleza turca, una apuesta joven, que paseaba por uno de los balcones circundantes, y *deseaba creer* que no era vista. Esta hermosura, cuya curiosidad la impulsaba a menudo a echar un vistazo a los *firangis*, ni siquiera descuidó fingir una huida a nuestros aposentos. Al considerarlo un intercambio justo, para nosotros era cualquier cosa menos una intrusa, aunque desgraciadamente demasiado distante para que nos entregáramos «a la dulce música del habla». Las damas de Bujará se tiñen los dientes de negro; se trenzan el pelo y lo dejan colgar en mechones sobre los hombros. Sus vestidos difieren poco de sus homólogos masculinos: llevan las mismas pellizas, sólo que las dos mangas, en lugar de usarse como tales, se recogen juntas y se atan por detrás. Incluso en casa visten enormes botas de arpillera hechas de terciopelo y muy ornamentadas. Qué gusto tan extraño para quienes están siempre ocultas, ir así calzadas como si estuvieran preparadas para un viaje. En la cabeza llevan grandes turbantes blancos, pero el rostro está cubierto por un velo, y muchos rostros hermosos nacen para sonrojarse sin ser vistos. La exhibición de belleza, a la que tanto tiempo dedican las mujeres en países más favorecidos, es aquí desconocida. Un hombre puede disparar a su vecino si lo ve en un balcón, a cualquier hora. Los asesinatos son consecuencia de las sospechas, ya que las leyes del Corán relativas al sexo se aplican de la forma más estricta. Si los celos son una pasión que raramente se conoce entre ellos, estos son reemplazados por un vicio más degradante.[*]

En mis viajes por Kabul, había disfrutado a menudo de los lujos del baño, según la costumbre de los orientales. Ahora disfrutaba del mismo placer en Bujará; sólo era admisible en ciertos edificios, ya que los sacerdotes habían afirmado que el agua de algunos baños se convertía en sangre si era contaminada por una mujer o un infiel. El baño oriental es demasiado conocido para necesitar descripción aquí, pero la operación es de lo más singular. Te tumban de cuerpo entero, te frotan con un cepillo, te restriegan, te golpean y te dan patadas, pero todo es muy refrescante. Los baños de Bujará son los más espaciosos. Muchas pequeñas cámaras abovedadas rodean una gran sala circular con una cúpula, que se calientan a diferentes temperaturas. Durante el día, la luz entra por

---

[*] «Formosum pastor Corydon ardebat Alexin». *Bucólicas*, Virgilio.

unos cristales de colores situados sobre la gran cúpula; por la noche, una sola lámpara situada debajo es suficiente para todas las celdas. La parte del círculo que da a La Meca está destinada a la mezquita, donde el lujoso mahometano puede ofrecer sus oraciones mientras disfruta de una de las bendiciones prometidas del paraíso de su profeta. Hay dieciocho baños en Bujará; unos pocos son de muy grandes dimensiones; no obstante, la totalidad de ellos reportan unos ingresos anuales de 150 *tillas* (1.000 rupias). Este es un dato que puede servir para numerar a los habitantes. Cada persona paga al encargado del baño diez monedas de latón, siendo una rupia equivalente a 135 de estas monedas. Unas cien personas pueden, por tanto, bañarse por una *tilla*; y 150 *tillas* darán 15.000 personas por cada baño. Dieciocho baños darán un total de 270.000 personas que disfrutan de este lujo anualmente. Pero los baños sólo se utilizan la mitad del año, durante los meses fríos, y los más pobres nunca pueden permitírselos.

No omití presentar mis respetos al ministro mientras deambulaba por la ciudad, y el doctor Gerard, durante diez días, estuvo lo suficientemente recuperado como para acompañarme. El visir se mostró igualmente inquisitivo con el nabab de Kabul respecto a la preparación de medicinas y emplastos, y deseaba que el médico le informase al respecto. Sin embargo, nos habíamos adentrado en una región más civilizada y cercana a Europa, ya que el visir había recibido quinina y otros medicamentos de Constantinopla. Nos sentamos con el ministro mientras se ocupaba de sus asuntos, y presenciamos como gravaba impuestos a los mercaderes, que son tratados con la mayor tolerancia en este país. Se presentan las telas, y cada cuadragésima pieza se toma a modo de impuestos; lo que da al mercader su beneficio, sin necesidad de obtener una suma en metálico. Un mahometano, en efecto, no tiene más que invocar el nombre del Profeta, mesarse la barba y declararse pobre, para quedar exento de todo impuesto. Un hombre dijo que tenía testigos que probaban que estaba endeudado y que los presentaría. El ministro replicó: «Prestadnos vuestro juramento, no queremos testigos». Lo prestó; todos gritaron: «¡Dios es grande!», y rezaron la fátiha, tras lo cual los bienes fueron devueltos sin cargo alguno. Con toda la disposición para juzgar favorablemente a los asiáticos —y mis opiniones respecto a ellos mejoraron a medida que los conocí mejor—, no los he encontrado libres de hipocresía. Temo, por tanto, que entre ellos se presten muchos juramentos falsos. Ningún pueblo podría ser más liberal en el fomento del comercio que los gobernantes de Bujará. Durante el reinado del último monarca, los impuestos sobre las mercancías nunca se pagaban hasta que se vendían, como en el sistema de fianzas de una aduana británica. El visir, en esta ocasión, conversó largamente sobre temas de comercio relacionados con Bujará y Gran Bretaña, y expresó su deseo de incrementar la comunicación entre estos dos países, solicitando que yo regresara, como embajador comercial, a Bujará, y no olvidara traer un buen par de anteojos para su uso. Nuestras relaciones se habían establecido sobre una base que prometía mucho. Aproveché, pues, la ocasión de expresar al visir el deseo de cumplir con nuestras obligaciones al rey. Había tocado un punto delicado, pues parecía que el ministro temía que se nos acusara de algunas propuestas a su majestad, que le ocultábamos. «Soy tan bueno como el emir», dijo, «y si no tenéis asuntos que tratar con el rey, ¿qué tienen que ver los viajeros con las cortes?». Le hablé de nuestra curiosidad sobre esta materia, pero él decidió que no tendríamos el honor, y eso fue suficiente para abandonar mi petición.

No obstante, estaba resuelto a conocer al monarca y, al mediodía del viernes siguiente, me dirigí a la gran mezquita, un edificio de la época de Tamerlán, y vi a su majestad y a su corte saliendo de la oración. El rey parecía tener menos de treinta años y no tenía un rostro atractivo: sus ojos eran pequeños y su rostro demacrado y pálido. Vestía de forma sencilla, con una túnica de seda de *adras* y un turbante blanco. También oí que a veces lucía un penacho de plumas adornado con diamantes. Llevaba el Corán delante, y le precedían y seguían dos portadores de mazas doradas, que exclamaban en turco: «¡Rogad a Dios para que el comandante de los creyentes actúe con justicia!». Su séquito no superaba el centenar de personas; la mayoría de ellas vestían ropajes de brocado ruso, y llevaban espadas adornadas con oro —debería llamarlas cuchillos—, la marca de distinción en este país. Aunque su majestad actual tiene más categoría que cualquiera de sus predecesores, puede que considere necesario mostrar humildad en un templo y al regresar de una ceremonia religiosa. El pueblo se acercó a su paso y, acariciándose las barbas, deseó paz a su majestad; yo hice lo mismo.

El carácter de este rey, Bahadur Kan, es respetado entre sus compatriotas: al ser elevado al trono regaló toda su riqueza. Es estricto en sus observancias religiosas, pero más tolerante que su padre, el emir Haydar. Actúa de acuerdo con el Corán en todos los casos; se afirma que incluso vive del impuesto municipal, que grava a judíos e hindúes. Se dice que los ingresos del país se gastan en mantener mulás y mezquitas, pero este joven rey es ambicioso y belicoso, y creo más que probable que utilice sus tesoros para mantener sus tropas y aumentar su poder.

La vida de este rey es menos envidiable que la de la mayoría de los plebeyos. El agua que bebe es traída en bolsas de piel desde el río, bajo el cargo y sello de dos oficiales. El visir abre una bolsa, primero la prueba su gente y luego él mismo, después la sella y la envía al rey. Las comidas diarias de su majestad se someten a un escrutinio similar; el ministro come, da a los que le rodean, esperan el transcurso de una hora para juzgar su efecto, y después se encierran bajo llave en una caja que se despacha. Su majestad tiene una llave, y su ministro, otra. La fruta, los dulces y todos los comestibles se someten al mismo examen, y difícilmente suponemos que el buen rey de los uzbekos disfrute alguna vez de una comida caliente o de una cena recién cocinada. El veneno es común, y el ascenso de su majestad al trono en el que ahora se sienta no está exento de fuertes sospechas de una distribución gratuita de tales intoxicantes. En una ocasión, un nativo me obsequió con unos higos, uno de los cuales acepté y comí, para demostrarle que apreciaba el regalo. El individuo me advirtió contra tal indiscreción en el futuro, pues según él: «Siempre debes presentar algo del regalo en primera instancia al donante; y, si él come, puedes seguir su ejemplo con seguridad».

Poco después de llegar a Bujará expresé mi deseo de ver a algunos de los desafortunados rusos que han sido vendidos como esclavos en este país. Una noche, una persona corpulenta y de aspecto varonil cayó a mis pies y me los besó. Era un ruso llamado Gregory Pulakov, que había sido secuestrado mientras dormía en un puesto fronterizo ruso, hacía unos veinticinco años. Era hijo de un soldado, y ahora se dedicaba al oficio de carpintero. Le pedí que se sentase con nosotros para que nos contara sus penas y su situación: era la hora de cenar y compartimos con el pobre carpintero nuestro arroz pilaf. Aunque tenía diez años cuando fue capturado, aún conservaba su lengua materna y el más ardiente deseo de regresar a su país. Pagaba siete *tillas* al año a su amo, que le permitía ejercer su oficio y quedarse con todo lo que ganara por encima de esa suma. Tenía mujer e hijo, también esclavos. «Mi amo me trata bien, voy adonde quiero; me relaciono con la gente y hago el papel de mahometano; parezco feliz, pero mi corazón arde por regresar a mi tierra natal, donde serviría con gusto en el ejército más despótico. Si la volviera a ver, moriría de buena gana. Os cuento ahora mis sentimientos, mas los oculto a los uzbekos. Aún soy cristiano —aquí el pobre hombre se santiguó a la manera de la iglesia griega—, y vivo entre un pueblo que detesta, con la mayor cordialidad, a todo individuo de ese credo. Sólo por mi propia paz me hago llamar mahometano». El pobre hombre había adquirido todos los hábitos y modales de un uzbeko, y yo no habría podido distinguirlo de no ser por sus ojos azules, su barba roja y su piel clara. Me preguntó con gran seriedad si había alguna esperanza de que él y sus camaradas fueran liberados, pero no pude darle más consuelo que los rumores circulantes que había oído acerca de la intención del emperador ruso de suprimir el tráfico de esclavos

con una intervención de su ejército. Me dijo que la última embaja-
da rusa que estuvo en Bujará, encabezada por el señor Negri, no
había logrado ese fin deseado, pero que la venta de rusos había cesado en Bujará durante los últimos diez años. Había ciento treinta
nativos de Rusia en el reino; pero en Jiva, su número había aumentado de manera regular. Todos los rusos de Bujará habrían sido
liberados por el embajador, si no hubiera surgido una discusión religiosa sobre la conveniencia de permitir que los cristianos,
convertidos en mahometanos... ¡recayeran en su idolatría! Los mulás habían visto las figuras en la iglesia griega, y ningún
argumento cambiará lo que ellos afirman que es la prueba de sus
pensamientos, que los rusos adoran ídolos.

Por lo general, hay cierta diferencia de opinión en todos los
asuntos, y la de los rusos y los habitantes de Bujará sobre el tema
de la esclavitud era muy divergente. Los mahometanos no creen
que sea una ofensa esclavizar a los rusos, ya que afirman que la
propia Rusia exhibe el ejemplo de todo un país de esclavos, particularmente en el gobierno despótico de su soldadesca. «Si
compramos rusos», dicen, «los rusos compran a los cosacos de
nuestra frontera, que son mahometanos, y manipulan a esta gente
con amenazas, sobornos y esperanzas, para que abandonen su credo y se conviertan en idólatras. Miren, por otra parte, a los rusos
en Bujará, su vida, libertad y comodidad, y compárenlos con el
pan negro y la tiranía implacable que experimentan en su país natal». Por último, y no menos importante, se refirieron a su cruel
destierro a Siberia —o como ellos la llamaban, *Sibere*—, del que hablaron con horror, y afirmaron que, en algunas ocasiones, había
impulsado a los rusos a trasladarse voluntariamente a Bujará. No
intentaremos aquí decidir entre las partes; es una triste reflexión
sobre las libertades de Rusia, que estas admitan una comparación
con las instituciones de un reino tártaro, cuya piedad, se dice pro-
verbialmente, sólo está a la par con la tiranía del afgano.

Con rusos, hindúes y uzbekos, nuestro círculo de conocidos en
Bujará pronto aumentó, y la mayoría de los comerciantes afganos y

de Kabul buscaron nuestra compañía, y no pudimos sino sentirnos gratificados por la opinión favorable que tenían de los británicos en la India. Uno de ellos, Sirwar Kan, un comerciante lohani —una tribu pastuna— de gran opulencia, a quien nunca nos habían presentado, nos ofreció todo el dinero que pudiéramos necesitar, y lo hizo de una manera que no dejaba lugar a dudas de su sinceridad. Otro individuo, Shere Mohamed, natural de Kabul, me prestó una útil ayuda en mis investigaciones sobre el comercio de Asia central.

Los afganos, e incluso los uzbekos, nos pedían constantemente que les entregásemos notas manuscritas que certificasen nuestra relación con ellos, pues creían que la escritura manuscrita era un vínculo de unión con los ingleses y que su posesión les aseguraría una acogida honorable en la India. Cumplimos los deseos de quienes merecían nuestra confianza. Entre nuestros otros amigos había un comerciante de Cachemira, Ahmedjui, un tipo inteligente y locuaz, que deseaba mucho que le ayudara en la preparación de una especie de cochinilla, que se encuentra, pero que, según creo, no se puede preparar, en Bujará. Había también un anciano, llamado Haji Mirak, que había visto el mundo desde Cantón hasta Constantinopla, y traía secretamente algunas monedas y rarezas bactrianas antiguas y valiosas, que son aceptables para los europeos. El más íntimo, quizás, de todos nuestros conocidos era nuestro casero, un comerciante uzbeko, llamado Makhsum, que comerciaba con Yarkanda. Nos visitaba todos los días y, por lo general, era acompañado por algunos de sus amigos. Mencionaré un incidente relacionado con esta persona, que le honra. Era muy comunicativo, y nos dio mucha información útil: como nuestra intimidad aumentaba, le interrogué detenidamente sobre los ingresos y recursos de Bujará, sobre su extensión y poder, y hasta abrí un pequeño mapa del país en su presencia. Contestó a todas mis preguntas; y luego, rogándome que cerrara el mapa, me suplicó que no volviera a presentar tal papel en Bujará, ya que había innumerables espías a cargo del rey, y podría acarrear graves consecuencias. Asimismo, continuó sus visitas y sus informaciones con la misma libertad que antes. En nuestra primera llegada a la ciudad, el guardián del caravasar nos negó alojamiento, porque no teníamos *carácter*, es decir, no éramos ni mercaderes ni embajadores, pero este hombre nos alquiló amablemente su casa. Había sido atacado por sus vecinos, aterrorizado por sus amigos, y él mismo tembló de miedo al principio por el riesgo que había corrido. El guardián del caravasar, avergonzado, escondía ahora la cabeza; el dueño de la casa compartía nuestra intimidad, sus vecinos buscaban su aprobación para visitarnos, y nuestra compañía era ahora cortejada, en vez de tolerable.

CAPÍTULO 10

Bujará II

L A leyenda atribuye la fundación de la ciudad de Bujará a la época de Sikandar Zul-Qarnain, o Alejandro Magno, y la geografía de la comarca favorece la creencia de que fue una ciudad en la más remota antigüedad. Un suelo fértil, regado por un riachuelo y rodeado por un desierto, era como un puerto seguro para el navegante. Bujará está enclavada entre jardines y árboles, y no se ve desde lejos; es un lugar encantador y tiene un clima saludable; pero no puedo estar de acuerdo con los geógrafos árabes, que la describen como el paraíso del mundo. Ferdousí, el gran poeta persa, dice que «cuando el rey contempló Mawara al-Nahr, vio un mundo de ciudades». Comparado con Arabia y las áridas llanuras de Persia, esto puede ser cierto, pero algunas de las riberas de los ríos indios también poseen riqueza, belleza y fertilidad.

La circunferencia de Bujará supera los trece kilómetros; su forma es triangular, y está rodeada por un muro de tierra de unos veinte metros de altura, atravesado por doce puertas. Según la costumbre oriental, éstas reciben el nombre de las ciudades y lugares a los que conducen. Desde el exterior apenas se ven grandes edificios, pero cuando el viajero atraviesa sus puertas tendrá que culebrear entre altos y arqueados bazares de ladrillo, y verá cada comercio en su barrio separado de la ciudad. Es aquí donde están los vendedores de cretona o los zapateros; y también las arcadas llenas de sedas y otras telas. Por todas partes uno se topa con edificios pesados y macizos, colegios, mezquitas y elevados minaretes.

Una veintena de caravasares albergan a los mercaderes de diferentes naciones, y un centenar de estanques y fuentes, construidos con piedra escuadrada, abastecen de agua a su numerosa población. La ciudad está atravesada por canales, sombreados por moreras, que traen agua del río de Samarcanda, y entre la gente existe la creencia, que merece ser mencionada, de que el minarete más alto, de unos cuarenta y cinco metros de altura, se eleva hasta el nivel de aquella famosa capital de Tamerlán.

El abastecimiento de agua de Bujará es mediocre, el río dista unos diez kilómetros, y el canal sólo se abre una vez cada quince días. En verano, los habitantes se ven a veces privados de agua buena durante meses, y cuando estuvimos en Bujará los canales llevaban secos sesenta días; la nieve no se había derretido en las tierras altas de Samarcanda, y el escaso suministro del río se había desperdiciado antes de llegar a Bujará. La distribución de esta necesidad vital se convierte, por tanto, en un objeto de no poca importancia, y un funcionario del gobierno es especialmente encargado de ese deber. Después de todo, el agua es mala, y se dice que es la causa del gusano de Guinea, una enfermedad terriblemente frecuente en Bujará, que los nativos aseguran que se origina en el agua, ¡y añaden que estos gusanos son los mismos que infestaron el cuerpo del profeta Job!

Bujará tiene una población de 150.000 almas, y apenas hay un jardín o un cementerio dentro de las murallas de la ciudad. Excepto los edificios públicos, la mayoría de las casas son pequeñas y de un solo piso. Vimos algunas de ellas pulcramente pintadas con paredes de estuco; otras tenían arcos góticos, rematados con dorados y lapislázuli, y las habitaciones eran elegantes y confortables. Las casas comunes están construidas con ladrillos secados al sol sobre un armazón de madera, y todas tienen tejados planos. Una casa en una ciudad oriental no tiene vistas, pues está rodeada de altos muros por todos lados.

El mayor de los edificios públicos es una mezquita, que ocupa un área cuadrada de noventa metros de lado y tiene una cúpula que se eleva hasta un tercio de esa altura. Está cubierta de azulejos esmaltados de color azul celeste y tiene un aspecto lujoso. Es un lugar de cierta antigüedad, ya que su cúpula, que una vez fue sacudida por un terremoto, fue reparada por el célebre Tamerlán. Adosado a esta mezquita hay un elevado minarete, levantado en el año 542 de la Hégira. Está construido con ladrillos distribuidos de la forma más ingeniosa. Los criminales son arrojados desde esta torre; sólo el sacerdote principal puede subir a ella —y sólo los viernes, para convocar a la gente a la oración—, por temor a que otros puedan mirar las habitaciones de las mujeres de las casas de la ciudad.

El edificio más hermoso de Bujará es un colegio que data de la época del rey Abdulá. Las frases del Corán, que están escritas sobre un arco elevado, bajo el cual se encuentra la entrada, miden casi un metro de alto, y están delineadas sobre el mismo hermoso esmalte. La mayoría de las cúpulas de la ciudad están así adornadas, y sus cimas están cubiertas por nidos de *luglug*, una especie de grulla y ave de paso que frecuenta esta comarca y es considerada como símbolo de buenaventura por la gente.

Bujará no parece haber sido una ciudad de importancia en la antigüedad. Su lejanía de todas las demás partes del mundo mahometano le ha dado celebridad, y además fue una de las primeras conquistas de los califas. Es fácil imaginar que los numerosos vástagos de los primeros comandantes de la fe buscaran la distinción en sus lejanos y frondosos bosques. Su nombre se difundió ampliamente por el número de hombres cultos y religiosos que produjo, y sus conquistadores mahometanos no tardaron en añadirle el afijo de *sharif*, o santa. Se considera señal de un infiel decir que las murallas de Bujará están deformadas; lo cual es extraño, pues la arquitectura es tan defectuosa aquí, que dudo que haya una muralla perpendicular en la ciudad.

Los sacerdotes de la actualidad afirman que, en todas las demás partes del globo, la luz *desciende* sobre la tierra; pero, en cambio, ¡esta *asciende* desde la santa Bujará! Se dice que Mahoma, en su viaje al cielo inferior, observó este hecho, que le fue explicado por el ángel Gabriel, como la razón de su designación. Aparte de lo palpablemente absurdo del cuento, sólo mencionaré que el afijo de «santa» es mucho más moderno que los tiempos del Profeta, pues he visto monedas que no lo llevaban y tenían menos de 850 años. Bujará existía como ciudad en tiempos de Kizil Arslan —finales del siglo XII—. Fue destruida por Gengis Kan, y asediada por Hulagu, su nieto, y tenemos una anécdota de las negociaciones con ese destructor, que creo recordar, me fue contada en algún otro lugar:

El pueblo envió a un niño sabio, acompañado de un camello y una cabra. Cuando se presentó ante el conquistador, éste le exigió una razón para elegir a semejante mozalbete como enviado. «Si quieres un ser más grande», dijo el joven, «aquí tienes un camello; si buscas una barba, aquí tienes una cabra; pero si deseas la razón, escúchame». Hulagu escuchó la sabiduría del muchacho —la ciudad quedó a salvo y protegida— y concedió permiso para que ampliaran sus fortificaciones.

Las murallas actuales fueron construidas por Rahim Kan, en la época de Nader Shah, y, dado que la equidad de sus gobernantes sigue el ritmo de su creciente extensión, Bujará se postula como una ciudad más notable en los tiempos modernos que en los antiguos.

Aproveché ahora la amistad que había hecho con el mulá en mi camino desde Karshi, para visitar su colegio, que era uno de los principales edificios de ese tipo en Bujará, la madrasa del cadí Kulán.[*] Recibí de mi anfitrión y de su conocido la más completa información sobre estas instituciones, y este último sacó su tetera y cotilleó durante un buen rato. Hay unos 366 colegios o madrasas en Bujará, grandes y pequeños, un tercio de las cuales son grandes edificios que contienen más de setenta u ochenta estudiantes. Muchos tienen sólo veinte, algunos apenas diez. Los colegios están

* Transcripción del texto original, aunque hoy se denomina como *Po-i-Kalyan* o *Poi Kalan*. (N. del T.)

construidos al estilo de los caravasares; un edificio cuadrado está rodeado por un número de pequeñas celdas, llamadas *hujras*, que se venden, y tienen un valor de dieciséis *tillas*, aunque en algunos casos llega a treinta. Se abona una asignación fija al profesor y a cada uno de los estudiantes residentes; los colegios están bien dotados; la totalidad de los bazares y baños de la ciudad, así como la mayoría de los campos circundantes, han sido comprados por diferentes individuos piadosos para este fin.

Aquí la ley obliga a que los ingresos del país se destinen al sostenimiento de la iglesia; una cuarta parte de la suma se distribuye por ese concepto en Bujará, y los impuestos de aduana son incluso compartidos por los sacerdotes. En los colegios se puede encontrar gente de todos los países vecinos, excepto Persia, y sus estudiantes son tanto jóvenes como ancianos. Tras siete u ocho años de estudio, regresan a su país con un plus de conocimientos y reputación, aunque algunos permanecen de por vida en Bujará. La posesión de una celda da derecho al estudiante a cierta pensión anual de la fundación, así como a los ingresos del país.

Los colegios se cierran durante la mitad del año por orden del rey, para permitir a sus internos trabajar en el campo y ganar algo más para su sustento. ¿Qué pensarían los estudiantes de Oxford y Cambridge de segar el trigo con la hoz? La temporada de vacaciones se llama *tatil*, la de estudio *tahsil*. Los estudiantes pueden casarse, pero no se les permite traer a sus esposas al colegio. En la época de estudio, las aulas están abiertas de sol a sol; el profesor asiste constantemente, y los eruditos discuten en su presencia sobre cuestiones de teología, mientras él guía sus debates. Una persona comienza con: «¡Demuestra que Dios existe!», y se aducen unos quinientos argumentos; lo mismo ocurre con otros asuntos. Los estudiantes están totalmente ocupados con la teología, que ha sustituido a todos los demás contenidos: son bastante ignorantes, incluso de los anales históricos de su país. Nunca se reunió un conjunto más perfecto de zánganos; y son un grupo de hombres que no tienen en cuenta su religión en la mayoría de los aspectos, más allá de la realización de sus oraciones; pero demuestran grandes pretensiones, y mayor espectáculo.

Ya he mencionado el rigor de la ley mahometana que se aplica en Bujará. Algunos ejemplos adicionales lo ilustrarán mejor. Unos doce años más tarde, una persona que había violado la ley se presentó en palacio y, en presencia del rey, declaró su crimen y exigió justicia de acuerdo con el Corán. La singularidad de que un individuo se presentara como su propio acusador indujo al rey a ordenar que se le echara. El hombre se presentó al día siguiente con la misma historia y fue expulsado de nuevo. Se presentó por tercera vez en palacio, repitió sus pecados y reprochó al rey su negligencia al negarse a impartir justicia, lo cual, como creyente en Mahoma, suplicó que le llevara a ser castigado en este mundo y no en el otro. El ulema, o congreso de eruditos mahometanos, fue reunido: la muerte era el castigo; el hombre mismo, que era un mulá, estaba preparado para esta decisión. Fue condenado a ser lapidado hasta morir. Volvió el rostro hacia La Meca y, cubriéndose la cabeza con el manto, repitió la *kalimah* —«¡No hay más que un Dios y Mahoma es su profeta!»— y enfrentó su fatal destino.

El rey estaba presente y lanzó la primera piedra, pero había dado instrucciones a sus oficiales para que permitieran escapar al iluso si lo intentaba. Una vez muerto, el rey lloró sobre su cadáver, ordenó que fuera lavado y enterrado, y se dirigió en persona a la tumba, sobre la que leyó el servicio fúnebre. Se dice que estaba muy afectado, y hasta el día de hoy los versos conmemoran la muerte de este desafortunado hombre, a quien debemos declarar fanático o loco.

Un incidente similar al anterior ocurrió ese mismo año. Un hijo que había maldecido a su madre se presentó como su propio acusador, suplicante de justicia. La madre solicitó su perdón y su indulto; el hijo exigió su castigo: los ulemas ordenaron su muerte, y fue ejecutado como un criminal en las calles de Bujará.

Un mercader importó recientemente algunas pinturas de China, que fueron inmediatamente rotas y su valor pagado por el gobierno, ya que es contrario a las leyes mahometanas componer la semejanza de cualquier cosa que existe sobre la tierra. En algunos temas, sus nociones de justicia son singulares. Un afgano saqueó un caravasar y fue condenado a muerte, pero se le permitió comprar su libertad, según la ley, si se exiliaba de Bujará por ser extranjero. Antes de que se hubiera completado el arreglo, se produjo un segundo robo por parte de un grupo de la misma nación. Entonces el clero decretó su muerte; y como pensaron que el castigo del primer delincuente, junto con los otros, presentaría un ejemplo más memorable e impresionante, devolvieron el dinero de la fianza, cancelaron el indulto y ejecutaron a todos los delincuentes.

Nuestro carácter europeo se rebela ante tales arbitrariedades, pero no puede decirse que el castigo fuera injusto; y, si tuvo influencia sobre los malhechores, no fue ciertamente muy imprudente. Independientemente de lo que podamos pensar de estas costumbres y leyes, han elevado la condición y promovido el bienestar de este país, y no hay ningún lugar en toda Asia donde se extienda una protección tan universal a todas las clases. Los que no son mahometanos sólo tienen que ajustarse a unas pocas costumbres establecidas para ser equiparados a los «creyentes». El código de leyes es sanguinario, pero no injusto. Cuando ponemos los vicios de Bujará en yuxtaposición con sus leyes y su justicia, aún tenemos mucho que condenar. Sin embargo, el pueblo es feliz, el país florece, el comercio prospera y la propiedad está protegida. No es poco elogio para el gobierno de un déspota.

En Europa prevalece la opinión de que esta parte de Asia fue en un tiempo la sede de la civilización y la literatura. No podemos dudar de que los monarcas griegos de Bactriana conservaron, en su recién adquirido reino, las artes y las ciencias de su tierra natal. El eminente historiador Edward Gibbon ha insinuado que «alberga la sospecha de que la mayor parte del saber de Escitia y la India procede de estos monarcas griegos». En cuanto a la India, por el momento no nos concierne; pero en lo que respecta a Asia central y occidental, no puedo confirmar la opinión del gran historiador. En el siglo VI, cuando Alarico y Atila invadieron el Imperio romano, no poseían ni arte ni literatura. En el siglo VIII, cuando fueron arrollados por los califas, no tenemos noticia de ninguna. Por último, en el siglo X, cuando los mismos países establecieron aquí el linaje de reyes selyúcidas, todavía era un pueblo campestre, que abrazaba la religión del islam, que los califas habían plantado firmemente. Las irrupciones de Gengis Kan, en el siglo XIII, nos presentan una horda de bárbaros, y tampoco se dio ningún paso hacia la mejora en la época siguiente, bajo el destructor absoluto de Tamerlán. Todas estas incursiones fueron emprendidas por bárbaros, y no es hasta la muerte de Tamerlán cuando la literatura hace acto de presencia en Asia central.

La astronomía de Ulugh Beg ha inmortalizado Samarcanda, y es posible que este hubiera aprendido su ciencia en Bactriana, pero los árabes no eran, en épocas tempranas, astrónomos de poca monta, por lo que podemos, con mayor probabilidad, remontar esta disciplina de la ciencia al pueblo árabe que invadió la comarca mil años después de los macedonios. En una época posterior a la dinastía timúrida, se ha producido una invasión de otra tribu, los uzbekos, provenientes de la misma región que produjo a Atila y Gengis Kan; ellos también han sido tan bárbaros como sus predecesores de mil veranos atrás.

Es cierto que la literatura recibió un gran estímulo en esta región durante la época de Tamerlán. En los días de Babur, tenemos una constelación de poetas de no poca excelencia; pues él mismo nos da una idea del espíritu de la época por sus citas y sus rimas. Parece ser que estas elegancias nativas continuaron hasta una época muy tardía, pues el pueblo tiene inclinaciones poéticas. Ahora, me temo, estas se han despedido para siempre de Transoxiana: el reinado del difunto rey, el emir Haydar o *Sayid* (el puro), introdujo una era de fanatismo y entusiasmo religioso. Tomó el nombre de miramamolín o «comendador de los creyentes»; desempeñó las funciones de un sacerdote, no de un rey: leía oraciones sobre los muertos, debatía en las mezquitas, dirigía los rituales y enseñaba en los colegios. Incluso una vez, en la calle, se apeó de su caballo para devolver el saludo de un *sayyid* o juaya, y pasaba todo su tiempo libre en contemplación religiosa. Su vecino de Kokand siguió una conducta similar: asumió el título de miramamolín o «comandante de los musulmanes»; y, entre ambos, introdujeron un nuevo orden en el Turquestán. Desde entonces, los mulás de los colegios han despreciado todo aprendizaje, excepto la teología, y todos los estudios, excepto el Corán y sus comentarios. Puede decirse que Bujará y Kokand abarcan todo el Turquestán, ya que son los dos Estados más influyentes. Uno no puede sino lamentar que los 366 colegios de Bujará se vean ahora envueltos en el laberinto improductivo de la discusión polémica.

Tras pasar unos quince días en Bujará, el visir nos mandó llamar hacia el mediodía y nos retuvo hasta la noche. Lo encontramos en compañía de un gran número de uzbekos, y resultó que los temas sobre los que iba a interrogarnos no eran mundanos. Quería saber si creíamos en Dios y cuáles eran nuestras ideas generales sobre la religión. Le dije que creíamos que la deidad no tenía igual; que estaba en todas partes; que había enviado profetas a la tierra, y que existía un día del juicio, un infierno y un cielo. Luego entró en el tierno asunto del Hijo de Dios, y el carácter profético de Mahoma; pero, aunque no podía aprobar las opiniones cristianas sobre ninguno de estos temas, no se ofendió, ya que nombré a su profeta con todo respeto. «¿Adoráis a los ídolos?», continuó el visir, a lo que yo respondí enérgica y negativamente, lo que pareció despertar su asombro. Miró a algunos del grupo, y uno de ellos declaró que estábamos practicando el engaño, pues se descubriría que llevábamos colgados del cuello tanto ídolos como cruces. Inmediatamente, mostré mi pecho y convencí al grupo de su error; el visir observó con una sonrisa: «No son mala gente». Los criados estaban preparando el té de la tarde, cuando el visir tomó una taza y dijo: «Debéis beber con nosotros, porque sois gente del libro, mejores que los rusos, y parecéis tener nociones bastante correctas de la verdad». Nos inclinamos como signo de reverencia ante la distinción y desde entonces fuimos honrados con té en nuestras visitas al ministro. Ya que había empezado con nuestras profesiones de fe, estaba decidido a repasarlas. Quería saber si estimábamos a los armenios tanto como a los *pirs* o santos de los cristianos, pero le aseguré que no concedíamos tal supremacía a esa secta primitiva. Expresó su extrañeza de que nos asociáramos con judíos, puesto que, según él, eran un pueblo tan malvado. La decidida oposición de los israelitas de Arabia a Mahoma, parece haberlos deshonrado, según sus seguidores.

El ministro deseaba ahora saber qué trato dispensábamos a la población hindú y mahometana de la India. Le dije que respetábamos las creencias de ambos, que reparábamos por igual sus mezquitas y pagodas, y que perdonábamos la vida a pavos reales, vacas y monos porque así les satisfacía. «¿Es verdad que esa gente adora a esas bestias?», dijo Kush Beg. Le respondí que, o bien lo hacían, o bien las respetaban. *Astaghfirullah* —«¡Dios se apiade de nosotros!»— fue su respuesta. El astuto catequista me preguntó entonces si comíamos cerdo; pero aquí era absolutamente necesario dar una respuesta matizada; así que dije que sí, como la mayor parte de la gente pobre. «¿Qué sabor tiene?», inquirió. Vi la pregunta cruzada. «*He oído* que es como la ternera». Me preguntó si había probado la carne de caballo desde mi llegada a Bujará. Le dije que sí, y que la había encontrado buena y apetitosa. Luego preguntó si habíamos visitado el famoso santuario de Baha al-Din, cerca de Bujará y, al expresar el deseo de verlo, pidió que un hombre nos acompañara, y rogó que fuéramos en silencio. El Kush Beg preguntó entonces qué íbamos a llevar a nuestros parientes en Europa después de tan larga ausencia; una cuestión digna del corazón del buen hombre. Sin embargo, yo me referí a nuestro lejano viaje, y a la inconveniencia de llevar equipaje; añadiendo también que los soldados nunca eran ricos. Al oír esto, el anciano caballero se levantó bruscamente de su alfombra y pidió un mosquete, que puso en mis manos, y me pidió que realizara el ejercicio de un pelotón británico, cosa que hice. Observó que difería del ejercicio de los rusos, del que sabía un poco, y comenzó, al mismo tiempo, a marchar, gesticulando a través de la habitación. Mientras disfrutábamos de la escena, el Kush Beg, que era un uzbeko alto y ancho de hombros, nos miró y exclamó: «Todos vosotros, los *firangis*, sois gente de baja estatura; no podríais luchar contra un uzbeko, y os movéis como palos».

Siguió una conversación sobre las ventajas de la disciplina, que esta gente puede ser excusada por no creer, ya que no han tenido una buena oportunidad de juzgar por sí mismos. El visir nos comunicó entonces que una caravana se estaba preparando para marchar hacia el mar Caspio, así como para Rusia, y que tomaría medidas para asegurar nuestra protección si partíamos; todo lo cual, así como la amabilidad y la gran tolerancia del hombre —para ser uzbeko— fueron de lo más gratificantes. Expresó su deseo de conocer el estado de nuestras finanzas y la cuantía de nuestros gastos diarios; pero, por escasos que fueran, no era necesario desvelar la suma total. Nuestros fondos eran abundantes, pero nuestros agentes, que eran hindúes, temían ser descubiertos como nuestros proveedores. No dejamos al ministro hasta que oscureció, y éste pidió al doctor que visitara a uno de sus hijos, cuya enfermedad había desconcertado a su médico. Lo encontró raquítico, y en un estado muy precario; el visir oyó después su probable fin sin emoción, diciendo que tenía trece hijos, y muchas más hijas.

Un día, temprano, aprovechamos una oportunidad para visitar el santuario cerca de Bujará, que se encuentra a pocos kilómetros en el camino a Samarcanda. Apenas reparé en la tumba que podría encontrar allí mientras viajábamos en dirección a esa mítica ciudad, y no consideré prudente solicitar permiso para visitarla a pesar de nuestra dudosa identidad. Samarcanda está a doscientos kilómetros de Bujará; y en Karshi habíamos estado a dos marchas de ella. Nos vimos obligados a contentarnos con un relato de esta antigua ciudad, cuya existencia se remonta a la época de Alejandro

Magno. Había sido la capital de Tamerlán, y los príncipes de su casa real pasaban allí el invierno. «En todo el mundo habitable», escribió Babur, «hay pocas ciudades tan encantadoramente situadas como Samarcanda». En la actualidad, la ciudad ha perdido su grandeza y se ha convertido en una ciudad de provincias de ocho mil, o a lo sumo diez mil habitantes, y los jardines y campos ocupan el lugar de sus calles y mezquitas, pero el pueblo la sigue profesando con gran veneración. Hasta que un rey de Bujará no la haya anexionado a su dominio, no se le considera un soberano legítimo. Su posesión se convierte en el primer objetivo a la muerte de un soberano y la llegada de otro. Algunos de sus edificios continúan en pie para proclamar su antigua gloria. Tres de sus colegios son perfectos, y uno de ellos, que formaba el observatorio del célebre Ulugh Beg, es el más hermoso. Está ornamentado con bronce y sus ladrillos están esmaltados y pintados. No pude oír nada sobre el famoso obelisco que construyó, salvo alguna burda leyenda sobre su erección, ladrillo a ladrillo, según marcaba el reloj. Hay otro colegio, llamado Sher-Dor, de hermosa arquitectura. Aún se conserva la tumba de Tamerlán y su familia, y las cenizas del emperador descansan bajo una elevada cúpula, cuyas paredes están bellamente ornamentadas con ágata. Además, la ubicación de Samarcanda ha sido merecidamente elogiada por los asiáticos, ya que se encuentra cerca de colinas bajas, en una comarca que es completamente llana por todas partes. Se dice que el papel fue fabricado por primera vez en Samarcanda, pero cuán grande es el cambio, pues ese artículo se suministra ahora desde Rusia.

La prohibición de montar a caballo no se extendía más allá de los límites de Bujará; nuestros criados tuvieron la satisfacción de montar nuestros ponis hasta la puerta, mientras nosotros caminábamos a su lado. Tras salir de la ciudad, pronto llegamos a la tumba de Baha al-Din Nakhsband, uno de los más grandes santos de Asia, que brilló en tiempos de Tamerlán. Se dice que una segunda peregrinación a su tumba equivale a visitar la propia Meca. Una vez a la semana se celebra una feria cerca de ella, y los habitantes de Bujará montan en burros para rendirle su devoción. El rey actual, antes de sucederle en la corona, hizo un voto solemne a este santo: si le concedía su asistencia, visitaría el santuario todas las semanas y caminaría hasta él desde la ciudad tantas veces al año. Su majestad, según creo, cumple su palabra, ya que nos encontramos con su equipaje de camino hacia donde iba a rezar y descansar por la noche.

No hay edificios en el santuario que requieran descripción; se trata de una plataforma cuadrada y elevada, con una bonita mezquita y un gran colegio cerca. Todos los peregrinos lo circunvalan y besan las inscripciones que indican su antigüedad y fecha. Está muy bien dotada y los descendientes de Baha al-Din son sus protectores. Entramos en el lugar sagrado sin más ceremonias que dejando nuestras zapatillas fuera. También nos llevaron a visitar al santón que lo custodiaba, quien nos dio té de canela y quiso matar una oveja para entretenernos. Sin embargo, tenía tantas enfermedades, reales o imaginarias, que, tras dos horas de detención, nos alegramos de salir de sus dominios. Fue muy particular en sus preguntas sobre el nombre del santo y si este había viajado a la India y a Europa. No era más que cortesía asiática dar testimonio de su reputación, pues Baha al-Din es realmente célebre en todo el mundo mahometano, y los peregrinos de Bujará son conocidos en La Meca por el nombre de Nakhsbandi. Observé que este gran santuario y, de hecho, la mayoría de los edificios de naturaleza similar que vi durante mis viajes, estaban marcados con los cuernos de los carneros que habían sido sacrificados en el lugar. Se dice que denotan poder; y quizá sea esta costumbre a la que debemos el título dado a Alejandro Magno de Zul-Qarnain, o *dos cuernos*; aunque sabemos que era representado con cuernos por ser hijo del dios Júpiter Amón.

A unos cuarenta kilómetros al noroeste de Bujará, y al borde del desierto, se encuentran las ruinas de una antigua ciudad, lla-

mada Khwaja Uban,* y que la leyenda asigna a la época del califa
Omar. Los mahometanos rara vez se interesan más allá de la época
de su profeta, así que esto no prueba nada. En este barrio se pueden conseguir muchas monedas, y tengo la suerte de poseer varios
ejemplares hermosos, que han resultado ser reliquias genuinas de
los monarcas de Bactriana. Son de plata y casi tan grandes como
una moneda de media corona. En un lado hay estampada una cabeza y en el reverso una figura sentada. La ejecución de la primera
es muy superior; la expresión de los rasgos y el espíritu del conjunto hacen honor incluso a la época de Grecia, a la que puede decirse
que pertenecen. En el mismo lugar fueron halladas numerosas antigüedades que representaban figuras de hombres y animales
talladas en cornalinas y otras piedras. Algunas de ellas llevaban
una escritura que difiere de cualquiera que yo hubiera visto antes,
y se parecían al hindi.

En mi búsqueda de tales curiosidades, oí hablar de unas piedras petrificadas con forma de pájaro y del tamaño de una
golondrina, encontradas en las colinas de Badajshán. No vi ninguna muestra, pues el propietario estaba ausente de Bujará. Estoy
tanto más dispuesto a dar crédito a la existencia de tales cosas
cuanto que he visto innumerables piedras con forma de pequeñas
tortugas o galápagos, que habían sido extraídas de las cordilleras
más altas del Himalaya.

Sin embargo, no puedo confiar lo mismo en sus relatos sobre
una ciudad encantada y petrificada que los habitantes de Bujará
describen como situada en el extremo suroccidental del mar de
Aral, entre Urgench y Orenburgo. La llaman «Barsa-gil-mis», que
en turco significa «ir y no volver jamás», ya que se dice que ese es
el destino de los curiosos. En una región como Transoxiana, que ha
proporcionado a los escritores orientales tantas metáforas del paraíso y tantos elogios, podemos esperar oír historias propias de *Las
mil y una noches*. Los nativos de Bujará también creen firmemente

---

* Las fuentes actuales se refieren a estas ruinas con el nombre de
Varakhsha o Varasha. (N. del T.)

224 | VIAJE A BUJARÁ

en la magia, y se refieren a la India como la sede de esa ciencia. Nadie, sin embargo, duda de su existencia; descubrí, según ellos, que el arte se practicaba diariamente en Surat, donde los magos eran mujeres, mientras que los de Bengala eran hombres. Yo había pasado anteriormente dos años felices en la ciudad de Surat. Conocí a muchos nativos, e hice muchas averiguaciones sobre sus costumbres y opiniones populares, pero oí, por primera vez, en Bujará, que sus damas eran magas. Además, al menos puedo afirmar que, si poseyeran brujería, esta consistiría en sus propias costumbres nativas. La distancia, creo yo, da pábulo a la mayoría de las fábulas que ganan terreno en el mundo. Abul Fadal Alamí afirmó, hace unos trescientos años, que en la India había hombres que podían comerse el hígado de otro; una opinión que ha pasado su fecha de caducidad, pero que todavía se cree en todos los países de Asia.

Circunstancias de naturaleza peculiar me hicieron conocer a una familia uzbeka de alta respetabilidad en Bujará, y la visité un viernes. Esta familia procedía originariamente de «Desht-i-Kip-chak» (Cumania) y estaba establecida en el país desde hacía ciento cincuenta años. Un miembro de su clan había sido nombrado embajador en Constantinopla dos veces, por lo que gozaban del alto título de Bey. Ahora comerciaban con Rusia, y habían salido perdedores considerables por la conflagración con Moscú, la cual creo que no suponía, a pesar de todos sus horrores, la angustia en el corazón de Tartaria. Fui recibido por esta gente a la uzbeka, y obligado a tragar varias tazas de té en medio de un día caluroso. Los uzbekos tienen una costumbre muy poco social en las fiestas, ya que el anfitrión se convierte en sirviente y entrega todos los platos en persona; él mismo no prueba nada hasta que todos los miembros de la fiesta han terminado. Son gente amable, y si el fanatismo es su defecto predominante, es culpa de la educación; nunca he observado que lo manifiesten atacando los sentimientos de los demás. Sin embargo, uno puede descubrir su dogmatismo en los actos cotidianos y sobre todo en el tono de su conversación.

Se nos ocurrió hablar de los descubrimientos de los rusos, que recientemente han dado con algunas vetas de oro entre su país y Bujará. Uno de los presentes observó que los caminos de Dios eran inescrutables, y éste había ocultado estos tesoros a los verdaderos creyentes y ahora los revelaba, cerca de la superficie misma de la tierra, a los *kafires* o infieles. Sonreí; aunque no se expresara en un modo que pudiera ofender, esta era la manera de hablar sobre los europeos entre ellos.

Cuando dejé la fiesta para volver a casa, me impresionó mucho la solemnidad con que se observa el viernes en las calles: se cumple tan rígidamente como un domingo en Europa, y tal vez más, pues el virtuoso diocesano de Londres ha encontrado últimamente mucho que reprender en su rebaño de la metrópoli. No se permite abrir ni un solo negocio hasta después de las oraciones de la una, y todos los habitantes acuden a la mezquita ataviados con sus mejores galas. Hay una seriedad en los mahometanos, y algo en su vestimenta, que da un aspecto imponente al grupo que se dirige al templo de Dios.

Había transcurrido casi un mes desde nuestra llegada a Bujará, y era necesario pensar en proseguir nuestro viaje, pero la ruta que debíamos seguir se convirtió en un tema de seria consideración, debido al agitado estado de la comarca. El objetivo que nos habíamos propuesto era llegar al Caspio, y cuanto más arriba desembarcásemos en sus orillas, tanto mejor; había dificultades por todas partes. Hacía un año que no pasaba ninguna caravana de Jiva al Caspio, debido a una disputa de sangre con los kirguises de la estepa. Una caravana proveniente de Bujará estaba en Jiva, y una de Astracán en la península de Mangyshlak, en el Caspio: ninguna de las partes podía avanzar hasta que se hiciera algún arreglo; lo cual era más de esperar que de prever. La suerte que tuvimos al no acompañar a esta caravana se verá más adelante. El camino directo, por los territorios de Jiva a Asterabad en Persia, también estaba cerrado para nosotros; porque el kan de Jiva había ocupado el territorio para oponerse a los persas, y estaba acampado en el desierto al sur de su capital, hacia donde ordenó que todas las caravanas fueran conducidas. La ruta por Merv y Mashhad estaba abierta y era más segura, pero nos pareció aconsejable seguir la segunda de estas rutas, ya que veríamos una parte de los territorios de Jiva, y entonces podríamos dirigir nuestro paso a las fronteras de Persia, y finalmente alcanzar el mar Caspio por el desierto de los turcomanos. Todos nuestros amigos, hindúes, armenios y afganos, nos disuadieron de encontrarnos con el kan de Jiva, a quien calificaban de hostil a los europeos; pero, como estábamos decididos a correr todos los riesgos y a seguir la ruta que nos llevase hasta él, esperé a nuestro patrón, el visir, y le puse al corriente de nuestras intenciones. Este insistió en que acompañásemos una caravana de doscientos camellos que acababa de partir hacia Rusia y que nos conduciría a Troitskaya, en aquel país, pero esto no se ajustaba a nuestros planes, ya que la ruta había sido recorrida por la misión rusa, y no deseábamos entrar en la Rusia asiática, sino llegar al Caspio. El visir dijo que se informaría sobre la partida de la caravana, y como deseábamos seguir la ruta que nos llevase a las fronteras de Persia, nos prestaría su ayuda en la medida de sus posibilidades. La caravana sólo esperaba sus órdenes para emprender el viaje.

El 21 de julio hicimos nuestra visita de despedida al visir de Bujará, y nuestra audiencia de despedida sitúa el carácter de este buen hombre, incluso bajo una luz más favorable que toda su amabilidad anterior. Kush Beg es un hombre de sesenta años, sus ojos brillan, aunque su barba está plateada por la edad; su semblante resplandece de inteligencia, pero está marcado por la astucia, que se dice es el rasgo más llamativo de su carácter. Mostró mucha curiosidad por nuestro idioma; me hizo escribir los números ingleses del uno al mil en caracteres persas, así como las palabras comunes que expresaban las necesidades de la vida. Empleó cerca de una hora en esta lección, y lamentó no haber tenido mejor oportunidad de adquirir nuestra lengua: luego me hizo escribir su nombre en inglés y, entregándoselo al doctor Gerard, le pidió que lo leyera.

Asimismo, retomó el tema de la medicina, y se mostró muy complacido con la palanca de un instrumento para sacar dientes, que le fue explicada. La fijó en la madera de la puerta y arrancó algunos trozos. Luego nos rogó que volviéramos a Bujará como «embajadores comerciales», para establecer un mejor entendimiento y un comercio más extendido con la comarca. Además, convocó al *kafila bashi* de la caravana, y a un jefe de los turcomanos, que debía acompañarla como salvaguardia contra su tribu. Anotó sus nombres, familias y domicilios y, mirándolos, les dijo: «Os entrego a estos europeos. Si les ocurre algún accidente, recordad que vuestras mujeres y familias están en mi poder, y las eliminaré de la faz de la tierra. Nunca regreséis a Bujará, sino con una carta que contenga una garantía, bajo su sello, de que les habéis servido bien».

Volviéndose hacia nosotros, continuó: «No debéis presentar el firmán del rey, que ahora os doy, hasta que lo consideréis necesario. Viajad sin ostentación y no hagáis amistades, pues atravesaréis un territorio peligroso. Cuando terminéis el viaje, rezad por mí, que soy un anciano. Os deseo lo mejor».

Luego nos dio a cada uno un traje, que, aunque distaba mucho de ser valioso, estaba realzado por su gesto: «No os vayáis con las manos vacías: tomad esto, pero ocultadlo».

Agradecí al ministro, con toda sinceridad, en nombre de mi compañero y yo mismo. Él se incorporó, y, levantando sus manos, nos dio la fátiha; y salimos de la casa de Kush Beg. Todavía no había llegado a casa, cuando me llamaron de nuevo, y encontré al visir sentado con cinco o seis personas bien vestidas, que evidentemente habían estado hablando de nosotros. Kush Beg proclamó entonces: «Sikander —como siempre se dirigían a mí—, te he mandado llamar para preguntarte si alguien te ha molestado en esta ciudad, o te ha sacado dinero en mi nombre, y saber si te marchas satisfecho».

Respondí que habíamos sido tratados como huéspedes de honor; que ni siquiera habían abierto nuestro equipaje, ni habían gravado nuestros bienes, y que siempre recordaría, con el más profundo sentimiento de gratitud, las muchas bondades que nos habían demostrado en la santa Bujará. La respuesta cerró todas nuestras comunicaciones con el visir, y los detalles hablarán por sí mismos. Me despedí de este digno hombre con el corazón lleno de sinceros deseos, que aún siento, de prosperidad para ese país.

Luego examiné el firmán que nos entregó el visir; era lacónico, pero no por ello menos valioso, y en él se exponía nuestra presentación a su majestad, de la que no habíamos tenido la suerte de disfrutar. Estaba en persa y puede traducirse así:

> En este momento, por voluntad de Dios, dos personas, *firangis*, parten para su propio país. Es conveniente que la gente de los transbordadores, así como los gobernadores de las ciudades y distritos de todo el reino, no les pongan ningún obstáculo, ya que parten hacia su país después de haber visto al rey y con su permiso.

A continuación aparecía el sello de Nasrullah Kan, el emir de Bujará.

Por la tarde, nuestros camellos estaban cargados y listos para partir. La última persona que vimos en nuestra casa fue el propietario, que vino corriendo en medio del bullicio de los preparativos para despedirse de nosotros. Me trajo de regalo un hermoso gorro muy elaborado, y no consideré necesario decirle que unos meses más tarde cambiaría mi vestimenta y su regalo se volvería inútil. Le di a cambio un par de tijeras, y nos despedimos con las mayores demostraciones de amistad. Los camellos nos precedieron y nosotros mismos, acompañados de un conocido uzbeko, dimos nuestro último paseo por las calles de Bujará. No nos distinguíamos de los nativos del país, pues habíamos adoptado sus vestidos y costumbres, y arreglado nuestros rostros de acuerdo con sus hábitos. Yo avanzaba con elegancia, y en todo momento mostraba la menor curiosidad que me permitía el dominio que tenía sobre mi semblante. No se nos prestó mucha atención, aunque un judío, a quien más se asimilaba nuestro traje, preguntó cuándo habíamos llegado.

No puedo decir que sintiera gran pesar por haber abandonado las puertas de la ciudad, ya que ahora estaríamos más libres de sospechas y podríamos cabalgar y escribir. De hecho, habíamos conseguido usar la pluma por la noche con ojos cansados; pero, incluso entonces, lo hacíamos con miedo. Nos reunimos con la caravana un kilómetro más allá de la puerta de la ciudad, donde pasamos la noche en un campo.

CAPÍTULO 11

Un alto en el Reino de Bujará

TRES cortas marchas nos condujeron al hogar del *kafila bashi* de nuestra caravana; una pequeña aldea de veinte casas, llamada Mirabad, y a sesenta y cinco kilómetros de Bujará, en el distrito de Karakul. Cuál fue nuestra desilusión al descubrir, en vísperas de proseguir nuestro viaje, que la totalidad de los mercaderes se negaban a avanzar, alarmados por los procedimientos del kan de Jiva. Este personaje, al examinar los fardos de una caravana procedente de Persia, descubrió un poco de tierra de la santa ciudad de Kerbala, que había sido empaquetada con las mercancías, según la costumbre, como conjuro para su tránsito seguro. Pero la precaución, tan en desacuerdo con el mahometismo ortodoxo, tuvo un efecto muy contrario. La mayor parte de las mercancías fueron saqueadas y, como muchos de nuestros mercaderes eran persas, al menos chiítas, decidieron no correr riesgos y esperar la retirada del ejército o una garantía de protección para sus propiedades, bajo el sello del kan. La última alternativa parecía el medio más probable de poner fin a nuestra ansiedad, y fue discutida en asamblea.

Todos los mercaderes se reunieron en la choza donde vivíamos, pues el visir había tenido la amabilidad de hablarles acerca de nosotros. Fue un espectáculo muy divertido ver a estos caballeros, con el látigo en la mano y las botas puestas, discutir tan importante cuestión. Después de algunas presiones y negativas, un individuo fue señalado como el escribiente de una carta para el oficial del kan de Jiva, y tomó asiento en medio de la asamblea.

Arregló su pluma, prometió escribir con letra grande, y rogó que sólo uno de los muchos allí presentes dictara. Se tardó una media hora en decidir el estilo de la alocución, que incluso se me remitió a mí; yo dije al grupo que no poseía tal conocimiento, ya que, en nuestro idioma, nos dirigimos a las más altas autoridades por un breve título y su nombre. Al final se decidió que el documento se encabezara como una petición y, con muchas disputas, se produjo lo siguiente:

La petición de los mercaderes al *yuz bashi* de Merv. Os saludamos con la paz. Se nos ha hecho saber que la última caravana en pasar la ruta hacia Bujará, no sólo ha sido detenida, como hasta ahora, sino que se ha exigido un impuesto de 4¼ *tillas* a cada camello, y las cargas de los mercaderes han sido abiertas en la carretera, y algunas de ellas destruidas. Al enterarse de esto, dos caravanas que *se dirigían* a Mashhad se han detenido por miedo, y ahora enviamos este documento por medio de un turco para informaros. Nos prestaréis asistencia dándole una nota en la que le digáis qué tributos nos impondréis, y si su alteza el kan de Urgench [Kan Huzrut] ha ordenado tales acuerdos, y si ofrecerá o no obstáculos a nuestro paso, después de pagar los tributos que hasta ahora había tenido a bien aceptar. Cuando recibamos su respuesta, nos adelantaremos y actuaremos en consecuencia. Nosotros, un grupo de mercaderes, os saludamos.

Se verá que, en asuntos de importancia, los asiáticos pueden ir al grano, y despojarse de su habitual fanfarronada. Cuando se leyó en voz alta el texto hubo un grito general de *¡Barikila!* (¡bravo!) y cinco o seis turcomanos, que se habían sentado cerca de la puerta, fueron consultados sobre su transmisión. Uno de ellos acordó traer una respuesta al octavo día; la distancia de su destino era de sesenta farsajs (390 kilómetros). Se le darían tres *tillas* por las molestias.

Una vez resuelto este segundo asunto, todo el grupo, levantando las manos, pronunció la bendición y se acarició las barbas. Las cuestiones de las naciones no podrían haber ocupado a una asamblea con más seriedad que la que ocupaba al grupo presente. Tales rostros serios, tales conjeturas, tal olor a tabaco, tales disputas sobre las palabras, tan variadas opiniones sobre el asunto: uno abogando por un tono mesurado; otro por uno suplicante, y un tercero por un detallado informe de los *pormenores* del asunto. Un mulá inteligente, bastante avanzado en la vida, tenía más sentido común que el resto, y el grupo consideró al final el buen juicio de adoptar la mayoría de las opiniones del anciano.

Resulta increíble que, después de toda esta escena tragicómica, estos aspirantes de Rothschilds y Barings* no consintieran recompensar a los turcomanos por el envío de la carta: preferían esperar un mes antes que disminuir sus beneficios, y todo terminó con mi pago del dinero. Me pareció una sorpresa que cualquier respuesta les atrajera al encuentro de gente a la que unánimemente consideraban tiránica y bárbara. Una vez despachado el mensajero, todos los principales mercaderes de la caravana regresaron a Bujará, y nosotros nos quedamos en una oscura aldea de Tartaria, para reflexionar sobre si debíamos continuar en nuestra actual morada o regresar a la capital. Resolvimos tomar la primera opción, y nos resignamos a nuestra desafortunada detención.

En nuestro viaje desde Bujará, tuvimos algunas oportunidades de aumentar nuestro conocimiento del país. A seis u ocho kilómetros de la ciudad, entramos en una extensión que representaba a la vez el extremo entre la riqueza y de la desolación. A la derecha, la tierra estaba regada por los acueductos del Kohik, y a nuestra izquierda, el polvo y la arena soplaban sobre una región de lúgubre soledad.

Después de recorrer una distancia de treinta kilómetros, en dirección sudoeste, nos encontramos a orillas del río de Samarcanda, que los poetas han llamado Zarafshán, o «esparcimiento de oro», pero debemos atribuir su nombre a las incomparables bendiciones otorgadas a sus orillas, más que a los preciosos minerales que deposita. Este río no superaba los cincuenta metros de ancho y no era

---

* En referencia a las acaudaladas familias alemanas de banqueros del siglo XIX, Rothschild y Baring. (N. del T.)

vadeable. Tenía el aspecto de un canal, ya que, un poco más abajo, sus aguas estaban rodeadas por una presa y se distribuían con cuidado entre los campos vecinos. La franja de tierra cultivada en ambas orillas no excedía los dos kilómetros de anchura, y a menudo era menor, pues el desierto oprimía estrechamente el río. El número de lugares habitados era, sin embargo, grande, y cada asentamiento estaba rodeado por un muro de ladrillos secados al sol, como en Kabul, aunque las casas no eran ni tan limpias ni tan sólidas como en aquel país. En esta estación, en julio, todos los cultivos gemían bajo el peso de los gigantescos melones de Bujará, muchos de los cuales también eran transportados en caravanas de camellos a la ciudad. El suelo del territorio era variado, pero, en las proximidades del río, duro y pedregoso. Observé que todos los guijarros eran afilados y angulosos, y diferían mucho de los que habían estado sometidos a la influencia del agua. El curso directo que seguíamos hacia el Oxus nos alejaba del río Kohik;* pero, después de cruzar una franja de colinas arenosas, de unos tres kilómetros de ancho, descendimos de nuevo sobre él. Su lecho estaba completamente seco, ya que la presa de Karakul, que habíamos dejado atrás, impide la salida de sus escasas aguas en esta estación.

Descubrimos que este río, en vez de desembocar en el Oxus, forma un lago bastante extenso, llamado Dengizkul† por los uzbekos, y cerca del cual estábamos acampados. Las partes bajas del río están mal abastecidas de agua, y sólo en ciertas estaciones fluye en el distrito de Karakul.

Ahora vivíamos entre los turcomanos, los cuales ocupaban el territorio entre el Oxus y Bujará. Sólo se diferencian de la gran familia a la que pertenecen en que residen en casas permanentes y son súbditos pacíficos del rey de Bujará. Observamos unos cuarenta *robats* diferentes, o grupos de viviendas, y pasamos casi un mes

* Nombre alternativo del río Zarafshán. (N. del T.)
† Su significado literal es «lago del mar» en uzbeko.

en su vecindad y sociedad, sin recibir insultos ni injurias, ni otra cosa, creo, salvo sus buenos deseos. En nuestro estado de desprotección, esto era muy digno de crédito por parte de los nativos del Turquestán.

En Bujará habíamos podido observar ampliamente los modales y costumbres de los ciudadanos; en el campo teníamos ahora la oportunidad de observar los hábitos de los campesinos. Nos dimos a conocer a través del jefe turcomano, a quien habíamos sido presentados en Bujará. Él y el *kafila bashi* solían aparecer dos o tres veces durante el día, trayendo con ellos a cualquier nuevo conocido con el que se hubieran cruzado en los mercados vecinos, y nos sentábamos a tomar el té juntos a todas horas. De este modo nos familiarizamos con muchas de las peculiaridades de las tribus turcomanas y, más tarde, empecé realmente a sentir interés por los asuntos y las perspectivas de muchos de los individuos con los que me había relacionado de este modo.

Los nombres de tribus y lugares, que en un tiempo me habían parecido fuera del alcance de mis investigaciones, estaban ahora en posición de ser estudiados. El jefe turcomano, nuestro maestro de ceremonias en estas ocasiones, era él mismo un personaje: acompañaba a la caravana para instruir a sus hermanos en el camino y evitar que nos saquearan; pero pronto descubrimos que él mismo no tenía ideas definidas del significado de *mío* y *tuyo*, puesto que ya se había apropiado de tres *tillas* de oro, que me había pedido como parte del alquiler que se debía al *kafila bashi*, que también era turcomano.

Ernuzar —pues así se llamaba nuestro amigo— era, sin embargo, un compañero tan útil como divertido. Era un hombre alto y huesudo, de unos cincuenta años, con semblante varonil, mejorado por una hermosa barba, que se iba blanqueando con los años. En sus primeros años de vida había seguido las costumbres de su tribu y había realizado incursiones de *alamán* (o saqueo) en los territorios de los hazara y los kizilbashes, y algunas temibles heridas en la cabeza demostraban la peligrosidad de aquel oficio.

Ernuzar había abandonado las ocupaciones de su juventud y las propensiones de su raza. Había trasladado a su familia a Merv, como turcomanos civilizados y reformados, aunque su aspecto y su habla seguían siendo los de un guerrero. Él mismo había escoltado durante años caravanas a Persia y al Caspio; y, en compañía de tal guía, tuvimos muchas oportunidades de estudiar al interesante pueblo del que formaba parte. El *kafila bashi* era una persona menos sociable y regentaba, además, muchos negocios, pero no pudimos evitar contrastar su indiferencia hacia nosotros con el amable interés de nuestro viejo amigo Hyat. A pesar de las órdenes del visir de Bujará, el *kafila bashi* nos dejó en nuestra apartada residencia y se dirigió con sus camellos a las orillas del Oxus en busca de sal.

Uno de los más notables de nuestros visitantes turcomanos era un hombre de edad madura y hablar franco. Su nombre era Subán Verdi Ghilich, que traducido significa «la espada dada por Dios», y su tez era tan colorada como la de un asistente de una bacanal, aunque declaraba que nunca se había entregado al prohibido zumo de la uva. Sólo hablaba turco, y mi escaso conocimiento de esa lengua requirió un intérprete. No obstante, después de unas cuantas visitas, *casi* nos entendíamos, y ningún visitante fue más bienvenido que Verdi, que describía, en animados compases, sus ataques a los kizilbashes. «Tenemos un proverbio», manifestó, «que dice que un turcomano a caballo no conoce ni a su padre ni a su madre»; y de un pareado turki, que citó con energía, dedujimos los sentimientos de su raza:

Los kizilbashes tienen diez torres; en cada torre sólo hay un esclavo georgiano.
¿Qué poder tienen los kizilbashes? Ataquémosles.

Verdi pertenecía a la tribu de los saryk, la más noble de los turcomanos, y solía declarar que su raza había fundado el imperio de los osmanlíes en Constantinopla. No hay nada improbable en la afirmación; las leyendas y creencias de un pueblo son siempre dignas de constancia. El turcomano vibró de placer cuando le hice detallar el modo de capturar a los kizilbashes, y suspiró porque su edad le impedía ahora hacer la guerra a tales infieles. Su longevidad había atenuado un poco sus prejuicios, pues añadió que, si tales cosas eran contrarias a las leyes de Dios y al Corán, no dudaba de que el mínimo prescrito de ayuno y oración expiaría sus pecados.

Verdi poseía ahora algunos rebaños de ovejas y camellos; y, como sus años no le permitían continuar con sus correrías, había enviado a sus hijos a dedicarse a ese oficio. Me decía que sus camellos y sus ovejas valían tantos esclavos, y que había comprado este caballo por tres hombres y un muchacho, y aquel otro por dos muchachas; tal es el modo de valorar sus bienes. Me reí cuando el ladrón detalló el precio de sus animales, y le pedí que estimase mi propio valor, si me convertía en un cautivo turcomano. Según su respuesta, nosotros éramos gente demasiado buena como para convertirnos en esclavos, y me quedé sin saber su valuación de nosotros.

—Pero, ¿acaso no vendéis a un *sayyid*, uno de los sagrados descendientes de vuestro santo Profeta (¡la paz sea con él!), si cae en la lista de cautivos? —le dije.

—¿Qué? —replicó él— ¿Acaso no se vende también el mismísimo Corán sagrado?, ¿y por qué no podría deshacerme de un *sayyid* infiel, que desprecia la verdad del Profeta con su herejía?

Estos son hombres desesperados, y es una circunstancia afortunada que estén divididos entre sí, o mayores podrían ser los males que infligen a sus semejantes. Esta gran familia de la humanidad vaga desde las orillas del Caspio hasta Balj, cambiando de lugar de residencia según su inclinación.

La tribu con la que vivíamos ahora se conoce con el nombre de ersari; y por primera vez, en un país mahometano, vimos a las damas sin velo. En cualquier caso, ésta es una costumbre prevalente en todas las tribus turcomanas. En ninguna parte del mundo he visto una raza de damiselas más ruda y saludable en forma o rasgos, aunque se trate de las compatriotas de la delicada Roxana, la cautivadora reina de Alejandro Magno.

Nuestro jefe turcomano, Ernuzar, para disipar su *hastío*, se enamoró de una de estas bellezas, y me pidió un conjuro mágico, que no dudaba que yo podría suministrarle, para asegurarse el afecto de la muchacha. Me reí del amor y la sencillez del viejo. Estas damas llevaban turbantes, un vestido muy favorecedor, cuya magnitud es tan exagerada por sus vecinos al sur del Oxus, que debo reservar mis comentarios al respecto en un capítulo siguiente. Los ersaris tienen la mayoría de las costumbres de los turcomanos, aunque su proximidad con Bujará contribuye a su civilización semidesarrollada.

En nuestra caravana había cinco o seis turcomanos del sur del Oxus; y si estos hijos del desierto practican las virtudes de la hospitalidad en casa, tampoco olvidan que les corresponde en el extranjero, y los ersaris tenían, en efecto, motivos para quejarse de la detención de nuestra caravana. Todas las mañanas, algún miembro del grupo llevaba su espada a la casa de un turcomano, una conocida señal entre estas gentes de que el amo debe matar una oveja, y que los forasteros le ayudarán a comerla. Es imposible negarse o eludir el aviso, y la fiesta tiene lugar por la noche. No nos invitaban a estas fiestas, que eran puramente turcomanas, pero con frecuencia nos enviaban algunos de los pasteles del agasajo. Tuvimos muchas ocasiones de comprobar el trato justo que nos dispensaba esta gente. Sabían que éramos europeos y cristianos y, al hablar de nosotros, utilizaban el término *eshan*, que es el tratamiento respetuoso que se da a los juayas y figuras sagradas.

Un persa que visita el Turquestán debe juntar las manos cuando reza y someterse a otras costumbres, algunas de las cuales no son muy limpias; y por estas prácticas goza de tolerancia y de la protección del Estado. Un cristiano sólo tiene que hablar del islam con respeto y evitar las polémicas para asegurarse un trato similar. El persa, por su credo, está obligado a seguir esa conducta. «Si hay setenta chiítas y un suní», dice su ley, «todo el grupo debe cubrirse

con un velo por culpa de ese individuo». No nos sentimos obligados por tales ordenanzas, sino que nos conformamos
gustosamente con las costumbres de la gente, ya que las tradiciones de una nación siempre merecen respeto.

Aunque la aldea en la que residíamos no podía presumir de tener más de veinte casas, había ocho esclavos persas, y estos
desafortunados hombres parecían estar distribuidos en la misma
proporción por todo el país. Se emplean como agricultores, y en
este momento estaban todo el día ocupados en recoger la cosecha,
aunque el termómetro marcaba 36 °C. Tres o cuatro de ellos solían
visitarnos, y yo enviaba cartas para sus amigos de Persia, que luego les eran correspondidas. Muchos esclavos llegaban a ahorrar lo
suficiente para comprar su libertad, pues el persa es un ser más
agudo que el uzbeko y no deja de aprovechar sus oportunidades.
En Mirabad, dos o tres esclavos habían reunido sumas que los libe-
rarían; pero aunque tenían toda la intención de aprovechar una
oportunidad para regresar a Persia, nunca oí a estas personas, en
mis diferentes comunicaciones con ellos, quejarse del trato que ex-
perimentaron en Turquestán. Es cierto que algunos de sus amos se
oponen a que recen sus oraciones y observen las fiestas prescritas
por el Corán, ya que tal ocio les libraría de una parte de su trabajo,
pero nunca se les golpea. Al contrario, se les viste y alimenta como
si pertenecieran a la familia, y a menudo se les trata con gran
amabilidad.

Se dice que la práctica de esclavizar a los persas era desconocida antes de la invasión de los uzbekos, y algunos incluso afirman
que tampoco se practicaba hace cien años. La tradición cuenta que
unos pocos sacerdotes de Bujará visitaron Persia, y oyeron cómo
los tres primeros califas eran públicamente vilipendiados en ese
país. A su regreso, el sínodo mahometano proclamó la fetua que
otorgaba el mandato para autorizar la venta de todos esos infieles.

Sir John Chardin incluso asegura que, cuando un persa dispara
una flecha, exclama con frecuencia: «¡Qué esto vaya al corazón de
Omar!». He oído muchas expresiones similares y, si la historia de

los sacerdotes de Bujará es cierta, los persas se han buscado sus actuales calamidades. Se dice que uno de los príncipes persas, en una comunicación reciente con el kan de Urgench, le envió a este los cuatro libros que los mahometanos consideran sagrados, el Antiguo y el Nuevo Testamento, los Salmos de David y el Corán, rogándole que le indicara en cuál de estos libros sagrados se encontraban las leyes de la esclavitud, tal como se practicaba contra los persas. El kan resolvió la dificultad contestando que era una costumbre que no tenía intención de abandonar y que, como los persas no tenían poder para suprimirla, es probable que continuase en detrimento y desgracia de su país. Se ha dicho que la esclavitud mahometana difiere mucho de la africana, y puede que la observación no sea falsa. No obstante, la captura de los habitantes de Persia y su exilio forzoso entre extraños, donde no se respetan ni su credo ni sus costumbres, es una violación tan odiosa de la libertad y los derechos humanos como la trata de esclavos africanos.

Si las costumbres y modales de las gentes entre las que residíamos ofrecían un interesante tema de reflexión, había también algunos individuos pertenecientes a la caravana que merecen ser mencionados y que, como nosotros, se habían quedado prefiriendo regresar a Bujará. Estas gentes eran nativas de Merv, en el desierto, o, mejor dicho, descendientes de una colonia de ese pueblo, que fueron forzados a marchar a Bujará por Shah Murad, hace unos cuarenta años, y ahora forman la porción más trabajadora de la población. No eran hombres de condición, y se divertían de una manera puramente oriental, pasando la mayor parte de sus horas de ocio contando historias e imitando el estado y las circunstancias del rey de Bujará. Uno representaba el papel de la realeza; otro hacía peticiones; un tercero castigaba, y así pasaban un día entero con un ininterrumpido flujo de alborozo.

Los muchachos se habrían peleado antes del anochecer; pero cuando llegó esa hora, esta gente se reunió fuera para escuchar una guitarra y algunas canciones turcas. El estilo de interpretación difería de lo que he visto en otros países; el cantante se coloca cerca del músico, de modo que sus rodillas se tocan, y la melodía, por así decirlo, le es transmitida por un director que emite sus notas en directo. El turki es una lengua guerrera y armoniosamente sonora. Me indicaron que el bardo cantaba al amor, el tema favorito de todas las regiones.

La condición de nuestro pequeño grupo proporcionaba tanto motivo para la curiosidad y la reflexión como las extrañas gentes entre las que vivíamos. Al anochecer, sacábamos nuestras esteras, las extendíamos y nos apiñábamos, amo y criado, para cocinar y comer dentro de un círculo limitado. En un país remoto y en una oscura aldea de Tartaria, dormíamos al aire libre, vivíamos sin escolta y pasábamos semanas sin ser molestados.

Antes de que uno se haya encontrado con semejantes escenas, los vagos prejuicios que se forma de ellas dan lugar a muchos pensamientos extraños; pero cuando uno se sumerge en las experiencias, todo resulta muy natural. En todos los lugares que visitamos habíamos estado a merced de la gente, y un loco descerebrado, de los que hay muchos en todos los países, podría haber destruido de inmediato el mejor de nuestros planes y proyectos.

Nos mezclamos con la gente, y nuestros continuos roces nos puso en peligro constante. Sin embargo, habíamos salido airosos de todos ellos. En general, una cadena de circunstancias fortuitas, por las cuales no podíamos sino sentirnos sensiblemente agradecidos, unido al estado tranquilo de los países por los que pasamos, habían sido la causa de nuestra buena fortuna. Pues la confianza y la prudencia, aunque sean los requisitos más importantes de un viajero, no sirven en un país desgarrado por facciones y rebeliones.

La experiencia demostró también que algunos de los planes que se habían adoptado para el viaje fueron innecesarios, ya que resultó mucho menos difícil personificar la identidad de un asiático de lo que yo había imaginado. La gente que habíamos conocido no era de carácter curioso. Yo estaba convencido de que tal plan era indispensable, pero también lo estaba de que nos proporcionaría mucha menos diversión. Habíamos corrido pocos riesgos por lo limitado de nuestro equipaje, aunque nuestras ollas, por escasas que fueran, me hacían deplorar a veces las propensiones de nuestro país. Vivíamos, en efecto, como asiáticos, y disfrutamos de muchas cenas abundantes con los kebabs del bazar, pero mi fiel indostaní, antaño mi criado principal, pero ahora mi cocinero y factótum, solía recordar las cenas más sabrosas que me había visto comer, y obtenía cosas del bazar que podrían haber traicionado nuestra identidad. Además, prohibimos repetidamente estos lujos. A pesar de que, incluso en Bujará, desayunábamos pescado, huevos, café, conservas y fruta, no debe creerse que siempre fuera de forma tan suntuosa.

Nuestro grupo había disminuido considerablemente desde la última vez que lo describí en la etapa del Indo; uno de los hindúes había vuelto sobre sus pasos desde Kabul, y las escalofriantes ráfagas del Hindú Kush habían asustado al criado del doctor, que era natural de Cachemira. Por lo demás, tuvimos que dar amplio testimonio de la paciencia y perseverancia de los que habíamos elegido. De todos ellos, el más notable era Mohún Lall, el muchacho hindú de Delhi, que mostraba una vivacidad de espíritu y un interés por la empresa poco comunes en un indio. A petición mía, llevó un diario minucioso de los acontecimientos, y me atrevo a creer que, si se publicase más adelante, atraería y merecería toda atención. En su camino a Bujará había contado que se dirigía a ver a sus amigos en aquel país y que, como habíamos pasado por aquella ciudad, ahora proseguía a reunirse con sus parientes en Herat. El agrimensor nativo, el pobre Mohamed Alí, cuya pérdida he tenido que lamentar desde entonces, viajaba generalmente como un peregrino que se dirigía a La Meca, manteniendo poca o ninguna comunicación abierta con nosotros. En nuestro retiro de Mirabad, y bajo el cielo azul y sereno de la noche, era imposible reprimir las muchas reflexiones, intensificadas, creo, por la agradable naturaleza del clima y el éxito que acompañaba a nuestros esfuerzos.

No dejamos de ampliar nuestras pesquisas en busca de antigüedades en la vecindad, y tuvimos la suerte de dar con las ruinas
de Bykund,* que según creo es una de las ciudades más antiguas
del Turquestán. Se encuentra a unos treinta kilómetros de Bujará, y
parece que una vez estuvo regada por un extenso acueducto, del
que ahora se pueden observar los restos. En un manuscrito de la
historia del país, llamado Nursukhi,† que compré en Bujará, se describe como una ciudad más antigua que la capital y que estaba
formada por mil *robats* o grupos de aldeas. También se dice que tenía muchos mercaderes que comerciaban con China y potencias
marítimas, aunque la palabra que se utiliza, *darya*, también puede
significar el Oxus. En tiempos posteriores, o alrededor del año 240
de la Hégira, se cuenta que un nativo de Bujará fue a Bagdad y se
explicó diciendo que era habitante de Bykund. La historia continúa
describiéndola como una ciudad muy importante, que sufría mucho a causa de los infieles de los territorios del norte, que la
invadían en la estación fría. Finalmente, Arslan Kan construyó
aquí un palacio y mejoró sus acueductos; y, durante este proceso,
se produjo una circunstancia que guarda semejanza con el paso de
Aníbal por los Alpes. Bykund, al parecer, se construyó sobre una
colina de roca tan dura, que se resistía a las herramientas de los ar-
tificieros. Por ello, la humedecieron con vinagre y mantequilla, y al
final cedió a *su* perseverancia, ya que excavaron todo un farsaj de
distancia a través de esta; lo que supone una distancia de unos seis
kilómetros. La ciudad moderna de Bykund está desierta, y los muros de algunos de sus edificios son los únicos vestigios de su
antigua grandeza. Como todo lo anterior a la Hégira es considerado una fábula por los mahometanos, debemos buscar en otras
obras e idiomas la historia de Bykund, sede de Afrasiab y de los

---

*   Conocidas actualmente con el nombre de Poykend o Poykent. (N. del
     T.)

†   Se ha dejado una copia de este título a la Comisión de Traducciones
     Orientales de Londres.

antiguos reyes del Turquestán. No he conseguido ninguna de sus reliquias, ni he podido buscar con seguridad.

Tal vez no hayamos llegado a ninguna conclusión satisfactoria respecto a las ruinas de Bykund, y puede que no tengamos más éxito en dilucidar algunos de los pasajes de los historiadores de Alejandro Magno, pero hay algunos hechos relativos al río de Bujará, o el Kohik, que merecen ser mencionados. Los griegos siempre aluden a él con el nombre de *Polytimetus*, y Arriano lo describe así: «Aunque lleva un caudal abundante, se hunde hasta perderse de vista y oculta su corriente en la arena». Quinto Curcio indica, por otra parte, que «desembocaba en una caverna, donde el torrente subterráneo acomete con un ruido que indica su curso». La terminación de este río, tal como aparece en nuestros mapas, no concuerda con la realidad, ya que se representa como yendo a parar al Oxus, mientras que en realidad deposita sus aguas en un lago, como ya se ha observado.* En una gran parte del año el suministro es demasiado escaso para forzar el paso, y se pierde en la arena. Me atrevo, por tanto, a observar que aquí verificamos el texto de Arriano, que afirma que se *pierde en las arenas*; mientras que, por otro lado, no contradecimos a Quinto Curcio, que asegura que conduce sus aguas a *una caverna* o lago —el actual Dengizkul— que tiene unos cuarenta kilómetros de largo. La aldea en la que residíamos se hallaba, pues, sobre terreno histórico, ya que se nos informa de que Alejandro Magno, después de que su destacamento hubiera sido despedazado por Espitamenes, lo siguió hasta donde el *Polytimetus* se perdía en las arenas del desierto, escenario de aquel desastre. Recurrimos a la historia clásica para disipar el hastío de nuestra prolongada estancia en esta pequeña aldea. Otro pasaje de Quinto Curcio, de naturaleza sorprendente, merece una mención más particular, ya que he encontrado uno de similar importancia en un manuscrito persa, descriptivo de Bujará, que conseguí en la comarca. En lo que se refiere a la entrada de Alejan-

---

* Los mapas rusos reflejan correctamente este hecho.

dro Magno en el distrito de Bazaria, que se supone que se corresponde con la actual Bujará, o que se encuentra en esa dirección, el historiador escribió:

> Del esplendor bárbaro que prevalece en estas partes, no hay signo más fuerte que los extensos bosques, donde son encerradas bestias indómitas de la mayor clase. Se selecciona un bosque espacioso, en el que numerosos manantiales infalibles alimentan el paisaje, rodeado de un muro e intercalado con torres para la recepción de los cazadores. En un coto se decía que la caza había permanecido intacta durante cuatro generaciones. Alejandro, al entrar en él con todo su ejército, ordenó que se sacara de sus guaridas a las fieras de todo el coto.

Ésta es la excursión en la que Alejandro Magno se encontró con un león, mas el rey de la selva ya no habita Transoxiana. El párrafo persa al que he aludido dice lo siguiente:

> Este es el relato de Shamsabad, que fue construido aquí por el rey Shamsuddín. Compró una extensión de tierra de medio kilómetro de largo y la acondicionó con jardines, huertos y casas de gran esplendor; excavó canales y acueductos y gastó una gran suma de dinero, por lo que llamó al lugar Shamsabad. Además, construyó un coto para los animales y lo delimitó con muros de un kilómetro de extensión: trajo palomas y pájaros de todo tipo, así como toda clase de animales domésticos, y los colocó en este coto; también introdujo las bestias salvajes del campo —el lobo, el zorro, el cerdo, el ciervo, el nilgó, etcétera—, y separó las que estaban domesticadas de las salvajes; a estas últimas las encerró con muros más altos para que no pudieran escapar. Cuando murió el rey Shamsuddín, le sucedió su hermano, de nombre Khizr Kan, quien amplió los edificios de Shamsabad y aumentó el número de animales en el coto que su hermano había construido.

La obra de la que se ha extraído este pasaje nos ofrece información curiosa sobre el estado primitivo del territorio en torno a Bujará. Lo denomina expresamente valle del Sogdia, y dice que en un tiempo fue territorio de caza. En las distracciones de Shamsabad, mucho después de la época de los griegos, todavía descubrimos un gusto por el «esplendor bárbaro» que llamó la atención de los historiadores de Alejandro Magno.

Hacia la medianoche del 10 de agosto, cuando casi habíamos perdido la esperanza de que nuestro mensajero regresara al campamento de Urgench, nos despertó el grito de *allahu akbar* de cinco o seis turcomanos. Acompañaban a su compatriota con la alegre información de que el jefe de Urgench no pondría ningún obstáculo al avance de nuestra caravana.

Un sucio trozo de papel del *yuz bashi* contenía el mensaje, cuya autenticidad no tuve ningún deseo de poner en duda. El grito solemne que nos despertó en medio de la noche, que anteriormente nos hubiera alarmado, ahora sabíamos que no era más que la bendición que todos los uzbekos y turcomanos dan invariablemente a cualquier persona a la que se acercan.

En otros países mahometanos esto se limita a las ceremonias por la muerte de un pariente; pero en el Turquestán, la religión se mezcla con todos los asuntos de la vida. Si una persona te visita, comienza con la fátiha, o el versículo inicial del Corán, felizmente abreviado a un *¡allahu!*, seguido de una mesadura de la barba; si vas a viajar, todos tus amigos vienen y te dan la fátiha; si prestas juramento, todos los presentes dicen la fátiha; si te encuentras con un conocido, recitas la fátiha, y esta buena gente, por supuesto, nunca termina una comida sin ella.

Uno creería que los uzbekos son realmente el pueblo más religioso sobre la faz de la tierra, pronunciando, como lo hacen, los textos sagrados de su fe en las ocasiones más triviales. Sentamos al turcomano y a sus amigos, oímos las noticias del ejército de Urgench, y discutimos la perspectiva de nuestro paso seguro entre ellos. Refrescamos al mensajero con té y un narguile, que pedí con perseverante atención, ya que ninguna persona en el Turquestán debe exceder jamás una sola bocanada de la misma pipa, que se entrega inmediatamente a su vecino y circula por los miembros de la asamblea. No sólo eso, sino que decidimos en nuestro pequeño congreso que era mejor que el turcomano se dirigiera a Bujará y transmitiera las noticias a los mercaderes de la caravana. Nos ofreció un relato espantoso del desierto al sur del Oxus, y de las grandes dificultades para encontrar el camino, que ahora estaba oculto por nubes de arena alborotadas por el viento. No necesito mencionar sus aventuras, ya que nosotros mismos estábamos a punto de entrar en aquella región inhóspita. Sin embargo, seguimos su consejo y alquilamos dos camellos más, que debían ser los portadores de seis pellejos de agua, la provisión que se consideró necesaria almacenar antes de despedirnos del Oxus.

Nuestra estancia cerca de Karakul se prolongó hasta mediados de agosto, y si no estuviera tan ansioso por entrar en otros asuntos, podría dar cuenta aquí de esta región, famosa por sus pieles de cordero, que abastece a toda Tartaria, China, Persia y Turquía.

La caravana no tardó en reunirse de nuevo en nuestros cuarteles, y en la mañana del 16 de agosto aparecieron unos ochenta camellos para proseguir su viaje hacia el Oxus, todos ellos cargados con las preciosas pieles del pequeño distrito de Karakul, donde habíamos pasado casi un mes, entre turcomanos y pastores, que no hablaban más que de vellones y mercados. Entre el correo de Bujará, nos sorprendió gratamente y nos alegró encontrar un pequeño paquete enviado a mi dirección, cuyo contenido consistía en tres periódicos y una carta muy amable de mi amigo, el señor Allard, de Lahore. El paquete había tardado tres meses en llegar, y nos proporcionó un placer indescriptible, pues sentíamos una considerable ignorancia de lo que ocurría en el mundo. No habíamos visto un periódico desde que cruzamos el Indo a mediados de marzo, y ahora estábamos en deuda con un extranjero por los que habíamos recibido. En uno de los periódicos, fue bastante curioso observar un largo párrafo referente al desafortunado señor Moorcroft, que nos había precedido en estas tierras. Nos enteramos por él de que el mundo estaba profundamente interesado en la región donde ahora residíamos, y que la Sociedad Geográfica de Londres había resuelto rescatar del olvido los papeles del viajero, cuya una parte ya habían publicado bajo la superintendencia del honorable señor Elphinstone. Con estas circunstancias ante nosotros, y aun careciendo de toda comunicación con nuestros propios compatriotas, tuvimos el grato pensamiento de que no seríamos olvidados en nuestras andanzas. Era imposible, sin embargo, librarnos de toda memoria del destino del desafortunado viajero sobre cuyos pasos habíamos caminado tanto tiempo, y recordado ahora de nuevo en colores más vivos si cabe, desde el lugar que menos esperábamos.

CAPÍTULO 12

Viaje por el desierto de los turcomanos

A mediodía del 16 de agosto emprendimos la marcha hacia el Oxus, que distaba unos cuarenta y cuatro kilómetros. Después de recorrer quince kilómetros, nos detuvimos al anochecer en una pequeña aldea y partimos a medianoche hacia el río, bajo una luna brillante. Durante gran parte de la noche, nuestra ruta nos condujo entre vastos campos de arena blanda, formados en crestas que se asemejaban exactamente, en color y aspecto, a las de la orilla del océano. El cinturón de estas colinas de arena, que se extienden entre Bujará y el Oxus, varía en anchura de veinte a veinticinco kilómetros. Carecían por completo de vegetación. Había una notable uniformidad en su alineación; todas ellas conservaban la forma de una herradura, con el borde exterior orientado hacia el norte, dirección desde la que soplan los vientos de estas tierras. Por este lado, los montículos se inclinaban ligeramente, mientras en el interior, eran notablemente escarpados, pues la arena suelta siempre tomará su posición de los vientos predominantes. Ninguna de las colinas superaba la altura de cinco o seis metros, y todas descansaban sobre una base dura. El viento era fuerte, y las partículas de arena se movían de un montículo a otro, girando en el remolino o interior del semicírculo, y teniendo de vez en cuando, particularmente bajo los rayos del sol, el aspecto del agua; una apariencia, me imagino, que ha dado lugar a la leyenda de las arenas en movimiento de los desiertos. El termómetro, que había subido a 38 °C, bajó por la noche a 21 °C entre las colinas de arena. De hecho, siempre he observado que el contraste entre el frío y el calor es mayor sobre el terreno arenoso. Aproximadamente una hora después de la salida del sol, cambiamos esta lúgubre ruta por verdes campos, regados por el Oxus y, después de serpentear entre ellos durante unos seis kilómetros, acampamos al borde del río, donde nos escondimos de los rayos del sol bajo las alforjas de nuestros camellos.

Habíamos descendido hasta el Oxus en Bitik, que está enfrente de Charjui,* uno de los mayores transbordadores entre Persia y Turquestán. Había, pues, todas las facilidades para cruzar, y las bestias y el equipaje fueron arrojados a los botes, y pronto transportados a la orilla opuesta. El granjero de la aduana mató sus ovejas e invitó a la mayoría de los mercaderes a compartir su comida. Se interesó muy particularmente por nosotros y pidió ver nuestro pasaporte. Luego nos atendió en persona con un par de melones y algunos pasteles, que disfrutamos junto con él y su grupo, sentados a orillas del río, y creo que la diversión fue mutua. Este individuo mencionó, durante la conversación, que el Oxus se había congelado de orilla a orilla, y que las caravanas cruzaban sobre el hielo. Este hecho, bastante infrecuente, dio lugar a un grave motivo de discusión entre los médicos mahometanos.

El granjero había acordado pagar cien *tillas* al mes, como alquiler de su transbordador; pero como el río era transitable sobre el hielo, sus barcas eran inútiles, y perdió su granja. Se dirigió a Bujará y expuso su caso al rey, solicitando al mismo tiempo su autorización soberana para imponer una tasa a los viajeros. «Eso es imposible», dijeron su majestad y sus consejeros, «a menos que el granjero consienta en hacerse responsable del cuerpo de cualquier persona que pueda caer a través del hielo y perecer». La sabia respuesta del rey fue aplaudida por su sabiduría y contó con la aprobación de todas las personas, excepto del propio granjero, que

* Actual Turkmenabat. (N. del T.)

tuvo que pagar el importe total de su contrato. Observaré, en primer lugar, que, como el contratista no respondía de las vidas de los pasajeros en su barco, no podía responder de ellas en el hielo. En segundo lugar, dado que su contrato con el rey era por doce meses, debería haber sido eximido del pago durante el tiempo de congelación del río o, en todo caso, se le debería haber permitido cobrar un peaje a los pasajeros. La ley, sin embargo, se presta a interpretaciones en todos los países, y el rey de Bujará, al tiempo que protegía su tesoro de pérdidas, tenía también el mérito de parecer solícito por la vida de los fieles.

Cuando nos disponíamos a embarcar, presencié un ejemplo de la mezquindad de los comerciantes nativos, de la que he tenido, antes y después, muchas pruebas concurrentes. Nuestra barca no tenía caballos para arrastrarla, y se nos propuso que los alquiláramos; a lo que di mi asentimiento, diciendo que estaríamos encantados de contribuir con nuestra parte de los gastos. La respuesta fue insatisfactoria, ya que deseaban que corriésemos con todos los gastos; pero esto fue rechazado perentoriamente, y embarcamos sin los caballos, aunque la parte de cada persona no habría ascendido a un cuarto de rupia, y uno de los mercaderes poseía bienes valorados en tres mil *tillas*.

Una vez comenzamos a cruzar el río y por miedo, no fueron tan parcos en clamar el nombre de su deidad, como lo habían sido con su dinero en tierra. Estas invocaciones no les costaban nada y alquilar los caballos habría reducido sus ganancias. Los mercaderes de este país no tienen ninguna de las nociones liberales de la misma clase de gente en Europa, y estoy dispuesto a atribuirlo a que supervisan en persona la venta de sus mercancías, y presencian cada desembolso que se hace por su cuenta.

Cruzamos el Oxus con seguridad, sin caballos, y no lamenté la oportunidad que se nos había presentado de mostrar a nuestros compañeros de viaje que éramos tan pobres en nuestras alforjas como en nuestra vestimenta y condición. Un individuo, un persa, sintió realmente náuseas ante la idea de cruzar el Jihún sin caballos, y se trasladó a otro bote con remos, donde sobornó a los marineros con una rupia para que lo cruzaran rápidamente. Llegó, con el rostro pálido, y recibió nuestras felicitaciones por su valentía, pero este individuo resultó ser, al final, uno de nuestros mejores amigos.

Encontramos la corriente del Oxus con una anchura de seiscientos metros, y en algunos lugares de ocho a nueve metros de profundidad; de modo que era más estrecha y más profunda que en el punto donde habíamos cruzado con anterioridad. Sus orillas estaban muy hundidas y completamente cubiertas de una maleza espesa que ahogaba los acueductos. En este río se obtienen algunos peces de enorme tamaño, que pesan entre quinientas y seiscientas libras, una especie de esturión, y que los uzbekos utilizan como alimento. Una vez en el otro lado del Oxus, nos encontramos a unos diez kilómetros de la ciudad de Charjui, que estaba a la vista. Por primera vez, este noble río era utilizado para fines de navegación, ya que mantiene el vínculo comercial entre esa urbe y Urgench.

Los historiadores de Alejandro Magno mencionan el Oxus con este nombre en particular, aunque parece ser que los asiáticos desconocen ese término por completo. Ellos lo llaman Jihún y también Amu. Sabemos por los autores antiguos que Alejandro Magno se acercó a este río desde Bactra, o Balj, por un territorio «que exhalaba el poder de un sol de verano, y tostaba las arenas». La distancia entre Bactra y el río se cifra incluso correctamente en cuatrocientos estadios, y no inventaron fábulas sobre la anchura del río.

Flavio Arriano, historiador posterior a Aristóbulo de Casandrea, nos dice que el Oxus tenía seis estadios de anchura, y en esa parte de su curso lo hemos descrito con una magnitud de 757 metros. La propia topografía de la orilla del río puede, en mi opinión, adivinarse en los textos de Quinto Curcio; pues hay montículos bajos y puntiagudos cerca de ese paso del Oxus, y se nos dice que Alejandro Magno hizo encender hogueras en el terreno alto, «para que los afligidos de la retaguardia pudieran percibir que no estaban lejos del campamento». No hay colinas más abajo de Kilef.

Quinto Curcio escribió que el Oxus era un río fangoso, que arrastraba mucho limo consigo, y yo mismo encontré que una cuadragésima parte de la corriente era arcilla suspendida en el agua. El historiador también menciona el nombre de Maricanda, una referencia a la moderna ciudad de Samarcanda. Se describe como de setenta estadios de circunferencia, y hemos observado que la moderna Bujará excede los trece kilómetros, equivalente a unos sesenta y cuatro de los estadios griegos.

Igualmente, en sus pasajes tenemos un esbozo del carácter de estas naciones en épocas remotas. «Ejercían el robo y vivían del botín». Estas son las palabras literales del historiador, y nos explican las costumbres genuinas de la gente, ya fueran hunos, escitas, godos, tártaros, turcos o turcomanos. Más abajo, en el río, tenemos el nombre del territorio gobernado por Farsamanes, llamado Chorasmia, en referencia al reino de Jorasmia, sometido por Gengis Kan. Río arriba, relata una descripción de Paraetacene, que fue una región montañosa, como aprendemos de la mención de los abetos, y la formidable Roca de Chorienes. Esta es la región montañosa de Karatagin, como descubrimos por la similitud de su nombre y posición. Creo que se podría ubicar a la antigua Zeriaspes en la actual Shahrisabz, y podría seguir multiplicando las coincidencias, pero dudo que esta cuestión despierte interés en el lector.

Por la mañana nos trasladamos a Charjui, que en todos nuestros mapas aparece erróneamente en la orilla norte del Oxus. El lugar está gobernado por un calmuco, y goza de una agradable ubicación, por así decirlo, en la frontera entre la cultura y la desolación; con un bonito fuerte que corona una loma y domina la ciudad. Se dice que resistió a las armas de Tamerlán, pero su estado actual no hace pensar en su fortaleza ni en el poder de aquel conquistador. La población de Charjui no sobrepasa los cuatro o cinco mil habitantes; una gran parte de su población deambula por el Oxus de arriba abajo durante los meses calurosos. Nos detuvimos aquí cuatro días, pues era el último baluarte de la civilización entre Bujará y Persia. Durante nuestra estancia se celebró el día de mercado, o bazar, y yo me dirigí con Ernuzar, el turcomano, a presenciar la conglomeración, en la que pasé bastante desapercibido. Me paseé por el bazar, mucho más entretenido por la gente que por los artículos que vendían, que eran pobres en todos los sentidos. Había cuchillos, sillas de montar y bridas, telas y ropa de caballo de fabricación nativa, pero los únicos artículos de tela europea eran unas cuantas cuentas y casquetes de cretona, que se compraban muy fácilmente. Los vendedores de muchos de estos artículos vendían sus mercancías a caballo, y todos los compradores iban montados también.

En el Turquestán sólo se acude al bazar en caballo, y en esta ocasión no se veía a ninguna mujer, con velo o sin él. La mayoría de la gente eran turcomanos del Oxus, vestidos con altos gorros de piel de oveja, como los nativos de Urgench. Había unas dos mil o tres mil personas en el bazar, aunque muy poco bullicio y confusión, pero sí muchas compras y ventas. La costumbre de celebrar días de mercado es poco común en la India y en Kabul, pero de uso universal en el Turquestán: tal vez estimula el comercio y es muy conveniente, ya que toda la gente de la comarca, en kilómetros a la redonda, se reúne para la ocasión. Todo el mundo parece pensar que le incumbe estar presente. Los diferentes artículos se distribuyen en partes separadas del bazar, con tanta regularidad como en la propia Bujará: aquí se puede comprar grano, allí fruta, aquí carne, allí telas, etcétera. Las calles son tan estrechas, que el bazar se celebra generalmente en uno de los extremos de los pueblos rurales, y tal era el caso en Charjui; de modo que la fruta, el grano, o cualquier cosa que requiera ser expuesta, se extiende por el suelo. El bazar dura desde las once de la mañana hasta las cuatro de la tarde, que es la hora más calurosa del día.

Durante nuestra estancia en Charjui las necesidades de todos fueron satisfechas; ahora estábamos listos para emprender la marcha, y todas las pieles, ollas y cántaros fueron llenadas hasta el borde, procedentes de los canales del Oxus. A mediodía del día 22 partimos y, antes de haber recorrido una distancia de tres kilómetros, entramos en el gran desierto que separa los reinos de Irán y Turán.

El modo de viajar en el Turquestán consiste en partir a mediodía y marchar hasta la puesta del sol; y, después de un par de horas de descanso y la indispensable taza de té, se reanuda la jornada y se avanza hasta finalizar la etapa bajo la luz del día.

Hicimos la parada habitual al atardecer, y luego viajamos hasta el amanecer, cuando llegamos a Karoul, un pozo de agua salobre, a nueve metros bajo tierra, y bordeado de ramas de árboles, en el que nos detuvimos, a una distancia de treinta y cinco kilómetros de Charjui.

Toda la extensión que se presentaba ante nuestra vista era un lóbrego desierto de colinas arenosas, y de modo alguno desprovisto de vegetación y sotobosque como en la orilla norte del Oxus. Las colinas eran bastante blandas, pero la arena no era polvorienta, y los camellos se deslizaban con facilidad por ellas con sus cargas. Aquí y allá nos topamos con una capa de arcilla endurecida, como si las colinas de arena también descansaran sobre una base de ese tipo.

En estas hondonadas, y en la cresta de las colinas, encontramos un arbusto parecido al tamarisco, llamado *kasara*, también una especie de hierba, o pasto, llamado *salún*. Había asimismo dos arbustos espinosos, llamados *kuzzak* y *karaghan*,* ninguno de los cuales era el espino común de los camellos, aunque éstos se deleitaban alimentándose con dichos arbustos. No había agua en todo el camino, ni señales de habitantes, salvo un fuerte en ruinas que en otro tiempo había servido de vigía desde el Oxus. Los desiertos indios de Jaisalmer y Parkour eran insignificantes comparados con este vasto océano de arena. No hay vista más imponente que la de un desierto, pues el ojo se detiene con profundo interés en la larga fila de camellos, que serpentea su torcido curso a través del espantoso desierto. El símil entre un barco en el océano y un camello en

* Apenas puedo dar los nombres autóctonos.

el desierto puede estar trillado, pero es acertado. Los objetos animados confieren un fuerte interés a la naturaleza inanimada.

En medio de nuestra marcha por el desierto, nos encontramos con siete desafortunados persas, que habían sido capturados por los turcomanos y ahora se dirigían a Bujará, donde serían vendidos como esclavos. Cinco de ellos estaban encadenados y caminaban por la profunda arena. Cuando la caravana pasó junto a aquellos miserables seres, hubo un grito general de compasión, que no dejó de afectar a las pobres criaturas. Lloraban y miraban con nostalgia cuando el último camello de la caravana pasó hacia su querido país natal. El camello en el que yo iba estaba en la retaguardia, y me quedé para escuchar su historia de dolor. Habían sido capturados por los turcomanos en Ghain, cerca de Mashhad, unas semanas antes, cuando el cultivo de sus campos los había llevado más allá del umbral de sus hogares. Estaban cansados y sedientos, y les di todo lo que pude —un solo melón, una cortesía, que por pequeña que fuera, fue recibida con gratitud—. Qué idea tan espantosa tendrían estos desdichados seres, acerca del país en el que entraban, después de sus viajes por semejante desierto.

Los turcomanos muestran muy poca compasión por sus esclavos persas; ¿qué otro trato puede esperarse de hombres que se pasan la vida vendiendo seres humanos? No les dan más que una escasa provisión de comida y agua, para que puedan agotar sus fuerzas y evitar que escapen; pero aparte de esto, los turcomanos no les infligen ningún otro mal. Las historias que se han difundido de que cortan el tendón del talón y de que pasan una cuerda alrededor de la clavícula, no se ajustan a la verdad, ya que estos defectos disminuirían el valor del esclavo. Estos desafortunados cautivos sufren una calamidad mucho mayor: pierden su libertad.

Como arribamos a nuestro lugar de parada por la mañana, tuvimos ocasión de observar el número y la composición de la caravana. Había más de ochenta camellos y unas ciento cincuenta personas, varias de ellas hombres de la mayor respetabilidad, que acompañaban sus mercancías a los mercados de Persia. Algunos viajaban en alforjas colocadas sobre los camellos; otros iban a caballo, muchos en asnos; pero todas las personas, incluso las más humildes, tenían algún tipo de medio de transporte. Los jinetes precedían a los camellos y, tendidos sobre la arena con las bridas en la mano, dormían unos instantes hasta que la caravana los alcanzaba.

La escena era curiosa y novedosa. Entre el grupo había ocho o diez persas que habían pasado muchos años de esclavitud en el Turquestán y que, después de adquirir su libertad, regresaban ahora a hurtadillas a sus hogares. Esta gente estaba encantada con nuestras preguntas y, durante el viaje, muchos de ellos se encariñaron con nosotros. Nos traían melones, mataban ovejas, buscaban agua y siempre estaban a mano. Algunos de ellos habían sido capturados no menos de tres veces, y otras tantas se habían redimido, pues los uzbekos se dejan imponer y engañar fácilmente por sus esclavos, que ganan dinero con sus oficios. Conversé con varios de ellos; fue igualmente doloroso oír sus sufrimientos pasados y su ansiedad presente. Sus influyentes compatriotas en la caravana habían puesto a varios de ellos a cargo de una parte de sus mercancías, para que se les notara menos y se les considerara más como comerciantes que como esclavos emancipados, pues un comerciante persa en una caravana está generalmente a salvo.

A pesar de este arreglo, algunos desdichados de corazón duro habían contado historias sobre algunos sucesos a orillas del Oxus; un individuo se había visto obligado a regresar a Bujará, y algunos de los otros habían cruzado con dificultad. Una sola insinuación a la gente de Urgench, con toda probabilidad, detendría aún su avance, pero todos habían sido bien tutelados. Uno apenas se imagina cuáles deben ser los sentimientos de algunos de estos hombres al acercarse a Persia. Uno de ellos me dijo que había tenido una esposa y una familia numerosa en el momento cuando fue vendido al cautiverio, veintidós años antes; de los cuales no había oído hablar desde entonces. Si alguno de ellos todavía vive, entonces la llegada del padre se entenderá como un regreso desde la tumba. Otro de estos desafortunados individuos tenía una historia no menos conmovedora. Había sido capturado junto con su familia y, de hecho, todos los habitantes de su aldea, cerca de Turshish; entregado a los turcomanos, por uno de los jefes de Jorasán, que condujeron, en esta ocasión, a más de cien personas a Bujará.

En Maimana, población situada en el camino, fueron entregados a otros turcomanos, y finalmente vendidos en Bujará. Allí, este desafortunado hombre vio cómo vendían a su mujer a uno, a su hija y a su hijo a otros, y a sí mismo a otra persona. Un hombre compasivo, al enterarse de sus desgracias, lo puso en libertad, pues creía que era lo correcto a los ojos de Dios, y el pobre hombre merodeó por Bujará, como un pájaro cerca de su nido robado, con la esperanza de rescatar a los demás miembros de su familia. Fracasó, y ahora viajaba de vuelta a su propio país, para buscar la caridad y la piedad de aquellos que le habían conocido en su prosperidad. A uno se le rompería el corazón al escuchar todas las historias de infortunio que estos turcomanos saqueadores infligen a la humanidad.

Al partir de Karoul, abandonamos la carretera de las caravanas, que conduce a Merv, y nos adentramos en el desierto hacia el oeste, por un camino totalmente deshabitado. No tuvimos opción en la elección de esta ruta, ya que el oficial que manda el ejército de Urgench envió un mensajero para dirigir nuestra marcha hacia su campamento. Nos vimos así arrojados a las fauces del león, pero no pudimos hacer nada; los mercaderes parecían lamentarlo más que nosotros mismos. Después de la parada habitual, llegamos al pozo de Balghui, a cuarenta kilómetros de distancia, en la mañana del día 23. Era un pozo pequeño y humilde, nada importante, de metro y veinte centímetros de diámetro, tan profundo como el de Karoul, y los turcomanos sólo lo descubrieron después de una búsqueda en zigzag durante algunas horas. Pronto lo vaciamos —pues el agua era buena—, y tuvimos que esperar una noche hasta que volvió a llenarse.

En esta marcha, el desierto estaba cubierto de maleza, pero la zona carecía por completo de agua; unas pocas ratas, lagartos y escarabajos, con algún pájaro solitario, eran sus únicos habitantes. Algunas de las colinas de arena alcanzaban ahora la altura de veinte metros, pero a esa altura estaban invariablemente desprovistas de toda vegetación, la cual, supongo, no puede prosperar en un terreno tan expuesto. Las colinas más altas se encontraban a unos trece kilómetros de distancia del punto de parada, y se llamaban *shir-i-shutr*, o la «leche del camello», por alguna alusión a ese útil animal. El color de la arena, que era de cuarcita, no tenía nada de particular. No había césped, hierba ni plantas rastreras; todos los arbustos crecían por separado, y la hierba, que he mencionado antes, sólo se encontraba en los macizos. La temperatura de la arena ascendía a unos abrasadores 65 °C, y el de la atmósfera superaba los 37 °C, pero el viento soplaba constantemente. La manera constante en que sopla de una dirección es notable en este territorio interior. Es cierto que en todas las direcciones, excepto en el norte, tenemos montañas, pero están demasiado distantes para impedir el paso de los vientos.

Nuestra caravana avanzaba a paso firme y parejo entre la arena; tampoco puedo asegurar que el avance de un camello fuera muy impedido en el desierto. Avanzaban a razón de tres kilómetros y medio por hora, y desde entonces he descubierto que el sensato conde de Volney asignó la distancia de tres kilómetros por hora como la velocidad de un camello en su viaje a través de las arenas de Egipto y Siria.

Antes habíamos oído hablar de los desiertos al sur del Oxus, y ahora teníamos la ocasión de formarnos una opinión a partir de la observación sobre el terreno. Vimos esqueletos de camellos y caballos blanqueándose al sol, que habían perecido de sed. La naturaleza de los caminos o senderos admite que sean fácilmente borrados y, si se abandona una vez el camino trillado, el viajero y su cansado animal generalmente perecen. Una circunstancia de esta misma naturaleza ocurrió pocos días antes de nuestra partida de

Charjui. Un grupo de tres personas que viajaba desde el campamento de Urgench perdió el camino y se quedó sin agua. Dos de sus caballos perecieron a causa de la sed, y los desgraciados cortaron las venas del camello que les quedaba, le chuparon la sangre y llegaron a Charjui alimentándose de ella. El camello murió. Estos hechos son frecuentes. El kan de Urgench, en su última marcha hacia el desierto, perdió más de dos mil camellos que habían sido cargados con agua y provisiones para sus hombres. Cavó sus pozos a medida que avanzaba, pues el suministro de agua era escaso. Los camellos son muy pacientes ante la sed, pero es un burdo error creer que pueden vivir mucho tiempo sin agua. Por lo general, se consumen y mueren al cuarto día y, cuando hace mucho calor, incluso fallecen antes.

Después de un día de parada para que descansaran los camellos, nos pusimos en marcha al amanecer, y continuamos nuestro avance, con un breve alto, hasta la misma hora del día siguiente. Recorrimos cincuenta y seis kilómetros, y nos detuvimos frente a un fétido pozo llamado Sirab, de los pozos anteriores no habíamos conseguido nada de agua. Parecía que habíamos dejado atrás las grandes colinas de arena en nuestro avance hacia el oeste. El desierto, aunque tenía las mismas características que antes, presentaba ahora un terreno ondulado y desigual de arena, parcialmente cubierto de arbustos. El suelo era salado en algunos puntos; el agua del pozo era bastante buena después de haber sido extraída por un tiempo.

Nuestro sardar turcomano hizo su aparición poco después de nuestra llegada, para reclamar su taza de té, y ni los niños eran tan aficionados al azúcar como este turcomano de cabeza canosa. Yo solía dársela para tener el placer de verle molerla, aunque algunos de los mercaderes se extrañaban de que la malgastáramos en semejante persona. Siempre me sentía feliz en compañía de este hombre, pues lo consideraba el único vínculo entre nosotros y los bárbaros que íbamos a encontrar. También solía contarnos los cotilleos de la caravana y todos los pormenores de la comarca, e incluso sabía que anotábamos todo en nuestros diarios. Ernuzar no nos engañaba, y el té y el azúcar que consumía no eran sino un pequeño impuesto por sus servicios. A cambio de estos favores, prometió darme una *bonne bouche*, cuando llegáramos al primer campamento de los turcomanos. Yo no esperaba otra cosa que *kumiz* o *buza*, leche de yegua o licor fermentado, en cambio, me trajo leche de camello, que es la única bebida de los turcomanos. La leche se mezcla con agua y luego se extrae la nata. Se llama *chal* y tiene un sabor salado y amargo. La parte menos espesa de la leche es considerada una bebida agradable por la gente, pero a mí me sabía agria y acre. Yo creía que los uzbekos y los turcomanos bebían leche de yegua y licores fermentados; sin embargo, éstos son desconocidos en Bujará, y sólo propios de los cosacos y los kirguises, entre esa ciudad y Rusia.

Una caravana es como una auténtica república, pero no creo que la mayoría de las repúblicas sean tan ordenadas. De nuestros ochenta camellos, cada tres o cuatro pertenecían a individuos diferentes, y había cuatro *kafila bashis*. Aun así, no había ninguna disputa sobre la disposición o el orden de la marcha, y es una cuestión de honor que los unos esperen en todo momento a los otros. Si un solo camello pierde su carga, toda la fila se detiene hasta que es reemplazado, y uno se siente complacido ante tal cortesía universal. Estos sentimientos hacen que sea placentero viajar en caravana, ya que las detenciones son mucho menores de lo que realmente cabría imaginar. Cuanto más me mezclaba con los asiáticos en su propia esfera y los juzgaba según su propio criterio, más favorables eran mis impresiones sobre ellos. No se ve en la Europa civilizada ese sentimiento generoso que induce a los nativos de Asia, grandes y pequeños, a compartir entre sí cada bocado que poseen.

Los mahometanos no distinguen entre caballero y villano, al menos en lo que a hospitalidad se refiere. El kan se comporta con la misma sencillez que el campesino, y nunca se lleva un bocado a los labios hasta que lo ha compartido con los que están cerca de él.

Yo mismo he participado con frecuencia de esta generosidad entre ricos y pobres, pues nada se disfruta sin compañía. ¡Qué diferente al sentimiento que acosa a los borrachos de la baja sociedad en Gran Bretaña!

Esta buena camaradería entre los asiáticos no se limita a los comerciantes viajeros, sino que se encuentra tanto en las ciudades como en el campo. Es una lástima que nuestra civilización, con todas sus ventajas, no conserve estas virtudes. Los bárbaros son hospitalarios, los hombres civilizados son corteses, pero la hospitalidad añadida a la cortesía hace esta más admisible.

Una caravana es un acontecimiento interesante en todo momento. Pongo por ejemplo las maniobras de los piadosos para impedir su detención en el desierto turcomano, que fueron dignas de mención. La fila era demasiado extensa para hacer un alto general para las oraciones; y a la hora señalada, cada individuo debía ser visto a lomos de su camello o en su alforja, realizando sus oraciones ante la deidad, de la mejor manera que pudiera llevarlas a cabo. Las leyes del Profeta admiten que un verdadero creyente se purifique en la arena, donde no hay agua; el lomo de un caballo o de un camello es una posición tan legítima para la oración como la más espléndida mezquita de una ciudad. Al llegar al apeadero por la tarde, la escena era animada y entretenida.

Los uzbekos, como nosotros, no dan de beber a sus caballos cuando están calientes: en este viaje, apenas habíamos llegado, volvimos a partir, por lo que se permitió a los caballos saciar su sed, y para evitar cualquier efecto nocivo del agua, se montó inmediatamente al animal y se le hizo galopar a toda velocidad por colinas y valles, durante varios kilómetros. Esto hacía que el agua, como señalaban los uzbekos, alcanzara la temperatura del cuerpo del animal. El fácil transporte de algunos de los jinetes y las ligeras monturas que llevaban —algunas de ellas poco más grandes que las de carreras—, daban a estos bichos raros un interés que resultaba de lo más excitante.

Nuestra siguiente marcha nos llevó durante medianoche a Uchghui, que significa los «tres pozos», que nos costó mucho encontrar. Vagamos a derecha e izquierda, y los turcomanos desmontaron en la oscuridad y buscaron el camino con las manos entre la arena. Casi habíamos perdido la esperanza de encontrarlo y nos preparábamos para vivaquear, cuando el ladrido de un perro y una respuesta lejana a nuestras repetidas llamadas disiparon nuestra ansiedad y pronto acampamos junto al pozo. Asimismo, encontramos a unos cuantos turcomanos errantes, los primeros que veíamos desde que dejamos el Oxus. El pozo estaba turbio, pero estos pastores parecían indiferentes a la calidad del agua.

El terreno siguió cambiando a medida que avanzábamos, volviéndose más llano y libre de arena, pero todavía discurriendo en crestas y hondonadas alternas. En ellas descubrimos algunos pequeños guijarros rojos de bordes afilados, no muy diferentes de las piritas de hierro, y los pozos que excavamos en ellas no superaban aún los nueve metros de profundidad; en comparación, en el desierto indio pueden alcanzar hasta trescientos metros.

A la mañana siguiente, los turcomanos se reunieron a nuestro alrededor, y tuvimos con ellos una conversación muy abierta, pues ignoraban por completo nuestra identidad, y la presencia de uno de su propia tribu, nuestro amigo turcomano Ernuzar, resultó ser una atracción suficiente para estos «hijos del desierto». Nos hablaron del frío penetrante de los inviernos en esta comarca, y nos aseguraron que la nieve a veces llegaba a los treinta centímetros de altura. Nosotros mismos habíamos experimentado un descenso de diez grados de temperatura desde que dejamos el Oxus.

Nos informaron de que nos acercábamos al campamento del kan de Urgench, que, al parecer, se encontraba a orillas del Murgab, o río de Merv, bastante más abajo del lugar de ese nombre, y a unos cuarenta kilómetros de distancia de nosotros. Partimos a mediodía y, cuando el sol se puso, nos encontramos entre las ruinas de fuertes y aldeas, ahora desiertas, que se alzaban en grupos almenados sobre una extensa llanura. He observado que habíamos ido saliendo poco a poco de las colinas de arena y, estas huellas de la industria humana, a las que ahora nos habíamos acercado, eran los antiguos restos de la civilización del famoso reino de Merv, o, como nuestros historiadores lo han llamado erróneamente, Meru. Antes de que nos aproximásemos a estas ruinas, habíamos tenido señales de que faltaba poco para librarse del océano de arena, puesto que varias bandadas de pájaros habían pasado volando sobre nosotros. Del mismo modo que un navegante está seguro por tales indicaciones de que se acerca a tierra, nosotros tuvimos la satisfacción de saber que nos aproximábamos al agua, después de un viaje de 240 kilómetros a través de un estéril páramo, donde habíamos sufrido considerables inconvenientes por la falta de ella.

Todavía no habíamos llegado al límite de las viviendas, pero después de una marcha ligera y agradable, por una llanura perfectamente plana y dura, salpicada por todas partes de fuertes derruidos y otras ruinas, nos encontramos, hacia las nueve de la mañana siguiente, en un gran campamento turcomano —o, como se le conoce aquí, un *oba*—, cerca de las orillas del Murgab. El nombre del lugar era Juaya Abdulá, y toda la colonia salió al encuentro de la caravana. Nos apostamos en una loma, a unos doscientos o trescientos metros de distancia, y los mercaderes nos ordenaron que nos apiñáramos entre ellos y nos mostráramos humildes. Así lo hicimos, y los turcomanos del campamento no tardaron en agolparse a nuestro alrededor, pidiéndonos tabaco, para lo cual trajeron montones de los más deliciosos melones, que cortamos y disfrutamos en compañía de camelleros y esclavos, desafiando al sol, aunque no puedo decir que en detrimento de nuestras ya quemadas caras.

Ahora se desveló que el campamento de Urgench estaba al otro lado del río, que sólo era vadeable en ciertos lugares, y los mercaderes decidieron que ellos mismos, con todos los *kafila bashis*, debían dirigirse inmediatamente al lugar en persona, y hacer todo lo posible por conciliar al oficial al mando, ya que el kan había regresado en esos pocos días a Jiva. Su gran objetivo parecía ser cumplir con sus obligaciones en el lugar donde estaban acampados, puesto que a nadie le gustaba confiar sus propiedades al alcance de un destacamento de Urgench. Si el grupo rezó por el éxito del viaje, puedo añadir que nosotros lo hicimos con el mismo fervor, y la delegación partió en consecuencia con los buenos deseos de todos. Nos dejaron entre los *oi poloi* de la caravana y, al llegar la noche, nos tendimos bajo un cielo despejado y sin nubes y dormimos sin temor ni ansiedad por parte de nuestros vecinos vendedores de hombres. Esta despreocupación entre tales gentes y países es muy excepcional; un turcomano, aunque puede emprender un ataque violento y ejecutarlo de forma precisa, no puede, en cambio, cometer un robo de manera tranquila, lo cual no congenia con su naturaleza.

Ahora quiero hablar un poco sobre el desierto que habíamos atravesado en nuestra ruta hacia el Murgab. Desde el punto de vista militar, la escasez de agua era un gran obstáculo. En algunos lugares, los pozos estaban a cincuenta y seis kilómetros de distancia y, en general, el agua era amarga y escasa. El agua que habíamos transportado con nosotros desde el Oxus no era menos nauseabunda que la del desierto, ya que debía transportarse en pieles, y éstas debían aceitarse para evitar que reventaran. La grasa se mezclaba con el agua, que luego estaba tan contaminada que los caballos incluso se negaban a beberla. No había nada que nos hiciera tanta falta como el agua dulce. Durante la marcha, varias personas de la caravana, en particular los camelleros, sufrieron inflamación de los ojos, supongo que a causa de la arena, el resplandor del sol y el polvo.

Con tal enumeración de pequeñas vejaciones y obstáculos físicos, es dudoso que un ejército pudiera cruzar el río en este punto. Los pesados caminos arenosos, ya que no hay carreteras, podrían ciertamente hacerse transitables para las armas, colocando maleza sobre la arena, pero hay una gran escasez de hierba para el ganado, y los pocos caballos que acompañaban a la caravana, estaban hastiados y agotados antes de haber alcanzado el río. El veloz caballo que es obligado a viajar con el lento camello sufre una gran injusticia. Con lo que un ejército no podría superar los movimientos de una caravana, y las fatigas caerían pesadamente sobre los soldados y demás. La historia nos revela que muchos ejércitos han luchado y cruzado este desierto, pero consistían en hordas de caballería ligera que podían moverse con rapidez. Hay que recordar que no llevábamos a nadie a pie en nuestro grupo. La caballería ligera podría atravesar semejante desierto, por divisiones y en rutas separadas; pues además del camino principal a Merv, hay otros dos caminos, uno al este y otro al oeste. Sea como fuere, sería una tarea difícil para un gran conjunto de hombres pasar del Murgab al Oxus, ya que nuestra caravana, de ochenta camellos, vaciaba los pozos, y sería fácil ocultar, o incluso tapar por completo, estos escasos depósitos. Donde el agua se encuentra a menos de nueve metros de la superficie, un comandante enérgico puede remediar sus carencias, porque tenemos un ejemplo de ello en el avance del kan de Urgench hasta las orillas del Murgab. Pero después de haber escrito, aunque tal vez difusamente, sobre el cruce de tal desierto, me pregunto, ¿quién tiene intención de cruzarlo, y en la frontera de qué invasor se encuentra? No está en la ruta entre la India y Europa; y si los descendientes de los escitas y los partos desean invadir y tiranizarse unos a otros, pueden hacerlo sin, tal vez, despertar siquiera la atención de los «británicos feroces».

El campamento turcomano, u *oba*, en el que nos detuvimos, nos presentó un cuadro de gran novedad. Consistía en unas ciento cincuenta chozas cónicas móviles, llamadas *khirgahs*, que estaban encaramadas en un terreno elevado. No había orden en la distribución, y se alzaban como colmenas gigantescas, lo cual no sería una mala comparación, si no hubieran tenido techos negros. También podríamos haber tomado a los niños por abejas, pues eran muy numerosos. Me asombraba el revuelo de tantos saqueadores. Viendo a los turcomanos en masa, se puede distinguir sin duda que tienen algo de tártaro en su aspecto; sus ojos son pequeños y los párpados parecen hinchados. Son una raza muy atractiva. Todos iban vestidos con el *telpek*, un gorro negro cuadrado o cónico de piel de oveja, de unos treinta centímetros de altura, que es mucho más favorecedor que el turbante y da a los turcomanos la apariencia de un disciplinado cuerpo militar.

Los turcomanos son muy aficionados a las ropas de colores brillantes, y eligen los tonos más claros de rojo, verde y amarillo como estampado de sus *chupkuns* o pellizas. Se pasean por el campamento en un estado de gran desgana y, ¿qué tienen que hacer sino vivir del producto de su última incursión? Tienen pocos campos, y uno o dos individuos pueden cuidar de sus innumerables rebaños. Sus perros, de hecho, realizan esta tarea por ellos. Estos animales son muy dóciles, pero feroces para un extraño: son peludos, parecen de raza mastina y cotizan un alto precio incluso entre esta gente.

Los hábitos marciales de los turcomanos me parecieron aún más sorprendentes cuando despejaron de maleza la circunferencia de su campamento a lo largo de un kilómetro a la redonda. Creo que lo habían cortado para hacer leña, pero el parecido con una explanada o un patio de armas no dejaba de ser cierto. Al hablar de los turcomanos, no debo olvidar a las damas, cuyo tocado haría honor a las aristócratas de un salón de baile inglés. Consiste en un alto turbante blanco, con forma de chacó militar, pero más alto, sobre el que se coloca un pañuelo rojo o blanco que cae hasta la cintura. Algunas de estas mujeres turcomanas eran bellas y hermosas, y se adornaban con una variedad de ornamentos que llevaban sujetos al pelo, que cuelga en mechones sobre los hombros. Su tocado es, tal vez, un poco grande, pero ellas mismas son generalmente de gran tamaño, y como nunca llevan velo, les queda bien. La otra parte de su traje es un vestido largo que llega hasta el tobillo y oculta tanto el tobillo como la cintura, los mismos puntos de referencia de la belleza en nuestro país; lo cual nos indica que naciones remotas entre sí no difieren demasiado en el lenguaje y las leyes, ni en el gusto y las costumbres.

La partida que se había dirigido al campamento de Urgench regresó a la mañana siguiente con el lugarteniente del *yuz bashi*, o comandante, y su sola aparición hizo que los cuerpos de los mercaderes se estremecieran de miedo. Hasta entonces no se habían recaudado impuestos y la situación ahora era incierta. El oficial era un hombre mayor, con un gran *telpek* pegado a la cabeza, como una gorra de regimiento. Le acompañaba un grupo de turcomanos del desierto, entre los que había un jefe o *aksakal* —literalmente, barba blanca— de la gran tribu saryk. Los mercaderes sentaron a la delegación en el lugar de honor, se dirigieron al oficial como si hubiera sido el propio *yuz bashi*, le ofrecieron té y tabaco —pues ahora fumaban en público— y le obsequiaron con sedas, paños, pasas y azúcar, y luego procedieron a exponer sus mercancías. Cada persona hizo una ofrenda, y nosotros enviamos dos puñados de pasas y un poco de azúcar como tributo. Nos sentamos a corta distancia en nuestras alforjas y presenciamos toda la escena. El *yuz bashi* se dirigió ahora a todos los miembros de la caravana y, en el lenguaje más franco, dijo que se le había ordenado cobrar el impuesto legal de *uno por cada cuarenta*, pero que prescindiría de abrir los fardos. «Más vale decir la verdad», amenazó, «porque si tengo motivos para dudar de alguno de vosotros, seréis examinados y experimentaréis la cólera del kan de Urgench, mi amo y señor». Este discurso fue escuchado con terror; algunos, creo, llegaron a decir que tenían más bienes de los que realmente poseían, y, por lo que pude juzgar, todos fueron honestos. Se pidió pluma y tinta, y el congreso procedió a hacer una lista de las mercancías, lo cual no fue tarea fácil.

Mientras los mercaderes se disputaban las *tillas* y adulaban al *yuz bashi*, nosotros habíamos adoptado una posición tranquila, e incluso fingíamos estar sumidos en un sueño. Sin embargo, nunca había estado más despierto en mi vida, y estaba lo bastante cerca como para oírlo y verlo todo. Nos hicieron varias preguntas, y los principales mercaderes hablaron con seriedad y amabilidad. Nunca les habíamos dado instrucciones, pero ahora optaron por denominarnos hindúes de Kabul, que se dirigían en peregrinación a las llamas de Bakú, en el Caspio. Durante nuestro periplo, habíamos tomado la identidad de ingleses, afganos, uzbekos, armenios y judíos, y ahora nos denominaban hindúes. Estas gentes son simples y nunca interrogan a fondo. Poco después de haber discutido el tema de nuestra identidad y nuestros objetivos, el *aksakal* turcomano se levantó del grupo y se sentó a nuestro lado. *Aksakal*, como ya he dicho, significa barba blanca, aunque este personaje tenía un pelaje bastante negro hasta la barbilla; llevaba una espléndida pelliza escarlata, y nunca nuestro uniforme nacional me pareció más formidable que en su persona, pues podría haber demostrado ser «muy tártaro» bajo sus colores británicos. Hablaba un poco de persa y preguntó: «¿Es usted de Kabul?». A lo que yo asentí con la cabeza. El doctor se encubrió en su alforja, y nuestro visitante se dirigió a un afgano, uno de los nuestros, de lo cual me alegré, ya que mantendría el engaño.

Se dice que los nativos de Urgench son, de todas las tribus del Turquestán, los más hostiles a los europeos, tanto por su proximidad a Rusia, como por su conocimiento de que los persas, que constantemente amenazan su territorio, son ayudados por ellos. Los turcomanos, por supuesto, no saben nada de las diferentes naciones de Europa, y consideran a todos los europeos sus enemigos.

No me apené cuando el jefe turcomano seleccionó otro grupo, después de que este patriarcal «barba blanca» no hubiera hecho ningún descubrimiento, incluso después de vernos y entablar en conversación con nosotros. La situación entera me pareció un perfecto enigma, pues nosotros mismos nos habíamos mezclado con los turcomanos de nuestro grupo como europeos, y nuestra verdadera identidad era bien conocida por todos los individuos de la caravana. Puede que el miedo impidiera a algunos de ellos revelar todo lo que sabían, pero era muy digno de crédito, pues tengo razones para creer que la gente del kan de Urgench no se habría mostrado de buen grado favorable a nosotros.

Sin embargo, fuimos víctimas de un caso de mala fe a manos del que menos lo esperábamos: nuestro *kafila bashi*. Necesitaba dinero para pagar los justos impuestos sobre las mercancías, que al principio había esperado pasar de contrabando, y aunque todo había quedado arreglado entre nosotros, y casi había recibido el pago completo por el alquiler de sus camellos, apareció en medio de la confusión para decir que la caravana sería detenida por nuestra culpa, si no le prestábamos algunas *tillas*. Vaya momento y vaya prueba para los nervios.

Habría sido inútil quejarse de un trato tan poco generoso y peor hubiera sido mostrar lo que sentíamos. Consideré que un par de *tillas* bastaban para dar al infeliz, aunque nos habíamos provisto de unas trescientas, que yo sabía que podrían hacernos amigos, en un lugar donde los hombres se venden y se compran como ovejas. Avanzaba la tarde, y nuestras transacciones con el *yuz bashi* de Urgench llegaban a su fin.

El oficial se llevó doscientas *tillas* de oro, y todos los mercaderes lo acompañaron hasta su caballo y siguieron mirándolo hasta más allá de los límites de nuestro campamento. Tal es el temor a la autoridad y el poder del hombre más mezquino que la ostenta. Al anochecer, los mercaderes vinieron a visitarnos y nos contaron los asuntos del día tomando una taza de té.

Tuvimos que dar las gracias a un uzbeko, llamado Ulahdad, y a Abdul, un persa; sin embargo, tuvimos que hacer algún reconocimiento al grupo en general, pues ahora habíamos llegado a intimar con todos ellos. Cada vez que los jinetes de la caravana se cruzaban con nosotros en el camino, nos gritaban: «¡Oye Mirza! ¿Cómo estás?», con toda una secuencia de cumplidos en su lengua. Muchos de ellos apenas sabían que el nombre de «Mirza Sikander», que ellos mismos me habían dado y que significaba «Secretario Alejandro», era tan bien merecido; ya que aprovechaba cada oportunidad que se me presentaba para usar la pluma y la tinta secretamente, y dar cuenta, como un buen secretario, de todos sus procedimientos. Este día me sentí en paz con la humanidad, pues

ahora éramos libres para proseguir nuestro trayecto. Los hombres
de Bujará me aseguraron que estaban interesados en nuestra fortuna, a causa de las órdenes de su ministro, el Kush Beg; los persas,
de los que había muchos en la caravana, temían la amistad entre
Abbás Mirza y los ingleses. Personalmente, no me atrevía a creer
que ninguno de estos grandes personajes se preocupara mucho
por nosotros, pero era grato saber que tal era la opinión de nuestros compañeros.

CAPÍTULO 13

Continuación de la travesía por el desierto turcomano

E N la mañana del 29 de agosto nos pusimos en marcha al amanecer, con el ánimo alegre, y seguimos el curso del Murgab, o río de Merv, durante veinte kilómetros antes de que pudiéramos cruzarlo. El río mostraba unos setenta y cinco metros de ancho y metro y medio de profundidad; fluyendo entre empinadas orillas arcillosas, a una velocidad de ocho kilómetros por hora. Cruzamos por un vado indiferente, sobre un fondo arcilloso con muchos hoyos. No había ningún pueblo, aunque el lugar se llama Ulisha. Este río nace en las montañas de Hazara, y durante mucho tiempo se creyó que desembocaba en el Oxus o en el Caspio. Ambas opiniones son erróneas, ya que forma un lago, o se pierde en uno, a unos ochenta kilómetros al noroeste de Merv. Este río estaba antiguamente represado por encima de Merv, lo que dirigía la mayor parte de sus aguas hacia esa vecindad, elevando a esa ciudad al estado de riqueza y opulencia de que gozaba antaño.

La presa fue derribada hace unos cuarenta y cinco años por Shah Murad, un rey de Bujará, y el río sólo riega ahora la comarca en su inmediata vecindad, que está cubierta con los campamentos, u *obas*, de los turcomanos; pues no hay aldeas fijas. Este pueblo cultiva por irrigación, y todo crece con gran exuberancia. El *jowari* o sorgo (*Holcus sorghum*) tiene un tallo más grueso que un bastón, y en las zonas no cultivadas existe el forraje más rico para el ganado y los arbustos espinosos más finos para el camello, animal que

271

se encuentra aquí en grandes manadas. El territorio al norte de Merv se conoce con el nombre de Maruchak, y se dice que es insalubre. Hay un proverbio, al menos, que dice así: «Antes de que Dios haya creado la inteligencia, el agua de Maruchak habrá matado al hombre». Este río fue llamado *Epardus* por Arriano, una palabra que, según un autor, se dice que significa *regador*. Aquí no está mal aplicada. Incluso parece que el historiador conocía su curso, pues se nos dice que el *Epardus* «esconde sus corrientes en la arena, como muchos otros grandes ríos».*

Experimentar la transición de un desierto arenoso a un borde de un torrente, fue de lo más gratificante; todo el mundo parecía encantado, e incluso los animales parecían sentir el cambio. Las orillas ofrecieron un espectáculo de alegría y regocijo durante todo el día; los turcomanos se zambullían en el agua con sus caballos y la mayor parte de la caravana jugueteaba en la corriente. Se nos ocurrió una estratagema que contribuyó no poco a nuestra diversión, empleando una *tenga*, o la tercera parte de una rupia, que sería la recompensa para la primera persona que pudiera vadear el río. La enorme suma fue entregada solemnemente a un comité; creo que incluso se pronunció la bendición, y dieciséis competidores se presentaron para la ocasión. Ganó un turcomano de Sarajs, que poseía el arte de correr más rápido en las aguas profundas.

Estábamos ya cerca de Merv, y varios miembros de la caravana, al acercarse al río, declararon que tenían a la vista el elevado montículo de su castillo en ruinas. Yo busqué en vano, pero los demás espectadores anhelaban su ciudad natal y querían, tal vez, persuadirse de que la contemplaban.

Escuché las historias caballerescas que esta gente me relató de un tal Bairam Kan y un grupo selecto de setecientos hombres, que resistieron durante mucho tiempo las armas de los uzbekos de Bujará, hasta que Shah Murad finalmente los sometió mediante una estratagema de guerra, y trasladó por la fuerza a toda la población

---

* Ver *Anábasis de Alejandro Magno*, libro 4º, capítulo 6º.

a su capital. Tampoco me resultó menos gratificante escuchar la patriótica historia de las heroínas de Merv, las esposas e hijas de la gallarda horda.

Está registrado, y así se cree, que en una ocasión, cuando las fuerzas de Bujará invadieron la tierra de Merv, durante la ausencia de Bairam Kan y sus caballeros, estas damas hicieron acto de presencia en el campo de batalla. Los uzbekos se sintieron intimidados a la vista de unas tropas a las que creían haber sorprendido, y huyeron precipitadamente, dejando a las heroínas de Merv como virtuosas vencedoras. Tampoco es este un caso aislado de triunfo femenino sobre el hombre. Los habitantes de Merv, tras haber perdido su patria y libertad, aún conservan la misma reputación de coraje que caracterizó a sus antepasados y, hasta el día de hoy, cuando abandonan la comarca, sus valerosas compañeras son retenidas en Bujará como símbolo de su fidelidad, y bajo ningún concepto se les permite cruzar el Oxus.

Llegaron a nuestro conocimiento algunas particularidades que exigían prudencia y cautela, y que parecían suscitar la más justa alarma. Cuando nuestro grupo alcanzó el campamento de Urgench, se encontró con que el jefe estaba despachando un grupo de 350 turcomanos a una incursión a las fronteras de Persia. Nuestros amigos habían llegado incluso a tiempo para dar a estos bárbaros la *fátiha*, o bendición habitual, pues, sin importar lo que sintieran, no les quedaba más remedio que aparentar su respaldo a la causa. El *yuz bashi*, en su presencia, ordenó a los ladrones que tuvieran buen ánimo y recordaran el buen trabajo que iban a realizar y las *tillas* de oro que iban a cosechar en el país de los kizilbashes. «Id y traed al príncipe real de Persia, Abbás Mirza, en persona, a los pies del Kan Huzrut», exclamó. Los ladrones montaron enseguida y, uno de los mercaderes, que parecía haber recobrado la cordura, rogó que la formidable banda perdonara la vida a nuestra caravana.

El *yuz bashi* dio instrucciones en ese sentido, pero los bandidos negaron con la cabeza, y éste parecía ahora poco dispuesto a poner a prueba la honradez de aquellos hombres. Dieron vueltas al asunto entre ellos y parecían muy afligidos. Yo, como miembro del grupo, no pude evitar preguntar sobre la clase de *bendiciones* que tan gratuitamente habían profesado a semejante horda. «Fue la fátiha», contestó un persa, «invoqué el nombre del santo Profeta, pero fue para que esos canallas vendedores de hombres no volvieran jamás». Nuestro guía Ernuzar dijo en persona que era una abominación haber hecho tal uso de la primera frase del Corán; tan fácil es caer en el error de corresponder el ritual de una fe con los deseos de uno.

Supongo que el doctor y yo éramos los únicos miembros de la caravana que habríamos querido echar un vistazo a los feroces bandidos; me atrevo a decir que fue una suerte que nuestra curiosidad no se viera satisfecha. Puesto que semejante horda de saqueadores merodeaba ahora por la comarca, se decidió que marcháramos hacia Sarajs, un gran asentamiento turcomano, y esperáramos allí el resultado de su expedición, de la que los mercaderes de la caravana tenían más deseos de saber que de presenciar. Los salteadores habían recibido instrucciones de marchar a paso ligero, como hacen siempre los turcomanos en sus incursiones, y se esperaba que regresaran al décimo día.

El 30 de agosto recorrimos la mayor parte de la ruta del día anterior, y bajamos por la orilla opuesta del río durante unos veinticinco kilómetros, cuando nos detuvimos de nuevo entre los turcomanos en un campamento típicamente nativo llamado Kunjukulán. Aquí nos mezclamos con ellos sin vacilar y recogimos muchos datos sobre la población. Los turcomanos son turcos, aunque se diferencian de los uzbekos en que se dedican por completo al pastoreo.

Hay varias tribus importantes en su raza, todas las cuales reivindican un origen común; habíamos conocido a los ersaris en el Oxus, y ahora nos mezclábamos con la tribu saryk, más allá de la cual están los salur. Hacia el Caspio se encuentran los teke, los gokleng y los yomut, todos ellos grandes tribus, de las que hablaré a medida que avancemos. Entre nuestros conocidos saryk había un individuo que había pasado sus tiempos mozos haciendo incursiones en Persia, y gracias a su odioso oficio había adquirido un perfecto conocimiento de la lengua de aquel país, lo que me permitió conocer los genuinos sentimientos de un ladrón turcomano. Se llamaba Nurnyaz, y en sus incursiones había acompañado tanto a las partidas grandes como a las más pequeñas; de hecho, en total sólo había regresado con tres cautivos, que habían sido apresados por un reducido número de seis jinetes. Describió la manera de acercarse a Persia por etapas lentas y cortas, y que, después de llegar a las fronteras, a menudo se quedaban durante días cerca de un fuerte para esperar una oportunidad favorable de caza y captura. Si no se presentaba ninguna, se lanzaban a los campos por la mañana, mientras los pastores y los labradores proseguían con sus ocupaciones, y se llevaban con rapidez a quienquiera que pudieran capturar. Si eran perseguidos acaloradamente, renunciaban a un caballo de repuesto por cada dos individuos y se llevaban al esclavo más valioso.

En una expedición tan efímera, todo depende de la rapidez de sus caballos, por lo que los turcomanos los cuidan al máximo. Mi conocido turcomano me dijo que ahora estaba preparando su caballo para otra incursión, lo que consiste en ejercitarlo muy severamente después de una larga abstinencia de comida y agua, lo que lleva al animal a un estado de dureza incomparable. No les permiten probar forraje verde, sino que los limitan a comida seca, que creen que endurece la carne. Los sudan hasta que su grasa desaparece por completo, lo que juzgan por la cantidad de agua que bebe el caballo, ya que es ínfima si su carne se ha reducido adecuadamente.

El caballo turcomano, con semejante entrenamiento, supera con creces a los de Europa y Arabia, pero es un animal de aspecto tosco, y no tiene ni la lisura ni la belleza de pelaje que vemos en la India o en nuestro propio país. Dado que la vida y la fortuna de un turcomano se identifican con la bondad de su caballo, podemos explicar los cuidados y atenciones que le dispensa. La poca comida a la que está acostumbrado permite a su jinete proveer con facilidad sus propias necesidades: lleva el grano para el caballo y para sí mismo, así como pan y harina. En su avance, a veces entierra los comestibles en un lugar bien conocido, hasta que regresa de la incursión; y cuando el turcomano se retira a su desierto natal, se abastece así de provisiones, aunque haya estado semanas lejos de su campamento, que comparte con las víctimas de su captura, a las que arrastra a una miserable servidumbre.

En el catálogo de miserias humanas, hay pocas más severamente perpetradas, y cuyas consecuencias sean más destructivas para la felicidad familiar, que la cruel práctica del robo de hombres. A pesar de las desgracias producidas por este hábito, las hordas que se dedican a ello no parecen derivar ninguno de los lujos o disfrute de la vida humana de tal ocupación, y viven en harapos y penuria, aparentemente sin compensación alguna por su vandalismo. El terror que los turcomanos inspiran entre la población de los países vecinos es palpable, lo que no es sorprendente, ya que demuestran fortaleza y perseverante energía en su arriesgada ocupación.

No podemos dejar de admirar su determinación y reconocer su valor, al mismo tiempo que deploramos la suerte del desdichado país en el que tienen lugar sus proezas. Los modales y costumbres de los turcomanos, en las odiosas prácticas que llevan a cabo contra sus semejantes, socavan los mejores principios de la naturaleza humana y, en consecuencia, encontramos que este pueblo carece de gran parte del honor que a menudo se observa entre las naciones medio civilizadas. La gente te dirá: «Un turcomano es un perro, y sólo se le mantiene tranquilo con un poco de pan, como a un perro: así que dáselo para transitar sin ser molestado, esta es la doctrina del viajero». También tienen la fama de ser pérfidos y traicioneros, que no es del todo inmerecida. Los persas se han esforzado, pero sin éxito, en poner fin a estas temerarias incursiones de los turcomanos, pero ellos mismos viven en un desierto donde están a salvo, y se sienten alentados por la fácil venta que encuentran para sus cautivos en los países favorecidos que habitan más allá de su propia región desolada. En sus expediciones a Persia, algunos turcomanos son capturados ocasionalmente y se exige un rescate exorbitante sobre sus cabezas, aun así, son liberados por sus parientes. Un turcomano pasa sus días en una incursión o preparándose para una, y es un hecho vergonzoso que los jefes de Jorasán se hayan aliado durante mucho tiempo y de forma poco natural con estos enemigos de su religión y de su país, para comerciar con una parte aún mayor de desafortunados persas en sus manos y en esclavitud eterna. La avaricia es el más pernicioso de nuestros vicios.

Ahora que estábamos fuera del alcance de las tropas de Urgench, los mercaderes de la caravana se reunieron en cónclave para lamentar la pérdida de su dinero por un nuevo impuesto, e idear formas y medios para recuperarlo. A la mayoría le pareció que los *firangis*, es decir, nosotros, debíamos soportar una parte de la carga, y la asamblea nos esperó por la tarde para expresarnos sus deseos y pedirnos que soportáramos una cuarta parte de todos los impuestos. Dado que el pago de la aduana regular había inducido al oficial a renunciar a la tasa habitual sobre cada par de alforjas, habíamos escapado ciertamente a todo tipo de tributo, y esto se debía evidentemente a la riqueza y al tamaño de la caravana con la que viajábamos. También el oficial de Urgench, según se decía ahora, había sido sobornado con diez *tillas*.

Parecía razonable y justo que sufragásemos nuestra parte de este gasto, y, por lo tanto, ofrecí el impuesto habitual de una *tilla* por cada uno de nuestros camellos, ya que tendería a disminuir el gasto general de la caravana. Se trataba de un punto que requería discreción y buen juicio, pues una negativa total podría haber convertido a un grupo amigo en hostil; por otra parte, en todo momento debíamos ser muy moderados en nuestros gastos. En este caso, tuve la suerte de granjearme a los principales comerciantes del grupo con mi concesión. Varios de ellos nos pidieron que pagáramos la cuarta parte del impuesto, pero como comprobé que no habíamos incurrido en ningún gasto adicional y que los tributos se habrían cobrado tanto si hubiéramos estado presentes como si no, me negué a pagarlos y les dije que éramos viajeros y sus invitados en tierra extranjera, y que esperaba que fueran indulgentes y justos.

El jefe turcomano, nuestro amigo Ernuzar, apareció en este momento de nuestra conversación para protestar contra un ultraje a la hospitalidad por la demanda que se nos había hecho, pero yo ya había tomado una decisión y di mi palabra. Los derechos del forastero son muy respetados entre esta gente, y el grito de muchos se apagó en las débiles vociferaciones de los comerciantes más pobres, cuyos escasos medios les hacían sufrir con más fuerza el gravamen que se les había hecho pagar. En cierta manera, la identidad de un europeo en tales países es inadecuada para un viajero; pues se cree que posee riquezas ilimitadas, aunque vaya con lo puesto; un asiático, en cambio, no tiene nada en común con un europeo en lo referente a este tipo de prejuicios.

Emprendimos ahora la marcha por el desierto hacia el oeste del río Murgab, y avanzamos sesenta kilómetros. El terreno era completamente diferente del lado opuesto, y hacia la mitad del viaje el desierto se convirtió en una superficie llana, dura y plana, cualidad que conservó desde entonces. Los camellos avanzaban en cuatro filas, una al lado de la otra, y nosotros continuábamos avanzando en ese orden. El terreno me recordaba mucho al Rann de Kutch en la India, aunque había espesuras de arbustos, que no se ven en esa región tan singular.* La comarca carecía de agua, pero había muchos restos de caravasares y cisternas que había construido el filantrópico Abdulá Kan de Bujará. En esta región, y más particularmente mientras estábamos a orillas del río, presenciamos una sucesión constante de torbellinos, que levantaban el polvo a gran altura y se movían sobre la llanura como olas en el mar. En la India, estos fenómenos se conocen familiarmente con el nombre de

---

* Véase *Memoir on the Run of Cutch*, en *Transactions of the Royal Asiatic Society*. Mayo, 1834.

diablos, y a veces pueden destruir el tejado de una casa, pero yo no los había visto en aquel país ni de tal magnitud ni con la frecuencia con que se producían ahora en el desierto turcomano. Parecían surgir de ráfagas de viento, pues el aire en sí no estaba perturbado sino por el habitual viento del norte que sopla constantemente en este desierto.

Al detenernos en la mañana del 1 de septiembre, en una ruina que llevaba el nombre de Kalourni, divisamos las colinas del Jorasán persa en medio de la bruma. Anteriormente, al llegar a orillas del Murgab, había observado que la atmósfera estaba nublada en la misma dirección donde las colinas se encontraban ahora. Quizá las hubiéramos visto antes, aunque todavía aparecían en la neblina de la distancia.

Al descubrir estas montañas al amanecer, un magnífico espejismo brilló en la misma dirección. Se podía distinguir un río y sus orillas empinadas y opuestas; pero, a medida que el sol ascendía, la ilusión se desvanecía y dejaba paso al mismo terreno llano y sin alegría sobre el que ahora acampábamos. Las altas orillas del río no existían, y el agua no era más que vapor bajo los rayos de la luz.

A medida que nos acercábamos al asentamiento de Sarajs, pudimos distinguir una elevación gradual, aunque casi imperceptible, del terreno. Los arbustos que he descrito anteriormente daban paso ahora al tamarisco y al espino de camello, que no crece en el desierto. La más singular de las plantas que una nueva zona nos presentó, era una llamada *gyk chenak* en la lengua turki, que literalmente significa, la «copa del ciervo». Crece como la cicuta, o la pestilente asafétida, con la diferencia que su hoja, con la forma precisa de una copa, rodea cada nudo o división del tallo de la planta.

En esta cuenca natural caen las lluvias de primavera, que abastecen de agua a los ciervos. Tal es la creencia popular y tal es su nombre. Más tarde vimos una planta parecida a la copa del ciervo entre las colinas al este de Mashhad. De ella exudaba una goma parecida al sebo, y brotaba como una planta anual entre las tierras altas.

En nuestras últimas marchas habíamos pisado el mismo suelo que había sido perturbado por los cascos de los turcomanos que avanzaban sobre Persia. Nos alegramos mucho de haber perdido por fin el rastro de la formidable banda, que, según pudimos averiguar, se había desviado del camino hacia Mashhad. Si los hubiéramos encontrado, habría sido necesaria una segunda negociación, y las exigencias de los ladrones no habrían sido fácilmente satisfechas. Los *alamanes*, o bandidos, rara vez atacan una caravana, aun así, hay casos confirmados del asesinato de todo un grupo en la misma carretera por la que viajábamos. Los hombres empoderados que portan armas en sus manos no son fáciles de contener. Después de perder todo rastro de esta banda, nos encontramos de repente con un pequeño grupo de bandidos, siete en total, que regresaban de una expedición infructuosa. Eran hombres jóvenes, bien montados y ataviados a la manera turcomana: una lanza y una espada formaban sus armas, no llevaban arcos y uno de ellos conducía un caballo. Su grupo había sido derrotado y cuatro de ellos habían caído en manos de los persas. Nos contaron su debacle y nos pidieron pan, que algunos de los nuestros les dieron. Ojalá todas sus expediciones acabaran así.

Llegamos a Sarajs al amanecer del día 2, después de haber viajado ciento diez kilómetros en cuarenta y cuatro horas, incluyendo todas las paradas. Durante este período, sólo habíamos marchado treinta y dos horas, y los camellos avanzaban a veces a una velocidad de cuatro kilómetros por hora, algo que yo nunca había visto. Todos los camellos eran machos, pues se cree que soportan mejor la fatiga que las hembras.

Nuestra caravana se detuvo en torno a una vieja tumba, con una elevada cúpula, y se decidió unánimemente que, mientras los bandidos siguieran en los alrededores, no sería prudente proseguir nuestro viaje. Por lo tanto, se resolvió *dormir* en Sarajs —según una frase propia de ellos—, el mayor refugio de los ladrones turcomanos; una verdadera paradoja, ya que debíamos hospedarnos entre ladrones para evitar a los otros ladrones en la periferia. Nosotros, sin embargo, no poseíamos más que una humilde influencia en el grupo, y no nos quedaba otro remedio sino satisfacer el deseo general. La mercancía se amontonó alrededor de la tumba, la gente se situó fuera de ella y, por la noche, los camellos y los caballos formaron una triple barrera. Tales fueron los preparativos para nuestra protección y, como se verá, no más de lo necesario. Los turcomanos se agolparon entre nosotros al día siguiente, vendiendo túnicas de tela de camello, que eran fácilmente adquiridas.

No había ni un solo individuo de la caravana que se confiase a ir a cierta distancia de ella: ¿y cómo podía ser de otro modo, cuando veíamos cada hora a los bandidos pasar una y otra vez delante de nosotros, y sabíamos que la principal subsistencia del pueblo provenía de estas incursiones?

El asentamiento turcomano de Sarajs consiste en un pequeño y débil fuerte, casi en ruinas, situado en una loma, al amparo del cual la mayoría de los habitantes han acampado sus viviendas. Hay algunas casas de adobe construidas por los judíos de Mashhad, que comercian con ellos, pero los turcomanos viven en casas cónicas o *khirgahs*, características de su tribu. Están construidas de madera, rodeadas de una estera de juncos y cubiertas en el tejado con fieltros que se ennegrecen con el hollín. Sarajs es la residencia de la tribu turcomana de salur, los más nobles de la raza. Dos mil familias tienen aquí su domicilio, así como un número igual de caballos, de la mejor sangre, que son criados en caso de necesidad. Si no pueden hacer frente a sus enemigos, huyen a los desiertos, que se extienden ante ellos, y allí esperan el paso de la *tormenta*. Rinden una lealtad discutible y dudosa a Urgench y Persia, pero la amenaza del uso de la fuerza los conduce a su sumisión.

Durante nuestra estancia en Sarajs tenían encadenado a un embajador persa, y se negaron a conceder una parte de los impuestos de tránsito al kan de Urgench, que habían prometido el mes anterior, cuando ese jefe estuvo cerca de ellos. Estos comentarios dicen algo sobre su lealtad.

Los turcomanos de la tribu salur están gobernados por doce *aksakals*, los jefes de las diferentes familias, pero no reconocen fidelidad a ninguna persona en particular. Los alrededores de Sarajs están bien regados por acueductos del riachuelo de Tejen, que es un poco salobre, pero sus aguas se emplean provechosamente para fertilizar los campos. El suelo es muy fértil y apto para la agricultura; la semilla se esparce y germina casi sin trabajo. La cosecha es abundante y la recogen, como verdaderos republicanos, sin pagar impuestos. Los lugareños cuentan la leyenda de que el primer hombre sobre la tierra cultivaba en Sarajs, que era su jardín, ¡mientras que su casa se encontraba en Ceilán! No hay ni un árbol ni un arbusto que animen el paisaje, pues los turcomanos desprecian la jardinería. Las cosechas de trigo y sorgo son las más abundantes aquí, y la calidad de los melones sólo es inferior a los de Bujará.

Dos días después de nuestra llegada a Sarajs, cuando me atrevo a decir que ya nos felicitábamos por la cercana perspectiva de terminar con éxito nuestro viaje, experimentamos un sobresalto que al menos demostró que nuestras felicitaciones eran prematuras. Uno de los jefes turcomanos del lugar apareció en nuestro rincón del campamento y llamó al *haji*, uno de los nuestros, para que le atendiera; lo bastante cerca para que yo pudiera oír su conversación.

Entonces inició un largo interrogatorio acerca de nosotros, y declaró que había oído decir a personas de la caravana que poseíamos grandes riquezas y que habíamos viajado a las partes más remotas del Turquestán. Siendo tal el caso, continuó, le era imposible concedernos permiso para proseguir nuestro viaje, hasta que las órdenes de Alá Kuli, kan de Urgench, fueran recibidas en relación con nosotros. Este formidable anuncio hubiera parecido aún más espantoso, si el turcomano no hubiera añadido a su partida, que sus jefes ignoraban nuestra presencia en la caravana, y que podíamos considerar sus buenos deseos dignos de ser comprados.

Sin embargo, el asunto era grave, ya que descubría que había personas en la caravana que estaban dispuestas a traicionarnos, y era seguro que los turcomanos tenían el poder de hacer cumplir todo lo que esta persona en cuestión había amenazado con efectuar. Era necesario tomar medidas inmediatas y no perdí tiempo en adoptarlas. Había en la caravana cinco o seis mercaderes respetables, y me dirigí a las dos personas principales, que he nombrado antes, y les relaté el asunto con toda franqueza.

Debí haber ido a ver a Ernuzar, el turcomano, pero éste había vivido antes en Sarajs y, al pasarse a la vida de ciudadano, había perdido gran parte de la influencia que se suponía poseía entre sus compatriotas, y ni siquiera le expliqué las circunstancias hasta que llegamos a Mashhad.

Observé que la información despertó igualmente la inquietud de los comerciantes, y una vez más descubrí que esta gente estaba realmente preocupada por nuestra seguridad. Descargaron su cólera contra el chivato, y expresaron en lenguaje inequívoco los temores que les inspiraban el visir de Bujará, por una parte, y el príncipe real de Persia, por otra. Uno de los mercaderes me aconsejó que presentara inmediatamente el firmán del rey de Bujará; pero en esto disentí, y la opinión del otro estaba más en consonancia con mi propio juicio. Abdul se comprometió a negociar el *alimento del perro turcomano*, aunque cabe imaginar que había poco que nos animara en tales circunstancias. Sin embargo, era indispensable mantener un semblante alegre para afrontar mejor las dificultades y, si era posible, frustrar las esperanzas del villano que nos había traicionado.

La primera noticia que nos llegó a la mañana siguiente fue nuestra pérdida de un hermoso poni negro que había sido robado de su poste durante la noche. Es costumbre en este país encadenar la pata de un caballo al pasador de hierro, y luego cerrarlo con candado, pero nosotros no habíamos adoptado esta precaución. Lamenté esta pérdida más de lo que hubiera lamentado una desgracia más grave. La robusta criaturita me había seguido desde

Pune, en el centro de la India, me había soportado en muchos viajes fatigosos, y no puedo expresar cuánto me disgustó dejarla en semejante país y en semejantes manos.

Toda la caravana se reunió para expresar su pesar por el robo, y me aseguraron que si no se encontraba el poni, me quedaría con una suma equivalente a su valor. No comprendían que, en mi opinión, el animal estaba por encima de cualquier precio. Me vi obligado a ocuparme de otros asuntos, y obtuve consuelo en saber que habíamos satisfecho las demandas y acallado las amenazas del jefe turcomano con un sacrificio de lo más moderado. Se hizo dueño de nuestras existencias de té, y hubiéramos añadido el azúcar, si hubiera valido la pena presentarlo, y esta ofrenda de paz, coronada con dos *tillas* de oro —cada una valorada en unas seis rupias y media—, satisfizo a un jefe que nos tenía en su poder. Dunmas, pues así se llamaba, era el *aksakal* de trescientas familias, y uno de los que se llevaba su parte de los saqueos e impuestos de Sarajs.

Ante esta dificultad estuvimos muy en deuda con Abdul, que resultó ser un conocido de los turcomanos, y a quien nos habíamos ganado mediante algunos actos de cortesía. De no ser por él, no habríamos escapado tan fácilmente de las garras de los otros. Fue curioso conocer que el tipo que había querido aprovecharse de nosotros fuera el amigo del mercader con el que éramos más íntimos.

Habiendo dejado atrás estos problemas, me permití adentrarme con más ánimo en mis investigaciones sobre los turcomanos, y anoté algunos hechos característicos del pueblo. Son tan románticos en sus costumbres matrimoniales como en sus hábitos de saqueo. No entran en el estado conyugal con las sencillas formas de los mahometanos, ya que la comunicación entre los sexos es libre y se forman vínculos que maduran en amor. Pero la hija de un turcomano tiene un alto precio, y el zagal, desesperado por hacer una compra legítima, se apodera de su amada, la sienta en el mismo caballo detrás de él y galopan juntos hasta el campamento más cercano, donde la pareja se une y su separación es imposible.

Los padres y parientes persiguen a los amantes, y el asunto se arregla mediante un matrimonio mixto con alguna pariente femenina del novio, mientras que él mismo queda obligado a pagar tantos camellos y caballos como precio por su novia. Si la persona es rica, generalmente paga en el acto; pero si, como ocurre con más frecuencia, carece de bienes, se compromete a saldar su deuda, que se considera una deuda de honor, y emprende incursiones en Persia hasta que ha ganado lo suficiente para cumplir con su compromiso. Su éxito en estas correrías le convierte generalmente en ladrón para el resto de sus días, por lo que la captura de un kizilbash se ha vuelto indispensable hoy día para asentar en la vida a la familia de un turcomano. La joven, después de su fuga para casarse, regresa a casa de sus padres, y pasa un año preparando las alfombras y ropas necesarias para una tienda turcomana. En el aniversario de su fuga, es finalmente transferida a los brazos y a la casa de su galante esposo.

Un suceso ocurrido recientemente en Sarajs, que nos fue repetido por muchos de los habitantes, exhibe ejemplos adicionales del amor a la libertad y la desesperación que inspira la pérdida de la misma. Un joven persa, que había sido capturado por los turcomanos, sufrió una miserable vida de servidumbre en Sarajs. Decidido a ser libre, aprovechó que su amo estaba de recreo para escapar. Ensilló el mejor caballo de su cuadra y, en vísperas de partir, fue descubierto por la hija de su señor, que intentó dar la alarma. Desenvainó su espada y mató a la muchacha. Sus gritos alarmaron a la madre, a la que también mató; y cuando estaba dando su último adiós a Sarajs, llegó el propio señor. La velocidad del caballo, que tan a menudo había sido empleada en la captura de sus compatriotas, sirvió ahora a este fugitivo, que fue perseguido, pero no alcanzado; y así, mediante un esfuerzo de audacia desesperada, recuperó su libertad, dejando a su amo lamentando la pérdida de su esposa, su hija, su caballo y su esclavo.

He mencionado que nuestro campamento en Sarajs estaba junto al santuario de un santo mahometano. Prosperó hace 824 años, con el nombre de Abulfazzal Husn, según se desprende de una inscripción en la tumba, y todavía es venerado por todos los turcomanos. Si uno de ellos cae enfermo, invoca los nombres del santo; si su caballo o su camello sufren una enfermedad, circunvala su tumba, con la esperanza y la convicción de aliviarse. Los turcomanos no tienen mezquitas; rezan sus oraciones en la tienda o en el desierto, sin ablución y sin alfombra. Tienen pocos mulás o sacerdotes, pues la iglesia reputa poco honor entre ellos, y no son más que pobres seguidores del Profeta. No tienen educación para apaciguar las pasiones más feroces, lo que hace a los hombres insensibles a la piedad y a las mujeres indiferentes a la castidad. Los hombres realizan todas las tareas al aire libre y las mujeres trabajan en casa. Los turcomanos son una raza que alterna la actividad con la ociosidad. En el extranjero demuestran el mayor espíritu, y en casa se pasean en la ociosidad y la indolencia. Les encantan sus caballos y cantan canciones en honor a ellos. Por la noche, escuché los panegíricos sobre las hazañas de los caballos Chuprasli y Korughli, tema interminable de alabanzas. Korughli significa «guerrero» además de «caballo», pero describe una raza famosa que ahora se dice extinguida. Chuprasli, aunque no significa más que «veloz», se aplica a un caballo en particular de reputada velocidad. Anhelaba recopilar algunas de estas canciones turcomanas, pero en Sarajs sólo pudimos recoger estas pocas líneas:

> Guardo un caballo árabe para el día de la batalla,
> ese día vivo bajo su sombra,
> en el conflicto mato a un héroe,
> mantén un caballo árabe, sostén un escudo de hierro.
> ¡Korughli!
> En el día de la batalla doblo mi arco de hierro,
> erguido sobre mi caballo, nadie puede desmontarme,
> soy hijo único, no tengo hermano ni hermana,
> mantén un caballo árabe, sostén un escudo de hierro.
> ¡Korughli!

Si respiro, el hielo de las montañas se derrite,
el agua de mis ojos haría girar un molino,
así dijo Jonás el pari,
mantén un caballo árabe, sostén un escudo de hierro.
¡Korughli!

Después del susto que experimentamos en Sarajs, no era deseable que nos mezcláramos mucho con la gente, pero yo tenía gran curiosidad por verlos, y nuestro turcomano Ernuzar me dijo que me habían invitado a casa de un amigo, y le acompañé sin más miramientos. Me sorprendió muy gratamente encontrar a esta gente errante viviendo aquí, al menos, con lujo. La tienda, o *khirgah*, era espaciosa y tenía un diámetro de unos seis metros. Los lados eran de celosía y el techo estaba formado por listones que se ramificaban a partir de un aro circular de un metro de diámetro, a través del cual entraba la luz.

El suelo estaba cubierto de fieltros y alfombras del mejor fabricante, que parecían de terciopelo. También había alfombras con flecos alrededor de la tienda, que le daban un gran acabado, y su belleza se veía sin duda realzada por ser obra de esposas e hijas. A un lado de la tienda había una pequeña despensa, en la que las mujeres de la familia guardaban su ropa, y sobre ella se apilaban los edredones en los que dormían. Estos eran de tela de colores variados, tanto de seda como de algodón. De la abertura circular del techo colgaban tres grandes borlas de seda, de distintos colores y primorosamente labradas por una joven y diestra mano. En conjunto, el apartamento y sus muebles parecían cualquier cosa menos las posesiones de una familia nómada; sin embargo, el anfitrión me explicó que toda la casa podía transportarse en un camello y sus muebles en otro.

A mi regreso expresé mi sorpresa por semejante comodidad, pero mis compañeros de caravana insistieron en que no me asombrara ante tal demostración, ya que los turcomanos eran devoradores de hombres (*adam khor*), y obtenían su alimento a cambio de nada. Muchas naciones han sido tachadas de caníbales por motivos insignificantes, en cambio, mis compañeros sólo querían hacerme ver que esa familia vivía del producto de la venta de hombres. Antes de salir de la tienda, el anfitrión preparó pan y melones, según su costumbre, que comimos junto con otros quince turcomanos que se habían dejado caer por allí. Cortan un melón con gran destreza y pulcritud, separan la pulpa de la piel, que no es más gruesa que la de una naranja, con un solo movimiento del cuchillo, y luego lo dividen en una docena de trozos. Escuché durante una media hora su conversación, cuyo tema, según pude comprender, era sobre esclavos y caballos. Me tomaron por un nativo de Kabul, debido al lungui que llevaba como turbante, y yo les seguí el juego. Todos se levantaron cuando me marché y me despidieron con todo el respeto que merece un buen mahometano.

En cualquier caso, no me habrían hecho daño de haber sabido mi verdadera identidad, pero me habrían entretenido con interminables preguntas; y, así las cosas, preferí no revelar la verdad. Nunca me llamaron tanto la atención los rasgos tártaros como los de estos hombres. El turcomano tiene un cráneo como el de un chino, la cara es plana, los pómulos salientes y el rostro se estrecha hasta la barbilla, que tiene un escaso mechón de pelo. No es en absoluto feo, y tanto su cuerpo como sus rasgos son varoniles. Sus mujeres son extraordinariamente finas y, a menudo, bellas.

Podría haber seguido conociendo a los turcomanos y haber cenado con ellos por la noche, pero como no lo hice, describiré ahora su banquete según sus testimonios. Cuando invitan a un forastero a cenar, le dicen que han matado una oveja. No son excelentes cocineros. Sus pasteles tienen un diámetro de unos sesenta centímetros y un grosor de treinta centímetros, se hornean con la harina más gruesa, y generalmente se mezclan con rodajas de calabaza. Estos siempre se comen frescos. Cuando se reúne el grupo, se extiende el mantel y cada uno desmenuza el trozo de pastel que se le pone delante. A continuación se trae la carne, que consiste en una oveja entera, hervida en una enorme olla rusa. Se separa la carne de los huesos y se corta en trozos tan pequeños como el pan con el que se mezcla. Desmenuzan una docena de cebollas, lo echan todo a la olla donde se ha hervido la carne y lo mezclan con la sopa. Luego la sirven en cuencos de madera, uno por cada dos personas. Su modo de comer es tan singular como la preparación: se llenan la mano abierta con comida y, empezando por la muñeca, la lamen como los perros, manteniendo la cabeza sobre el cuenco, que recoge los restos que caen. Y así cada comensal, a su vez, llena su mano con su ración y sostiene la cabeza sobre el cuenco. Siguen los melones, y el festín concluye con los invitados compartiendo una pipa de tabaco. Las mujeres no comen con los hombres.

Al séptimo día de nuestra llegada a Sarajs, cuando todo el mundo preguntaba por los ladrones que nos habían precedido, estos empezaron a llegar de dos en dos, con sus caballos cojos y cansados, y al atardecer habían llegado más de cien. Se detuvieron junto a la caravana y nos contaron con entusiasmo su incursión, felicitándose con jactancia de su éxito. Habían descendido cerca de Mashhad cuatro días antes, hacia las diez de la mañana, y cabalgaron hasta las mismas murallas de la ciudad, conduciendo hombres y animales ante ellos.

Ni un alma pareció detener su avance y, tras contar su botín a pocos kilómetros de la ciudad, calcularon ciento quince personas, doscientos camellos y otras tantas reses. Desde entonces, habían regresado sin prisa, y ahora se detenían en Sarajs para refrescarse. Por el camino, ya habían dividido su botín. Una quinta parte fue entregada al kan de Urgench, y el grupo tuvo que felicitarse por el número de hombres sanos y por los pocos ancianos de barba blanca que había entre sus prisioneros. Volviendo a través de las colinas, se encontraron con los centinelas de un pequeño grupo de caballos, que estaban estacionados para proporcionar información en Darband, una localidad entre Sarajs y Mashhad. En la refriega, uno de los turcomanos resultó herido y capturaron a uno de los centinelas y quince caballos. Dieron muerte al infortunado persa, como ofrenda a Dios por el éxito que les había acompañado; ya que consideraban el asesinato de un hereje kizilbash como muestra de agradecimiento al Todopoderoso. Generalmente, matan a la mayoría de los ancianos que caen en sus manos, como ofrenda propiciatoria al Creador. Los turcomanos, de hecho, defienden la captura de estos desafortunados seres humanos con el argumento de su conversión a la verdadera religión y su consiguiente salvación.

Desgraciadamente para la humanidad, la historia del mundo presenta demasiados ejemplos bastante similares de este celo religioso erróneo. Los españoles prosiguieron sus conquistas en el Nuevo Mundo bajo el engañoso pretexto de difundir el cristianismo; saquearon los imperios de México y Perú y masacraron a sus habitantes no belicosos, mientras sus sacerdotes bendecían impíamente sus atrocidades inhumanas.* También ellos, como los turcomanos, rindieron tributo a su rey regalándole la quinta parte de su botín. La naturaleza humana, bien sea bajo el mando de un rey o un kan, es la misma en todos los países, como nos muestra el frenesí y la avaricia de los españoles en América, o los turcomanos errantes en los desiertos escitas.

La oportunidad que se nos brindó de ver a estos ladrones nos inspiró una buena opinión de su valor, pues muchos de ellos iban armados con toda clase de pertrechos. Todos tenían espadas, la mayoría lanzas ligeras y largas, muy diferentes de las usadas por los uzbekos, y unos pocos tenían pequeños mosquetes. Sus caballos parecían bastante agotados y caminaban como si pasaran sobre lechos de grava, pero llevaban trece días al galope, con escasa comida y mucho ajetreo. Mientras admiramos el valor de estos hombres, ¿qué habría que pensar de los persas, acampados a dos días de camino de Mashhad, bajo el mando del heredero de su trono y con un ejército de veinte mil hombres?

El regreso de los bandidos de Urgench debería haber resuelto ya nuestros movimientos, no obstante, algún asustadizo hizo correr el rumor de que la mitad de los ladrones aún acechaban a

*   Véase *The History of America*, de William Robertson, libros 5° y 6°.

nuestra caravana en la frontera persa. Así pues, nuestra partida se aplazó todavía más, y no puedo decir que me sintiera a gusto en tales aposentos. Durante diez días no tuvimos más tienda ni refugio que las paredes podridas de una vieja tumba, infestadas de reptiles. Aunque nuestra cama había sido siempre el suelo, y hacía tiempo que habíamos dejado de sentir los dolores que se experimentan tras un vivac ocasional en la vida civilizada, ahora no podíamos extender una alfombra, no fuera a ser que pareciéramos demasiado ricos entre los turcomanos, que nos asaltaban a todas horas y nos hacían preguntas con frecuencia. Nuestro pan era, además, diez veces más áspero que las tortas de cebada escocesas, y ni la mitad de sabroso. Teníamos suerte si podíamos leer o escribir durante una sola hora del día, y el tiempo pasaba lo más lentamente posible, agotando nuestra paciencia. Durante nuestra detención, se dijo que uno de los camellos se había vuelto loco, no sé si de hastío o de algo más contundente. La pobre criatura echaba espuma por la boca, gemía y se negaba a comer. Se nos remitió el caso, pues se decía que estaba poseído por un demonio; pero, por supuesto, nuestra ayuda fue en vano. Al final, recurrieron al método de asustar al camello, haciendo chocar una antorcha encendida ante sus ojos y su cuerpo, y encendiendo un fuego con juncos y aulagas bajo su nariz. Luego le pasaron un hierro al rojo vivo por la cabeza y el animal mejoró, sin duda gracias a este rudo tratamiento de quemar al demonio que se había alojado en tan fea criatura.

Por fin, el 11 de septiembre, después de diez largos días de detención,. abandonamos alegremente Sarajs al amanecer. Los turcomanos mantuvieron su carácter hasta el final. Después de habernos dado permiso y de haber aceptado cobrarnos un impuesto en la primera etapa, esperaron a que hubiéramos arrancado y enviaron órdenes de detener la caravana. Exigieron una *tilla* y media por cada camello, que es el impuesto de tránsito habitual para una escolta hasta la frontera persa. El grupo sólo recorrió unos pocos kilómetros, y luego regresó, cansado de escoltarnos, y nosotros tampoco lamentamos habernos librado tan fácilmente de ellos. Nuestra caravana había aumentado de tamaño con la unión de otras dos, que nos habían alcanzado durante nuestra estancia. Ahora formábamos un colectivo numeroso: pero me temo que entre nosotros había más espíritus tímidos que luchadores. Había hombres, mujeres y niños; mercaderes, viajeros, peregrinos y esclavos emancipados. Había uzbekos, árabes, persas, afganos, hindúes, judíos, nativos de Badajshán y Cachemira; turcos y turcomanos; un nogayo, un kirguís errante del Pamir, y nosotros, nativos de Europa. Por último, y no menos importante, había una joven persa de unos quince años, que habíamos recogido en Sarajs y de la que se decía que era de una belleza exquisita. Había sido capturada por los turcomanos y, por su belleza, había sido retenida por su captor. Sin embargo, la llegada de nuestra caravana y de tantos mercaderes tentó su codicia y la puso en venta. Un mercader de Teherán la compró por setenta y siete *tillas* de oro; la pobre muchacha, que apenas unas horas antes paseaba y era vista por todos, estaba ahora literalmente metida en una alforja. Había cambiado su identidad de esclava por el de esposa; y de nada sirve que hubiera tenido otro marido anteriormente, ya que quien sale vivo de las manos de los turcomanos se puede considerar renacido. A pesar de que este era un año bisiesto,* una dama puede estar en todo momento lista para enamorarse. La belleza de la que hablo hizo un lance al primer mercader que la visitó, y declaró, como aliciente para su compra, que se uniría al credo que quisieran. Esta muchacha persa no es la primera de su sexo que ha cambiado sus doctrinas y su nombre.

Nos detuvimos por la tarde en una cisterna, a treinta kilómetros de Sarajs, cuyo fuerte era aún visible, pues habíamos viajado por un terreno llano, interrumpido en algunos lugares por montículos de grava. Al quinto kilómetro cruzamos el lecho seco y guijarroso del pequeño río de Tejen, que nace en las colinas veci-

---

* En referencia a la tradición que asegura que casarse en año bisiesto acarrea mala suerte para el matrimonio. (N. del T.)

nas y se pierde en las arenas. No se trata del río Herat, ni tampoco del Ochus,* pues no existe ningún río tan grande como el que aparece en nuestros mapas. Sus pozas eran salinas y gran parte del suelo también. Había restos de civilización, pero ni campos ni habitantes. Volvimos a partir hacia las ocho de la noche, con luna llena y, tras un avance de once o trece kilómetros, nos internamos entre desfiladeros y colinas, y nos encontramos en Marzdarán o Darband, puesto fronterizo de Persia, poco después de la salida del sol, y a setenta y dos kilómetros de Sarajs. Toda la última parte de la ruta discurría por un profundo barranco, donde existía un peligro real de ser asaltados por ladrones del desierto. Avanzábamos con gran celeridad y mayor temor: todos los instrumentos de guerra estaban a punto, todos los fósforos encendidos y el menor ruido detenía a los jinetes, pues cada hora esperábamos encontrarnos con los turcomanos. Después de una noche con tanta ansiedad, contemplamos con placer las torres de vigilancia de Darband, once de las cuales coronan la cresta de la cordillera y dominan su paso. Encontramos aquí algunos soldados irregulares, los primeros súbditos que conocimos del «gran rey». Estaban desanimados tras el ataque de los turcomanos, pues este era el grupo que había perdido sus caballos y a algunos de sus compañeros.

Una vez superado el paso de Darband, nuestra caravana se detuvo en los campos situados más allá del fuerte de Marzdarán, que se alza sobre un espolón aislado de la meseta, al descender el paso. El lugar estuvo poblado en otro tiempo, pero el kan de Urgench, algunos años después, capturó a sus habitantes *en masa* y lo arrasó. Si estuviera reconstruido, podría proteger el camino hacia Persia; un campesino no puede arriesgar su vida a menos que reciba la protección de su rey. Hay una hermosa fuente de agua tibia, que brota bajo Marzdarán, y labra por sí misma, junto con algunos arroyos afines, un canal por el valle, donde los árboles frutales y los jardines de los habitantes exiliados todavía se pueden

---

*   Antiguo nombre del río Panj. (N. del T.)

ver. Nos pareció un lugar encantador después de tan larga estancia en medio de la desolación. Los hombres del paso nos mostraron una cueva, de la que tenían muchas historias fabulosas, entre ellas había una que aseguraba que no tenía fin. Recientemente, había sido escenario de grandes matanzas y angustias, pues la población se retiraba a ella cuando era acorralada por el kan de Urgench; y al salir de la caverna como abejas de una colmena, los pobres campesinos eran ejecutados o enviados a un exilio perpetuo a través del desierto.

Nuestra llegada a Persia era el mayor motivo de alegría para muchas de las personas de la caravana que, aunque nativos de Bujará, eran chiítas. Yo pensaba que, cuando abandonáramos aquella ciudad santa, habríamos acabado con las visitas a lugares tan santificados; la capital a la que ahora nos acercábamos, *Mashhad-i-Mukaddas*, la sagrada Mashhad, parecía, según todos los indicios, aún más santa que Bujará. Oí decir que todo el mundo se postraría y rezaría cuando contempláramos su cúpula dorada. Los persas empezaron aquí a hablar con valentía de su credo, que habían ocultado durante tanto tiempo, y la magnitud del lugar podía descubrirse ahora por el relato de una persona de la caravana, que no era en absoluto analfabeta.

Un mercader, que había viajado recientemente a Mashhad, sobrecargó uno de sus camellos, que, nada más llegar a la ciudad, huyó al santuario del santo imán Reza, donde profirió sus quejas. El animal fue admitido, supongo, en la lista de los fieles, ya que los sacerdotes del santuario lo agregaron a su rebaño, lo adornaron con carcasas y campanillas, y le dieron preferencia sobre todos los demás camellos. El mercader confesó su crueldad, pidió perdón y fue perdonado con el sacrificio de su camello. Un europeo no puede dejar de escuchar y asombrarse ante estas historias, pues aunque hemos afirmado, con la autoridad del propio Corán, que el credo de los mahometanos no se apoya en milagros, sus seguidores no admiten tal doctrina y enumeran las cien mil desviaciones de las leyes de la naturaleza que se han producido por causa de la iglesia mahometana. Me aventuré a hablar del Corán y de su contenido entre los uzbekos, del que admití haber leído una traducción. «Serás idiota, ¿cómo es posible transferir ese libro sagrado a otro idioma, cuando cada letra de cada palabra tiene un significado distinto e individual, que sólo puede ser comprendido en el original?», fue su comentario.

Nunca más volví a hacer alarde de mi investigación bíblica, pues al mismo tiempo que me acusaban de mi escaso conocimiento del Corán, también oí, por primera vez, que el Antiguo y el Nuevo Testamento no se encontraban en ninguna parte más que como una incorporación al Corán, ¡ya que las copias hechas por judíos y cristianos eran falsificaciones viciadas! Las artes de los sacerdotes del islam nos traen a la memoria las imposiciones similares de la Iglesia Católica en épocas pasadas. En Europa, sin embargo, los eclesiásticos entendían realmente el lenguaje erudito de las escrituras. Sin embargo, entre los mahometanos hay mulás que sólo saben leer, pero no comprenden el texto. Por supuesto, hay muchos eruditos, pero hay clases distintas que *entienden* y que *no entienden*, ni dudan en hablar de su erudición o de su ignorancia, ya que la lectura del Corán es una ocupación sublime que redime el peor de los pecados.

Todavía no podíamos considerarnos dentro de la protección de la ciudad santa de Mashhad, que estaba a sesenta kilómetros de Marzdarán. Por lo tanto, nos pusimos en marcha al anochecer. En el bullicio de la partida maté una tarántula enorme, que se arrastraba sobre mi alfombra. Sus pinzas parecían las de un escorpión, o las de una pequeña langosta, pero el cuerpo era el de una araña. Me aseguraron que era venenosa, y los nativos insistieron en que lanzaba su veneno en lugar de picar. Pronto comenzamos nuestra andadura y remontamos el valle del Tejen, que ahora era un hermoso arroyo.

Comenzamos nuestro viaje aterrorizados, y no tardamos en encontrarnos con una aventura que aumentó la rapidez de nuestra marcha. Hacia medianoche, el rebuzno de un asno dio a entender a algunos corazones palpitantes que nos encontrábamos en la vecindad de otros seres humanos, donde no debería existir ninguno. El grito de ¡alamán, alamán! se extendió como un relámpago, y la caravana, al instante, asumió la apariencia de un regimiento en columna abierta, cerrándose en doble marcha para formar un cuadrado. Los primeros camellos se acuclillaron al instante, y los demás formaron detrás de ellos. Se encendieron cerillas por todas partes, se desenvainaron las espadas, se cargaron las pistolas y los infelices mercaderes hicieron cabriolas delante de sus mercancías, medio locos de miedo y furia.

La parte desarmada de la caravana se apostó entre los camellos, que realmente formaban una barrera digna, ya que eran ciento veinte. La ansiedad era intensa en general. Los esclavos estaban más aterrorizados que el resto, pues conocían bien el destino de la captura por los turcomanos. Al cabo de un cuarto de hora de detención, uno de los miembros del grupo descubrió que los ladrones, que tanto nos asustaban, eran un grupo de veinte pobres aimaks errantes que habían estado recolectando pigmentos en las colinas. Estaban más aterrorizados que nosotros, pues su número hubiera hecho inevitable su destino si hubiéramos sido turcomanos. Se descubrió el error inmediatamente, los camellos lanzaron un grito de júbilo y la caravana se puso en marcha al doble de su velocidad habitual, con siete u ocho camellos marchando en fondo, y no se detuvo en el punto de parada prescrito, sino que avanzó unos trece o dieciséis kilómetros más hasta que amaneció. Apenas terminamos una escasa comida, nos pusimos de nuevo en marcha, y poco después del mediodía llegamos a Ghuzkán, la primera aldea habitada de Persia, a unos veintidós kilómetros de Mashhad.

Nos detuvimos unas horas en Ghuzkán y tuvimos la oportunidad de observar la suprema alegría de los pobres esclavos, que ahora habían llegado a su tierra natal sanos y salvos. Muchos de los mercaderes les dieron ropa y dinero para ayudarles en su viaje de vuelta a casa, y fue un placer unirnos a los sentimientos caritativos de la caravana. Nunca unos pocos ducados compraron tanta felicidad. Ghuzkán está poblada por timuris, una tribu de aimaks, y tiene una población de unas mil almas. Eran individuos de aspecto miserable, que usaban vendas como medias y cubrían sus cabezas con gorros de piel de oveja marrón. Todos los habitantes se volvieron para vernos pasar, y muchas de las pobres criaturas preguntaron, con melancólicos gritos, a los diferentes pasajeros, si no traíamos cartas de sus amigos cautivos en Turquestán. Los turcomanos rara vez perdonaban a Ghuzkán en sus incursiones, y la última partida se había llevado a seis y matado a cuatro de sus campesinos. Uno se maravilla de que los seres humanos estén dispuestos a vivir en semejante paraje. El círculo de aldeas alrededor de Mashhad se circunscribe más cada año. En la primera aldea en la que entramos, cada parcela tenía su torre, construida por el agricultor, como guarida a la que huir al ver acercarse a un turcomano. ¡Vaya estado de la sociedad este que requiere la presencia de la azada y la espada en el mismo campo!

Cargamos los camellos después de una vigilia nocturna y partimos hacia Mashhad, a cuyas puertas llegamos mucho antes de que saliera el sol, tanto para nuestra alegría como para la de los pobres esclavos persas, que habían realizado cada paso del viaje con el corazón en un puño.

CAPÍTULO 14

Jorasán

AL amanecer del 14 de septiembre, nuestra caravana esperaba ansiosa bajo las murallas de Mashhad. Trajeron las llaves de la puerta, que nos fue abierta de par en par. Una nueva escena irrumpió en nuestra vista, con una rapidez que sólo se ve en las representaciones teatrales. Habíamos dejado atrás un desierto y a los turcomanos errantes, y ahora avanzábamos, en majestuoso orden, a través de una ciudad atestada de gente, llamando la atención de todos los habitantes a nuestro paso. Habíamos cambiado el rostro ancho y los turbantes más exóticos de los turcos y tártaros, por la cara delgada y alargada del kizilbash, que porta un gorro de piel en la cabeza y trenzas enroscadas detrás, que ahora nos miraba distraídamente con las manos en los bolsillos. La calle por la que entramos era espaciosa y hermosa; un acueducto la atravesaba y sus orillas estaban sombreadas por árboles, mientras que la espléndida cúpula y los minaretes dorados del santuario del imán Reza remataban el panorama. Ciento veinte camellos pasaron por esta avenida y entraron en el espacioso caravasar de los uzbekos. Seguimos su curso y nos sentamos en el balcón del edificio para poder observar mejor la ajetreada escena de la zona que teníamos debajo. Sin embargo, una inundación había llenado este extenso caravasar, y nos vimos obligados a buscar una morada en un lugar más humilde, que encontramos a poca distancia.

El príncipe real de Persia, Abbás Mirza, se encontraba ahora en los alrededores de Mashhad, y aunque este país había sido visita-

298

do por pocos europeos, sabíamos que había oficiales británicos al servicio de su alteza real. No perdí tiempo, por lo tanto, en enviar un correo urgente al campamento, que estaba a unos ciento cincuenta kilómetros de distancia: pero nos sorprendió agradablemente recibir un cortés mensaje de la señora Shee, la esposa del capitán Shee, que estaba entonces en Mashhad, y fue igualmente grato que nos lo transmitiera un mensajero que hablaba nuestro propio idioma, uno de los sargentos del ejército del príncipe. No nos habíamos encontrado tan cómodos desde nuestra salida de la India hasta que llegamos a Mashhad, y experimentamos muchos actos de civismo y atención. Cambiamos con gusto la bárbara costumbre de comer con las manos y, aunque nuestra bella anfitriona era una georgiana que sólo hablaba persa, nos sentimos de nuevo en la sociedad de nuestro país.

Pronto me dispuse a conocer la ciudad de Mashhad, y visité primero el arca, o ciudadela, donde de pronto me sorprendió la presencia de Cosroes Mirza, hijo del príncipe. Se trataba de un joven que había sido destinado a San Petersburgo con motivo del asesinato del embajador ruso, y ahora era gobernador interino de Mashhad, mientras que su padre se encargaba del imperio. Parecía haber sacado provecho de su viaje a Europa, y conversó conmigo durante una hora, preguntándome mucho sobre nuestros viajes, y luego bromeó sobre mi barba y mi vestido, que me aseguró serían una gran curiosidad en mi tierra natal. Me preguntó si yo era católico o protestante, y exclamó con asombro que habíamos llegado sanos y salvos a Persia. Además, me rogó que le visitara al día siguiente, cosa que no dejé de hacer, impresionado favorablemente por este primer miembro de la casa real que traté.

A la mañana siguiente encontré al príncipe haciendo negocios en el arca, y la ceremonia para acercarse a este vástago de la realeza fue tan formal como si hubiera sido el mismo soberano del país. Era una persona locuaz, y me relató su viaje a Rusia, hablando con los más altos niveles de educación y pulidos modales de las damas de aquel país. Uno de su comitiva, que parecía ser una persona privilegiada, dijo que su alteza nunca podría excusarse por haber regresado a Persia sin uno de estos ángeles.

El príncipe declaró que eso era imposible, y me preguntó mi opinión, cuando se suponía que yo tenía el deber de decirle que una persona de su rango podía haberse casado con la más ilustre. Cosroes Mirza parecía tener unos veintitrés años. Ha tenido, por supuesto, grandes ventajas sobre otros persas, pero me gustaron su intelecto y sus observaciones. Me preguntó si se había resucitado el antiguo arte de las vidrieras; si se creía que nuestros progresos en escultura rivalizaban aún con los de Grecia, y si se había encontrado el unicornio en algún rincón del mundo.

No sólo eso, sino que a continuación preguntó si era más difícil introducir la disciplina entre tropas irregulares, o un nuevo sistema de leyes y gobierno en un país. «Con los europeos», dijo, «todo se basa en la historia y la experiencia; pero en Persia no existen tales guías». Persia, que ostentaba la supremacía antes de la era de Mahoma, se ha hundido ahora en un estado de letargo y fanatismo, y no tiene más literatura que el Corán. «En Europa, hay quienes estudian la Biblia, así como quienes se dedican a la ciencia, pero», añadió, «se habla muy poco de religión entre los rangos superiores con los que me relacioné en Rusia». Debo confesar que me complacía oír a aquel joven hablar con tanta erudición, ya que el conocimiento de la propia ignorancia es el primer paso para mejorar.

No perdí tiempo en visitar la ciudad de Mashhad; aunque no necesito presentar un relato extenso acerca de ella, ya que existe uno minucioso y correcto en la admirable obra del señor Fraser sobre Jorasán.* La ciudad santa de Mashhad rodea la tumba del imán Reza, el quinto en el linaje de Alí, y tres calles se ramifican en diferentes direcciones desde el santuario. Dos de ellas son anchas y espaciosas, están sombreadas por árboles y animadas por el agua corriente. Una cadena que atraviesa las calles, a menos de cien me-

---

* Véase *Narrative of a Journey into Khorasan in the Years 1821 and 1822*, por James Baillie Fraser.

tros del santuario, encierra el bazar y las riquezas de Mashhad, y mantiene alejados del lugar santificado al ganado y los animales. Aquí es donde se reúnen las *abejas de la colmena*, pues todas las demás partes de Mashhad están en ruinas, aunque sus murallas encierran una circunferencia de unos once kilómetros. Dudo que su número de habitantes se sitúe en cuarenta mil almas.

La mayor parte del espacio está destinada a un cementerio, pues se cree que los muertos pueden descansar en paz cerca de un imán. También hay jardines umbríos para complacer a los vivos. Los habitantes de Mashhad parecen deleitarse excavando en el suelo; a todas las casas se entra por una bajada, y se dice que la tierra así extraída se aplica en reparaciones y en la construcción de la propia casa. La ciudad está bien abastecida de agua mediante acueductos y amplias cisternas. Los nativos de Turquestán aseguran que el imán Reza se trasladó a Mashhad debido a la maldad de la gente y a la necesidad de su presencia. Los uzbekos tienen un pareado que dice: «si Mashhad no tuviera su cúpula cerúlea, sería la cloaca común del mundo». Los persas, en cambio, la describen, en lenguaje poético, como «el lugar más iluminado sobre la faz de la tierra, pues allí se posan los rayos del Creador del mundo». ¿Quién mediará entre las partes? En Bujará, un chiíta es un suní; en Mashhad, un suní desea ser considerado un chiíta.

Hice una visita temprana al santuario del sagrado imán; gracias a que en mis peregrinaciones por Mashhad no experimenté nada del fanatismo ni de los celos que parecían haber acosado tan constantemente al señor Fraser. Situado en el centro de la ciudad, el sepulcro descansa bajo una cúpula dorada, rivalizada por dos minaretes de oro bruñido, que reflejan una luz resplandeciente bajo los rayos del sol. Cerca de la tumba, una espaciosa mezquita de color azul celeste alza una cúpula y minaretes más altos. Esta fue construida por Goharshad, descendiente del ilustre Tamerlán.

El peregrino que visita este templo debe recorrer primero el bazar y traspasar la cadena; para luego toparse con el santuario, lugar donde ningún delito admite ser cometido. A continuación, pasa por debajo de un elevado arco y se encuentra dentro de un espacioso cuadrilátero, obra de Abbás el Grande, que es sitio de descanso para vivos y muertos. Está rodeado de pequeños apartamentos, a modo de caravasar, pero se trata de una madrasa o escuela, y el pavimento está formado por lápidas, que cubren los restos de aquellos cuya devoción y deseos los han llevado a ser enterrados aquí. Los arcos y los laterales están ornamentados con un azulejo pintado, no muy diferente del esmalte, que tiene un aspecto inmaculado y suntuoso. En el lado oeste de la plaza se encuentra la entrada al santuario, bajo un elevado arco gótico, del más exquisito dorado. Además, está adornado con espejos empotrados en la pared e iluminado al atardecer por velas suspendidas del techo. Más allá de este umbral, un infiel sólo puede pasar disfrazado, y mi juicio venció a mi curiosidad. Podría haber escapado entre la multitud o podría haber sido descubierto, en cualquier caso, aprendí que la belleza del lugar merece correr el riesgo.

El lujo aumenta el fervor de la devoción del peregrino, que entra por una puerta de plata, y se dice que la tumba está protegida del contacto de los profanos por barandillas de acero y latón, en las que cuelgan placas de plata y madera con bendiciones y oraciones grabadas. Sobre la tumba cuelgan innumerables lámparas de oro, que se encienden durante el *Eid* y las fiestas de los santos, para honrar la festividad y permitir a los sacerdotes exhibir con ventaja las riquezas y joyas que las personas piadosas han consagrado en este santuario. En el lado opuesto a la entrada se encuentra la hermosa mezquita de Goharshad, y aquí caminé sin timidez. Es un bello ejemplar de arquitectura, y el arco, en el que está colocado el *mihrab*, o nicho que apunta hacia La Meca, está magníficamente adornado y ejecutado con gran pulcritud. Está embellecido por altos minaretes azules a ambos lados, que se elevan con gran efecto y grandeza.

Mashhad no tiene más edificios de relumbre que su santuario. Hay algunos colegios y un espacioso e inacabado caravasar, además de otros veintiuno en diferentes partes de la ciudad; pero, aun así, es el lugar de enterramiento del gran Nader Shah. Su tumba, ahora deshonrada y marcada por las ruinas del edificio que una vez la protegió de los elementos, es una de las vistas más interesantes para un viajero. ¡Todo un emplazamiento para la meditación en semejante paraje! Las fuentes y las flores que antaño rodeaban el mausoleo han desaparecido; el melocotonero, que florecía a la vuelta de la primavera, ha caído bajo el hacha, y los sauces y los cipreses han sido derribados. En su lugar, algún ciudadano laborioso había sembrado una cosecha de nabos. Si Nader Shah levantara la cabeza... ¡Qué contraste descubriría! A ese que sacudió los reinos de Oriente, se le ha dejado en la muerte el pequeño cuadrilátero de un jardín, muestra del afecto que los hijos habían consagrado al mérito de un padre.

Esta es la recompensa de aquel que liberó a su país de un usurpador extranjero, y que se aplicó en hacer el bien en su país. Sin embargo, el bienestar de un Estado no comprende necesariamente el bienestar de *todos* sus miembros. Nader Shah dirigió los golpes del despotismo contra la familia que había sucedido a su imperio, y mutiló al individuo triunfador, que se apoderó de su reino y expulsó a sus hijos. Aga Mohamed Kan Kayar fue castrado en su juventud por Nader, pero conservó los sentimientos de un hombre, y desenterraría los huesos del conquistador más adelante, para vengar su desgracia. Según se dice, los envió a Teherán y los colocó bajo el escalón que conduce a la sala de audiencias, para que los cortesanos y todo el mundo pudieran pisotearlos. Podemos comprender fácilmente el disgusto de un monarca que no era un hombre; su cólera despierta nuestro desprecio, pero también suscita nuestra simpatía. Siendo él mismo un eunuco, absolvió a su país de las extravagancias de un palacio. Todavía viven en Mashhad algunos descendientes de Nader Shah, pero son ciegos y viven en la miseria. Mi informante me dijo que a menudo le pedían pan.

Pronto recibimos respuesta a nuestra comunicación desde el campamento del príncipe real, y fuimos invitados a presentar nuestros respetos a Abbás Mirza, que acababa de capturar la fortaleza de Kuchan, de la que se decía que era una de las más fuertes de Persia. La noticia de su caída fue recibida en Mashhad con gran entusiasmo y seguida de un festival de luces por tres noches consecutivas, pues ningún monarca desde los días de Nader Shah había sometido jamás a los jefes de Jorasán. Cenamos *a la persa* con Abdul, nuestro viejo amigo de aventuras, que es comerciante en Mashhad, y luego asistimos al festival.

Entre los artilugios, lo que más admiré fue la tienda de un carnicero, que había iluminado ocho o diez ovejas muertas, colocando luces detrás de su grasa y sebo, que había cortado en delicadas franjas. Le hubiera dado crédito por su ingenio si no se hubiera asado su carne.

En una calle vi una efigie suspendida en el aire, que yo, por supuesto, atribuí al jefe kurdo que había sido capturado en Kuchan, aunque no era otra persona sino el maldito Omar. Debió de haber edificado a los suníes presenciar al santo califa entre el cielo y la tierra, pero no me acompañaba ninguno de mis conocidos de Bujará para ofrecerme sus comentarios. Además de la efigie en la horca, vimos una exhibición real de un hombre suspendido de una viga colocada a través de la calle, también con un resplandor de luz. No descubrí cómo estaba hecho el aparato, porque tenía una cuerda alrededor del cuello, pero pataleaba y se comportaba como una persona normal.

Mientras la muchedumbre contemplaba esta curiosa exhibición, un hombre colocó unas diez velas en la cabeza de un carnero y lo soltó entre la multitud, donde se abrió paso tanto por sus cuernos como por las luces que lo coronaban. En conjunto, la escena se aproximaba mucho más a un auténtico festival de iluminación británico de lo que yo cabría esperado ver alguna vez en Asia.

Ahora nos preparábamos para nuestro trayecto al campamento, y nos despedimos de todos nuestros conocidos y amigos de Bujará; visitamos a la mayoría de ellos en el caravasar, donde compartimos una taza de té de despedida. Muchos de los esclavos vinieron a vernos y ahora los saludábamos como hombres libres.

Lamenté despedirme de Ernuzar el turcomano. Así las cosas, le entregué una carta para el visir de Bujará y, como contenía todas las noticias de Jorasán, parecía orgulloso de ser su portador y estaba ansioso por emprender el viaje de regreso.

En nuestras circunstancias actuales teníamos menos miedo de que nos creyeran ricos, así que vestimos a nuestro amigo con un traje y le recompensamos ampliamente por sus servicios. En el momento de su partida, le coloqué una pistola en la cintura, que, aunque de fabricación muy tosca, me pareció un gran regalo para un turcomano. También tenía que preparar varias cartas para nuestros amigos de Turquestán, a quienes me había comprometido a escribir.

Por otra parte, no necesitaba tal promesa, aunque me encontraba lejos de ellos y de muchos más de nuestros amigos de este lado del Indo, todavía recordaba sus innumerables actos de bondad que contribuyeron a nuestra comodidad y felicidad mientras vivimos entre ellos, y que ahora no podía olvidar. En Mashhad, tal vez, nuestros afectos fueron más agradables que en cualquier otra parte del viaje; porque teníamos la perspectiva de ver pronto a nuestros compatriotas, y el resto de nuestra empresa fue, comparativamente hablando, fácil. Ahora podíamos vestirnos con ropas respetables y limpias, sin tener que pagar por nuestras comodidades.

Después de una semana de estancia en Mashhad, partimos el 23 de septiembre y remontamos el valle del río Mashhad hasta Amirabad, cubriendo una distancia de sesenta y cinco kilómetros. Se puso oscuro antes de llegar a la diligencia y finalmente nos quedamos sin luz, por lo que extendimos nuestros fieltros sobre la tierra y acampamos toda la noche. Divisamos las luces de algunos viajeros cerca de nosotros y nos vendieron trigo, con el que alimentamos a nuestros ponis. A unos veinte kilómetros de Mashhad, pasamos por las ruinas de Tus, que fue la antigua capital de Jorasán, pero cuyos habitantes se han trasladado a Mashhad hoy día.

El valle de este río era fértil, y fue agradable ver extensos campos, en un país seco, regados por irrigación. Se decía que

Amirabad, que, por otro lado, no divisamos, era una fortaleza sólida, y fue capturada por el príncipe, alrededor de un mes antes de nuestra llegada, después de un asedio de cinco semanas. Estaba situada en el distrito de Chenarán.

Continuamos subiendo por el valle durante cien kilómetros y llegamos a Kuchan al tercer día de nuestra partida de Mashhad. Se dice que esta es la parte más fría de Jorasán, y bien puede creerse, pues la temperatura caía hasta −1 °C al amanecer en septiembre. Como el agua hervía a 97 °C, nuestros cálculos indicaban que estábamos a unos 1.200 metros sobre el nivel del mar. La anchura del valle variaba de veinte a treinta kilómetros, y había algunos lugares verdes bajo las colinas, donde se produce la fruta más selecta. Por lo demás, el terreno estaba expuesto y desolado. Las colinas carecían de bosques e incluso de matorrales. Se elevaban a una altura de seiscientos o novecientos metros sobre el valle. Por el trayecto pasamos por muchas aldeas, ahora desiertas a causa de la guerra contra los kurdos. Los caminos eran firmes y excelentes. Nos encontramos con muchos soldados que regresaban a sus hogares, ya que la campaña había terminado. Se trataba de un grupo bien equipado de las tropas de Jorasán, pues iban provistos de mosquetes con útiles llaves de chipas, que yo no había visto desde que había salido de Kabul. Los hombres eran pequeños, pero no eran más que los *iljari*, o la milicia del país.

Poco antes del mediodía llegamos al campamento de Abbás Mirza y nos encontramos de nuevo en compañía europea. Tan infalible era nuestro disfraz, que tuvimos que darnos a conocer, aunque éramos esperados.

Nos sentamos a desayunar con el capitán Shee, el señor Barowski y el señor Beek, que componen ahora el cuerpo de oficiales al servicio del príncipe. ¡Cuánto nos alegramos de oír nuestra lengua materna y de enterarnos de las noticias y acontecimientos que habían ocurrido durante nuestra prolongada ausencia!

Llegamos en un momento memorable, pues la fortaleza se había derrumbado pocos días atrás, y aún nos abríamos paso entre fajinas, cestas, trincheras, minas, balizas, baterías, caminos encubiertos y demás parafernalia de un ejército sitiador. Nada podía ser más sombrío que las murallas de la ciudad. El parapeto había sido casi desmantelado; algunas de las torres habían sido voladas; todas estaban maltrechas, y los soldados, aliviados ya de los peligros de la campaña, llenaban el foso con desganada ociosidad. Este foso era una barrera de la más formidable naturaleza, pues tenía unos once metros de profundidad y seis de anchura, aunque se estrechaba hacia el fondo. El ejército del príncipe se había alojado en él, y unas horas más habrían bastado para que se decidiese la suerte de la fortaleza, pero finalmente su jefe se rindió a discreción.

Kuchan es una fortaleza imponente, de unos dos kilómetros y medio de circunferencia, y estaba defendida por una guarnición de ocho mil hombres. El asalto habría conllevado un considerable derramamiento de sangre y su caída debe atribuirse enteramente a los oficiales europeos, cuya ciencia y habilidad se habían unido en el trabajo y el esfuerzo de los persas.

Por la noche, el capitán Shee nos presentó al príncipe. Su alteza real se dirigía a inspeccionar su parque de artillería, y nos encontramos con él en el camino. Nos recibió de la manera más simpática y afable; nos felicitó por el gran éxito de nuestro viaje a través de países que no creía accesibles a los europeos. Luego nos aseguró que nuestros problemas habían terminado, ya que habíamos llegado a una tierra donde nuestra nación era respetada. Agradecí al príncipe su amabilidad y respondí brevemente a las diversas preguntas que me hizo sobre los países que habíamos recorrido. Para entonces, nos encontrábamos frente a su artillería, mientras que toda su corte se hallaba a unos cincuenta metros delante de nosotros. El príncipe hizo una señal y avanzaron unas seis u ocho personas. Presentó a dos de ellas como sus hijos; a otra como Reza Koli Kan, el jefe conquistador de la orgullosa fortaleza.

Había también otro jefe kurdo, Yar Mohamed Kan, ministro de Herat.

El espectáculo que nos ofrecía el gran jefe kurdo era digno de ser contemplado: de pie, rindiendo homenaje a su conquistador y a la artillería que lo había sometido. Al parecer, se había ordenado el desfile para que éste viera la artillería, y nosotros habíamos llegado en el momento oportuno para presenciar tal espectáculo. El príncipe, volviéndose hacia mí, dijo: «Tienes que ver mi artillería», y entonces cruzamos la línea con su alteza real, examinando cada cañón a medida que nos acercábamos a él. Abbás Mirza se esmeró en explicarnos todo lo concerniente a ellos; las preguntas y miradas del desafortunado Reza Koli Kan suscitaron muchos comentarios sonrientes.

El derrotado jefe parecía desconcertado y yo creía que fingía demencia. Pidió al príncipe que le regalara un gran mortero, el cual todos admirábamos; Abbás Mirza le pidió que no se preocupara por estas cosas. Los cañones, que habían caído con la fortaleza, estaban alineados con el resto de la artillería; era artillería rusa, fundida en 1784, y había sido capturada al actual rey de Persia.

El jefe kurdo fingió no reconocerla y, cuando se enteró de su historia, hizo la observación de que era lo bastante buena para Kuchan. Si me pusiera en el lugar de este jefe, no habría considerado ninguna deshonra haber sido sometido por un parque de treinta y cinco cañones, de cuatro a treinta y dos libras, en el mejor estado de eficiencia. El príncipe presenció entonces el ejercicio del cuerpo; dando amplio testimonio de los méritos del capitán Lindsay —hoy sir Henry Bethune—, el oficial británico que lo había organizado, y de quien habló con amabilidad. Terminó entonces la ceremonia, y nos retiramos del lugar con gran satisfacción, pues nos habían concedido una entrevista con el equivalente de Carlos II en Persia.

Me decepcionó el aspecto de Abbás Mirza. Había sido apuesto en su día, pero ahora estaba demacrado, y parecía un anciano; había perdido su porte erguido, sus ojos hacían aguas, y sus mejillas estaban arrugadas. Vestía con sencillez y caminaba con un bastón en la mano. Su hijo mayor, Mohamed Mirza, estaba presente, pero no tenía los modales ni la dignidad de su padre, aunque también era una persona tratable. A la mañana siguiente, presentamos nuestros respetos al príncipe real en su tienda, y lo encontramos tratando asuntos con su ministro, el *kaimakam*, y otras personas que estaban a su alrededor. No existía Estado ni pompa dignos de tan gran dignatario. Cuando el príncipe hubo arreglado algunos asuntos en que estaba ocupado, nos dio una lección de política, y habló de las incomparables ventajas que para Inglaterra tendría el sostener a Persia, y me rogó que explicara en mi propio país su situación actual; la cual, aunque al frente de un ejército exitoso, era de lo más embarazosa, pues no tenía dinero para sostenerlo.

Contesté al príncipe que lamentaba oír tales detalles de sus dificultades y que sólo podía esperar que las superara todas. Lo que no le dije fue que siempre he considerado que el pago de dinero a un gabinete de este tipo es una deshonra para el nombre y honor de Gran Bretaña, puesto que ha tendido más a rebajar nuestra reputación en Asia de lo que nuestras más marciales hazañas en la India han hecho para elevarla.

No faltó, sin embargo, una parte de cantinela en el discurso del príncipe, pues me aseguró seriamente que había salido al campo de batalla para suprimir la venta y captura de sus súbditos como esclavos por los uzbekos. El motivo era loable, pero nótese su conclusión: «Tengo derecho, por lo tanto, a la ayuda de Gran Bretaña: pues si gastáis anualmente miles de libras en suprimir el comercio de esclavos en África, merezco vuestra ayuda en estos menesteres, donde existen los mismos motivos para el ejercicio de vuestra filantropía». Me agradó la ingenuidad y seriedad del razonamiento que su alteza real, que, por otro lado, sin duda había extraído de algún periódico o amigo inglés. El príncipe pasó ahora a otros asuntos, y preguntó por mi educación y por las notas que había tomado los países desconocidos que había visitado. «Bien conozco vuestras costumbres de apuntar observaciones en tierras extranjeras, pues esta es la diligencia que ha elevado a vuestra nación a la cima de la civilización», dijo. Me preguntó si había encontrado patatas en mis viajes y, al responderle negativamente, sacó una cesta llena de las que él mismo había cultivado, con evidente satisfacción.

Eran buenos especímenes, y con toda seguridad daban derecho a su alteza real a ser elegido miembro honorario de una sociedad hortícola. Con el verdadero espíritu de un cortesano, el príncipe volvió a hablar de los uzbekos y de los diferentes países del Turquestán que creía que yo conocía mejor. Me preguntó si había encontrado alguna explicación a esos pasajes de la *Historia de Tamerlán* en los que se describe la socavación de una torre y su posterior destrucción por el fuego. Yo no estaba preparado para semejante pregunta, y mencioné el fuego griego utilizado en el asedio de Constantinopla, y la circunstancia de la vecindad de Tamerlán con China, donde se cree que se conocía entonces el arte de la fabricación de pólvora.

Hasta entonces no había oído decir que las torres socavadas estaban sostenidas por armazones de madera que, al incendiarse, dejaban de sostener el bastión y, en consecuencia, este se derrumbaba. A continuación respondí a las preguntas del príncipe sobre las costumbres de los uzbekos. Se sonrió de su abominación por el tabaco, ya que lo vendían públicamente, y mencionó que los sirvientes de un enviado, a quien había recibido recientemente de Urgench, inhalaban el humo cuando este salía de la boca de su amo. Yo no había visto semejante barbarie en Bujará. Tras relatar al príncipe las nociones espirituales de los uzbekos y mi testimonio sobre los sucesos donde se culpabilizaban, nos relató un suceso similar en la vida de Alí: una mujer, que estaba encinta, pidió la muerte, como expiación por sus pecados. El califa le pidió que se presentara cuando naciera su hijo. Ella lo hizo, y volvió a acusarse a sí misma, y él dio la orden de que fuera lapidada hasta la muerte, pero prohibió a todo el mundo levantar una piedra que fuera mínimamente impura. El califa dio muerte a la mujer él mismo.

Indiqué a su alteza real que lamentaba no haber oído la historia, que podría haber respondido a los uzbekos. El príncipe me pidió entonces que le diera algunas notas sobre los recursos del territorio en torno a Sarajs, que él pensaba visitar en breve. Se las di sin vacilar. Abbás Mirza, durante esta entrevista, habló de geografía y matemáticas propiamente dichas, y demostró un dominio tolerable de la primera de estas ciencias. Habló de Nueva Holanda, aunque no me desveló uno de sus planes favoritos, por el que se propone enviar a todos sus hermanos y sobrinos a ese país cuando acceda al trono.* Nunca hubo nada tan visionario en estas tierras.

Le manifesté mi deseo de proseguir mi viaje entre las tribus turcomanas hasta el mar Caspio, y el príncipe, con gran gentileza, me aseguró que podría visitar cualquier parte de los dominios persas. Habló del peligro de viajar entre los turcomanos, pero pidió a su secretario que preparara un *rakam*, u orden que garantizara mi protección, y sugirió que acompañáramos a un kan que se dirigía hacia allí. También ofreció una carta a su hermano, el príncipe de Mazandarán, y había dado a entender a su hijo, que se encontraba entonces en su campamento, que yo recorrería esa comarca. Nos despedimos de Abbás Mirza, muy satisfechos por la entrevista. No puedo decir que me hubiese impresionado mucho su talento, pero es evidente que está por encima de la mediocridad, y se dice que en sus consejos es influido por otros. Es, en definitiva, un perfecto caballero.

En el campamento persa recibimos muchas visitas, y presenciamos muchas ocurrencias que nos divirtieron en semejante escena bulliciosa. Encontramos a dos de los caballeros persas que habían estado en Inglaterra, Mirza Baba, el *hakim bashi*,[†] y Mirza Jaffier, quienes ahora suspiraban por el regreso de los días que habían pasado en Inglaterra. Mientras que allí eran alguien,

---

* En el momento en que este libro está siendo impreso, he recibido la información del fallecimiento de Abbás Mirza.

† *Hakim bashi* era el título del médico de jefe de palacio. (N. del T.)

aquí eran uno más entre sus compatriotas. Mirza Baba es un hombre inteligente y agradable, y, como asiático, nunca he visto una semejanza tan perfecta a un caballero inglés, tanto en el lenguaje como en los modales. Bromeé con él sobre *Haji Baba*,* pero esa obra ha ofendido mucho en Persia, y el *hakim bashi* me aseguró que los ingleses no entendían a los persas. Difícilmente puedo estar de acuerdo con él, pues después sería testigo de una buena cantidad de *haji-babaismo* en el país.

Desde que entramos en Jorasán, mi compañero de viaje, el doctor Gerard, había tomado la resolución de desviarse hacia Herat y Kandahar, y así volver sobre sus pasos hasta Kabul, en vez de avanzar hacia el Caspio. El objetivo principal de nuestro viaje estaba casi cumplido, y la ruta hacia Herat, que le prometía cierta satisfacción, había sido recorrida con seguridad por el teniente Arthur Conolly,† un oficial emprendedor de la caballería de Bengala, y por todos los oficiales franceses de Ranjit Singh. Ahora, por lo tanto, nos preparábamos para separarnos, después de una fatigosa peregrinación de nueve meses que habíamos realizado juntos.

Pueden imaginarse nuestros sentimientos en semejante ocasión, pero nos separamos sabiendo que casi habíamos llevado a término el propósito original de nuestra empresa, y que tanto hacia el este como hacia el oeste se habían terminado todos los peligros serios. En Kuchan permití también que el muchacho hindú regresara a la India, junto con el doctor Gerard, y, a petición suya, di de baja a mi fiel criado afgano, que me había acompañado desde Ludhiana. Se llamaba Sulimán y era natural de Peshawar. Aunque era bastante ignorante, había guardado tanto mis secretos como mi dinero, donde había muchos alicientes para traicionarme. Había demostrado ser digno de mi confianza, y los sentimientos

---

* En referencia a la novela popular británica *The Adventures of Hajji Baba of Ispahan*, de J. J. Morier (1824). Una sátira que muestra a Persia como un decadente reino a principios del siglo XIX. (N. del T.)

† El teniente Conolly acaba de publicar el testimonio de su viaje en el libro titulado *Journey to the North of India overland from England*.

con los que me despedí de él fueron de aprobación y consideración.

En cuanto se presentó la oportunidad, escribí a todos nuestros amigos de Kabul, e incluso al propio Ranjit Singh. Sería presuntuoso aparentar que los muchos personajes con títulos con lo que traté eran mis amigos, aunque su amabilidad hacia mí había sido importante. No obstante, si dejamos a un lado a los gobernantes de países y ciudades, había todavía una larga lista de hombres buenos y dignos de afecto, a quienes, no dudo en decir, deseo buena suerte. Así pues, no será impropio nombrar a las personas que nos asistieron en este periplo, ya que experimentamos la cortesía y amabilidad de todos ellos:

- Kush Beg, de Bujará.
- Sardar Dost Mohamed Kan, de Kabul.
- Nabab Jabbar Kan, de Kabul.
- Sirwar Kan Lohani, de Kabul, en Bujará.
- Sardar Sultan Mohamed Kan, de Peshawar.
- Pir Mohamed Kan y Said Mohamed Kan (hermanos del anterior).
- Murad Ali Kan Nazir, de Peshawar.
- Ghulam Kadir Kan.
- Mir Alum.
- Toghy Hosn Kabuli, de Ludhiana.
- Shere Mohamed Kan (hijo del anterior), de Bujará.
- Mulá Rahim Shah Kashmir, de Kabul.
- Min Fazal Sahibzada, de Peshawar.
- Min Sado Deen, de Peshawar.
- Maharajá Ranjit Singh, de Lahore.
- Mulá Mohamed Sharif, de Kabul.
- Sardar Lehna Singh, Majithia.
- Sardar Huri Singat, de Attock.
- Mirza Said ibn Yar Mohamed, de Bujará.

CAPÍTULO 15

Trayecto entre los turcomanos del Caspio

E L 29 de septiembre me despedí de mi compañero de viaje y de los oficiales al servicio del príncipe, y emprendí mi viaje hacia las costas del Caspio. Me uní a Humza Kan, que había sido nombrado recientemente gobernador de los turcomanos al este de ese mar, y ahora me dirigía con un grupo de unas trescientas personas, compuesto por kurdos, persas y turcomanos; las precauciones por mi seguridad personal, que tan a menudo me habían preocupado en días pasados, se habían desvanecido ahora, pues consideraba a todos los que me rodeaban como amigos. Mi atuendo dio lugar a muchos errores entre el grupo, y, después de haber convencido al kan de que yo era el *firangi* que el príncipe le había recomendado, me sentí más bien dispuesto a mezclarme con los demás como uno de ellos, ya que tendría una mejor oportunidad de juzgar a la gente. Dormimos a la intemperie, después de una marcha de cuarenta y dos kilómetros, más allá de Shirwan, lugar donde se erigía una sólida fortaleza, con un profundo foso húmedo, que ahora estaba siendo desmantelada por orden del príncipe. Por el escaso número de obreros ocupados en esta obra de expolio, supuse que pronto sería abandonada, y que el lugar se alzará a su debido tiempo como uno de los enclaves vigorosos de Jorasán.

Seguimos el curso del río Atrek, que nacía cerca de Kuchan, a una distancia de unos quince kilómetros de Budjnurd, y corría hacia el oeste como un pequeño riachuelo. Cruzamos varias crestas

314

montañosas en una marcha de sesenta kilómetros que nos llevó a Budjnurd, un lugar bastante grande, situado en un espacioso valle, y residencia de uno de los jefes kurdos, que prudentemente ofreció su lealtad al acercarse el príncipe y debía la posesión de su fortaleza a su prudencia. Vimos, por primera vez, a los nómadas errantes, o *ilyats*, de Jorasán, alrededor de un millar, cuyas tiendas negras estaban esparcidas por los alrededores. No parecían diferir de los ghilzais de Kabul. En nuestra marcha hacia Budjnurd nos encontramos con campesinos que se apiñaban para ocupar sus aldeas natales. Habían huido al comienzo de la guerra y ahora regresaban por el éxito del príncipe; las pobres criaturas se detenían para preguntar acerca de los pormenores de la campaña. Las mujeres y los niños apenas podían creer que no fuéramos otra cosa que kurdos saqueadores. El año había transcurrido sin cosecha; pero, si el país volviese a un estado de paz, aún podría llegar a ser próspero y feliz. Aunque una guerra tiene efectos desoladores en el lugar que sea, hacerse aliado de un ejército persa es algo temible. Al enemigo que se opone le va mejor, ya que no tiene que acoger a los soldados para ofrecerles grano y provisiones; cualesquiera que sean las miserias del súbdito obediente, estas son siempre incautadas.

A seis kilómetros de Budjnurd, dejamos el valle donde se sitúa y nos adentramos entre colinas. Era difícil distinguir cordilleras a nuestra derecha o izquierda, pero las del sur estaban cubiertas de pinos. El clima era húmedo y agradable, y había muchas hermosas zonas de cultivo fértiles entre las colinas desnudas. Los viñedos de Seriván, que se hallaban en una profunda cañada, eran encantadores. Aunque el terreno era montañoso, el camino era excelente y, tras una marcha de cincuenta y ocho kilómetros, llegamos a Kilakhán, en el distrito de Semulghan, ricamente regado por las colinas. Nos encontrábamos ahora en la línea de ataque de los turcomanos pertenecientes a la tribu teke, que realizaban incursiones constantes entre Mashhad y Teherán, y las montañas y caminos por los que transitábamos debían de estar siempre infestados de estos bandidos. Nuestro propio grupo, sin embargo, consistía en doscientos turcomanos de las tribus gokleng y yomut, que habían servido en el ejército del príncipe, pero que ahora estaban dados de baja, tal había sido su contribución en las glorias de la campaña de Jorasán. Observamos una muestra de sus tendencias nativas en nuestra segunda marcha desde el campamento, donde se encontraron con un grupo de aldeanos que vendían sus uvas. Los pobres campesinos fueron golpeados sin piedad y los turcomanos saquearon la mayor parte del contenido de sus cestas. Según las leyes de un país ilustrado, no habrían sido culpables si realmente hubieran carecido de alimentos. El botín se repartió a partes iguales entre ellos, al que hubiese atacado no le fue mejor que al que iba en la retaguardia, pues me trajeron una parte de los bienes capturados. Era en vano que el kan se esforzara en disuadir estas prácticas, pues no tenía autoridad sobre ellos. Finalmente, recibieron un saludable revés en Seriván, donde los aldeanos salieron en masa y tumbaron a un intruso, lo que asustó a sus camaradas. Me alegré en secreto de su derrota.

Qué largo se hace el camino en Jorasán, dice el viajero que ha avanzado a duras penas desde el amanecer hasta casi el anochecer, y que ya no puede aferrarse a su cansado caballo más que por el pomo de su silla de montar. Un europeo que avanza al galope no puede imaginarse la fatiga de una etapa de sesenta y cuatro kilómetros en Jorasán, donde hay que caminar cada paso y no hay posada ni refrigerio al final. «¡Por la cabeza del Profeta!», dijo uno del grupo cuando nos acercábamos a nuestro punto de parada, «este camino es más largo que las entrañas de Omar, pues mi espalda y mis rodillas han perdido sensibilidad». Me reí a carcajadas de tan pintoresca comparación, y también me compadecí de su fatiga. «*¡Pidr sokhtu!*» (¡Qué se queme su padre!), continuó el locuaz persa, «nunca estuve tan agotado». En nuestro grupo había varios compañeros de viaje muy animados. Tengo que confesar que, después de conocerlos mejor durante algunos días, los persas me parecieron mejores personas en su país que en el extranjero, donde su vanidad es insoportable.

Una marcha de sesenta kilómetros nos condujo al emplazamiento de una aldea llamada Shahbaz, pero no había rastro de sus habitantes, aunque el terreno era fértil. En otros tiempos, la tribu turcomana *gireyli* había cultivado la tierra y cuidado su ganado, pero los seres humanos parecen ser considerados en estos países una propiedad como las reses, pues Aga Mohamed Kan había transferido toda la raza a Mazandarán. Los ricos pastos del país estaban descuidados, pues ¿qué campesino buscaría su morada cerca de los turcomanos teke, cuyas tiendas se encuentran a pocos kilómetros de distancia, más allá de las colinas? Ni siquiera nos sentíamos seguros en compañía de doscientos de ellos.

Hasta entonces, en todos nuestros vivaques, me había librado del suelo húmedo como lecho, pero por la mañana me levanté rígido y entumecido por la humedad y el rocío. El sol no tardó en secar mis ropas, y el buen ánimo evitó cualquier mala consecuencia. Ahora viajábamos entre montañas, con colinas y valles alternados, y por un país salvaje y romántico. Había algunos pinos achaparrados en las colinas, pero a menudo estas estaban desprovistas de todo, excepto hierba. Todas las gentes eran amables y conversadoras. Un hombre no necesita mucho más, incluso en las áridas regiones de Jorasán.

Un turcomano que se había ofrecido a conocerme por la travesía, me pidió bruscamente que le contara noticias de Bujará, reconociendo en mi traje, supongo, la indumentaria de aquel país. Se dirigió a mí en persa, lengua que sin duda le era tan extraña como yo mismo.

—Soy un *firangi* —le dije.

—Vamos, no creas que puedes hacerte el tonto conmigo, porque los *firangis* no tienen barba, y tu cabeza afeitada y tu vestido desmienten tu afirmación —respondió el turcomano tras detener su caballo. En este punto, era inútil tratar de convencerlo de mi verdadera identidad.

—Suní o chiíta, ¿qué eres?

—Que así sea —respondí yo—. Ya que te empeñas en que yo sea mahometano.

Entonces repetí los nombres de los cuatro primeros califas, santo y seña de los suníes y turcomanos, que profesan esa creencia. «¡Bravo!», gritó mi nuevo conocido; «sabía que tenía razón», y viajamos juntos con gran placer. A partir de entonces encarné un personaje que me había sido impuesto. Tampoco fue suficiente que mi credo estuviera establecido, pues los turcomanos también fijaron mi ciudad natal, que sería Kabul. No dejé pasar la oportunidad que se me presentaba de reforzar mis conocimientos sobre los turcomanos, en cuyas tierras íbamos a entrar una vez más.

Mi amigo se precipitó en medio de una multitud de compatriotas para cazar un *kabk*, o perdiz, que volaba cerca de nosotros. Esta es una operación más fácil de lo que se imagina a primera vista, como lo demostró el número de aves capturadas. Estas aves vuelan una o dos veces, rara vez tres, y luego son cazadas. Los turcomanos estaban encantados con esta afición, y yo participé en las celebraciones, aunque no me uní a ellos. Las largas lanzas con que iban armados, su gran actividad y la destreza que desplegaban a caballo, daban lo que yo imaginaba un justo parecido con sus incursiones cuando acosaban seres humanos. Al galope, un jinete turcomano se inclina hacia delante sobre su montura, lo que le da un aire de agresividad que resulta fascinante. Toda la escena era digna de la antigua Partia, el mismo país que ahora atravesábamos.

Entre los turcomanos, vi a un individuo que merodeaba por el camino y tarareaba algunas notas mientras avanzaba, al ritmo de las cuales su pierna y su brazo parecían seguir el compás, mientras un instrumento parecido a un sitar, o laúd, me convencía de que por fin había dado con el personaje que buscaba: el bardo de los turcomanos. Saludé al bardo con un *salam alaykum*, que me correspondió muy amablemente. Pero, ¡qué pena!, nuestra conversación terminó aquí, porque él no sabía otra lengua que el turki, y mi conocimiento de esta lengua era apenas suficiente para decirle que yo no lo hablaba. El instinto animó al bardo a la tarea que yo deseaba, y entonó una de las melodías de su tribu; pero los pasos de nuestros caballos no le permitían usar su instrumento. La música es un arte que se paga caro en todos los países, y el bardo comenzó a interrogarme sobre su recompensa, insinuando que no debía desperdiciar su arte en vano. Un intérprete que se encontraba entre nosotros le informó de que por la noche tendría un buen pilaf. Sin embargo, el turcomano echó una mirada a sus espaldas y preguntó quién cocinaría el pilaf para un hombre que ni siquiera tenía criado. Toda una insinuación de mi verdadero rango. El bardo se dejó caer en la retaguardia para preguntar quién era yo, y por la noche tuve el placer de ofrecerle un pilaf y despejar sus dudas sobre mi solvencia. Por ello, me prometió presentarme a los juglares de su clan.

A diez kilómetros de Shahbaz, dejamos atrás las colinas y valles que habíamos recorrido durante tanto tiempo, y descendimos a un valle donde nacía el río de Gorgán. Durante unos treinta y dos kilómetros serpenteamos gradualmente a través de él, sin la menor señal de civilización, pero nuestro viaje de un día terminó entre las viviendas de los turcomanos, que me alegró contemplar una vez más. Este pueblo pertenecía a la tribu gokleng y cuenta con unas nueve mil familias. Ningún cuadro podía ser más encantador que aquel en el que nos habíamos adentrado: las colinas estaban arboladas hasta la cumbre y, el color de los diferentes árboles era tan variado y brillante, que apenas parecía natural. Un riachuelo fluía a través de la hondonada y casi todos los frutos crecían en estado natural. La higuera, la vid, la granada, la frambuesa, el grosellero negro y el avellano brotaban por doquier. A medida que nos acercamos al campamento de los turcomanos, observamos extensas plantaciones de morera. Los diferentes grupos de tiendas estaban montados en un grotesco orden en el prado abierto, cerca del río, y nuestro grupo se detuvo en uno de sus asentamientos, en una hermosa plataforma de césped verde, que yacía en la base de una colina coronada por nubes, vestida con el más rico follaje. Los turcomanos recibieron a su nuevo gobernador con todos los respetos, y destinaron un cierto número de sus tiendas para su alojamiento. Una de ellas me fue cedida amablemente; ahora me encontraba por primera vez desde que salí de la India —exceptuando el campamento de Abbás Mirza— al abrigo de una tienda, y además entre los turcomanos. También recibí pasteles de mantequilla y melones, en calidad de huésped, y me sentí muy bien.

Al serpentear por el valle, tuvimos la oportunidad de presenciar un espectáculo interesante al recibir a un jefe, o *aksakal*, que nos había acompañado desde Kuchan. Lo habíamos tomado por un turcomano salvaje y, por mi parte, apenas me había fijado en él, pero resultó ser un noble y, lo que es más importante, un patriarca. Había sido llamado por el príncipe real, y ahora regresaba a su hogar. Durante varios kilómetros antes de llegar al campamento, los turcomanos se agolparon sobre nosotros para darle la bienvenida: todos iban a caballo, hombres, mujeres y niños; incluso varios de ellos lloraban mientras le besaban la mano. Por fin, en una parte sombría y pintoresca del valle, un grupo, que parecía más respetable que los demás, había desmontado e instalado su campamento. Esta era la familia del jefe. El anciano bajó al suelo con el entusiasmo de un joven, se precipitó hacia delante y besó sucesivamente a cuatro muchachos, que eran sus hijos. La escena era patética, y los ocurrentes persas, que antes habían imitado algunas de las acciones y exclamaciones de los turcomanos, fueron silenciados por este ferviente flujo de afecto. Tres de los niños tenían menos de diez años, pero montaron en sus caballos con ánimo y se unieron a la cabalgata. No había campanas para acompañar los gritos de júbilo proferidos ese día por la tribu turcomana de gokleng, ni se les pedía que dieran una muestra más certera de su alegría. Una partida de sus compatriotas había regresado sana y salva de la batalla.

El clan se había reunido de nuevo y, mientras tomaban posición en la retaguardia, se dirigieron a nosotros, que éramos espectadores indiferentes, con el cordial saludo de los amigos. Las

mujeres pronunciaban: *kush geldi* (de nada), y cruzaban las manos
sobre el pecho cuando pasábamos junto a ellas, en señal de sinceridad. Nunca presencié una escena de alegría más universal. Un
jinete, más encantado que el resto, apareció con su caballo devo-
rando un montón de pan, que distribuyó en tortas a todo el que
encontraba, con este comentario: «Toma esto, es bueno a los ojos
de Dios: tómalo, puesto que eres huésped y forastero». Era imposible contemplar tales escenas con indiferencia y no puedo sino
describir ahora con el lenguaje más cálido y emocionado ese acontecimiento entre los turcomanos. No obstante, hablo de los
turcomanos sin ley, los mismos que saquean y desolan la tierra.
Demostración del hecho de que el carácter de la humanidad está
lleno de las más evidentes inconsistencias y contradicciones.

El kan, a quien yo había acompañado, estaba ahora ajetreado
con las tareas de su nueva ocupación. Su presencia era la precurso-
ra de buenas noticias para los turcomanos, pues ellos, que saquean
a todo el mundo, habían sido asaltados por las tropas mazandarís,
que se habían unido al ejército en una marcha a través de sus territorios. El príncipe había ordenado que se comunicara un registro
de sus pérdidas, mientras iba de campamento en campamento como un visitante bienvenido. Permanecí con él cuatro días, que
aproveché para estudiar los hábitos y costumbres turcomanos. La
ocasión no podía ser más propicia para ello, pues en todas partes
fuimos bien recibidos por ellos, y yo aparecía en la compañía de un
gran hombre. La tribu turcomana gokleng está sometida a Persia,
que ha afirmado su supremacía durante los últimos treinta y seis
años. Su lealtad es involuntaria, pero total, puesto que han cambiado los hábitos de rapiña por la pacífica vocación de la agricultura.
Carecen de la opulencia y el confort que he descrito entre los turcomanos de Sarajs. La tribu yomut, que se encuentra en el
territorio entre ellos y el Caspio, también ha sido sometida por Persia, pero el mayor número de ese clan, que se dice asciende a
veinte mil familias, les permite resistir y rebelarse con frecuencia.
Los gokleng, sin embargo, carecen de poder político. Los turcoma-

322 | VIAJE A BUJARÁ

nos teke, que bordean por el norte, junto con los yomut, mantienen su independencia de Persia. Las costumbres de los turcomanos no difieren de aquellos que son originarios de Bujará, sólo que quizá son más civilizados. Las mujeres ocultan el rostro por debajo de la boca; aunque no puedo decir que los encantos personales de las que advertí durante nuestra estancia aquí inducirían incluso a un joven atrevido a demandar un beso o una vista de sus labios de rubí. Sus vestidos se asemejan más a los de Persia que a los del desierto.

En nuestro itinerario de una vivienda a otra, conocí a un hombre de unos sesenta años de edad, que llamó poderosamente mi atención cuando vi que todos desmontaban y procedían a besarle la mano a su paso, mientras él le daba a cada uno su bendición. Se trataba de un *sayyid* de los turcomanos. Un persa, que había observado mi mirada atenta, le dijo al anciano que yo era europeo, y pronto entablamos conversación. Llevaba el poco prometedor nombre de Mohamed Gylych, que significa la «espada de Mahoma»; pero el respeto universal que se le profesaba había suavizado sus modales, y la edad había dulcificado su voz. También sus sentimientos eran gratos. Preguntó si todos los francos eran cristianos y cuando repliqué que lo eran, contestó: «Es bueno seguir nuestro propio credo: un judío, un cristiano, un mahometano, serán uno en la muerte».

Nuestra conversación se volvió entonces en torno a los turcomanos, y él lamentó la venta de seres humanos, ya que practicar una religión diferente no ofrecía ningún motivo justo para tal crueldad. «Es una inclinación de su raza», dijo, «pues sus disposiciones son perversas y no escuchan mis consejos».

«Pero, ¿estoy hablando con un *firangi*?», se preguntó el anciano, interrumpiéndose bruscamente a sí mismo; «nunca he visto a uno y, ¿cómo podría hacerlo en un país tan remoto? ¿Dónde está el país de los francos y el desierto de los turcomanos? Debe de haber algo peculiar en nuestro destino, que nos ha reunido a ti y a mí», continuó reflexionando en voz alta consigo mismo.

«Nuestros espíritus (*roh*) deben haberse conocido en otro mundo, para encontrarse en este», concluyó. Lo cual era una observación singular.

Después de viajar juntos unos cinco kilómetros, nos detuvimos ante un montículo de tierra que tenía un poste clavado en el centro, varios de los cuales ya habíamos visto.

—¿Qué es esto? —pregunté yo.

—Se llama *yuzka*, y señala el lugar donde alguien ha muerto o ha sido depositado como cadáver. Los turcomanos bendicen el lugar y esperan el favor del difunto. Es una tradición antigua entre nosotros y verás muchos otros a medida que avances.

No son tumbas, sino montículos o túmulos levantados en honor a los muertos. Tuve la impresión de que se trataba de una costumbre tártara, pero no tuve ocasión de investigar más. El venerable *sayyid* cruzaba hacia la cima de una colina próxima, donde estaban su casa y sus seis hijos. Me estrechó la mano, me bendijo, me deseó buen viaje de regreso a mi país, y encomendándome a Dios, según la costumbre de estas gentes, nos separamos.

Por fin, dejamos atrás el valle del río de Gorgán y nos adentramos en la llanura al este del Caspio. El paisaje era imponente. A nuestra izquierda, las colinas, que ahora formaban una cordillera, se elevaban a gran altura, cubiertas hasta la cima de árboles y follaje. A nuestra derecha, las extensas llanuras, regadas por los ríos Atrek y Gorgán y ricamente verdes, estaban salpicadas de innumerables campamentos turcomanos con sus rebaños y manadas. Al frente, a cierta distancia, se divisaban las elevadas montañas de la cordillera Elburz, que parecían encerrar una llanura sin límites. Semejante escena habría encantado a cualquiera; mucho más a un vagabundo procedente de los desiertos de Escitia.

Antes de mi partida, el kan satisfizo mi curiosidad sobre el tema de la juglaría turcomana, enviando a dos *bajshis*, o bardos, para que me entretuvieran con su lira y sus canciones. El instrumento era un sitar de dos cuerdas, con el que cantaban las melodías del folclore turcomano. Primero me obsequiaron con «Ataque de los turcomanos teke a los persas», y la siguiente traducción literal dará una idea de una canción de guerra turcomana:

Los turcomanos teke a los kurdos.

¡Lutf Ali Kan! Tu grandeza se ha ido, es hora de llevarte cautivo. ¡Beg!* Es hora de reunir nuestras fuerzas por la noche, y prepararnos para un asalto por la mañana.

El polvo de tus campos volará bajo los cascos de los turcomanos.

Los tekes se llevarán a vuestras hijas vestidas de terciopelo.

Gracias a Dios, mi nombre se extenderá hasta los cielos.

Si conocéis el año de la cabra,† sabed que entonces saquearé Mashhad.

Todas vuestras esperanzas en Jorasán se romperán. Te verás obligado a huir a Teherán, beg.

Tengo cien jóvenes nobles que te vigilan.

No les falta atención; ¡te arrastrarán a mi presencia, beg!

¡Oh, beg! Llevaré tus armas a Jiva: tu poder ha desaparecido.

Reuniré a mis guerreros en la llanura.

Si tienes sentido común, recuerda mi consejo.

Envíame un joven y una hermosa muchacha como tributo.

¡Oh, Bhai Mohamed!, este es el momento de mi felicidad.

Los kurdos, aunque son una tribu persa, son tan adictos al saqueo como los turcomanos; y hay, tal vez, mayor espíritu en la siguiente canción en respuesta a los turcomanos teke:

Los kurdos a los turcomanos teke.

¡Beg! Presentad mis respetos a los teke. Hay un lugar llamado Urkuj.‡

Lo habéis disfrutado durante mucho tiempo.

---

* Título de origen turco para designar a un jefe.

† Su forma de designar años.

‡ Localidad en el río de Gorgán.

Te has sentado en Urkuj durante muchos años. Ya es hora, beg,
de que os marchéis.
Ahora montaremos nuestras tiendas en los prados de Nisaoe.
Haremos sonar la trompeta de retirada mientras huyen.
Nuestros jinetes capturarán a los que intenten escapar.
Pisotearemos a los que se queden atrás.
Miraremos fijamente a vuestras hermosas hijas.
Nuestros valientes guerreros, vestidos con sus armaduras, ga-
loparán por vuestras llanuras.
Beg, ¡nuestros soldados cargarán más allá de vuestra fortaleza!
Las murallas de Akkul temblarán con el sonido de nuestra
artillería.
Traeré conmigo un poderoso ejército.
Pasaré más allá de las llanuras de Kipchak.*
Mi guardia avanzada desmontará en el campo de Maimana.
Tu pueblo será aniquilado en las arenas del desierto.
Cuando seáis conducidos entre las colinas de arena, vuestros
pies se ampollarán y vuestras bocas se resecarán.
Dondequiera que estéis, mis guías os descubrirán.
Cuando os hayan marcado, os apresaremos a vosotros y a
vuestras familias.
¡Oh, Dushkun!† Hablo por mí mismo:
Esa llanura, ahora tan hermosa, pronto os parecerá un lecho de
espinas.

Con estas trovas folclóricas, llegaba a su fin mi relación con los
turcomanos. Descendí hacia Asterabad a través de la llanura, evitando, en la medida de lo posible, toda relación con los yomut, que
no eran tan pacíficos como los gokleng. Me encontré con varios de
ellos, y no me ofendieron, a pesar de que había abandonado el séquito del kan y viajaba solo. Un viaje de ciento treinta kilómetros
nos llevó a la ciudad de Asterabad, desde donde el paisaje es magnífico. Al pie de las montañas, una de las cuales es la escarpada
fortaleza de Hamawarán, escenario de romances persas, se exten-

---

* Llanura al norte del río Sir Daria, o Yaxartes.

† Nombre de un poeta.

326 | VIAJE A BUJARÁ

day la vasta llanura de los turcomanos. El Caspio sólo podía distinguirse débilmente, pues distaba a más de treinta kilómetros. En nuestra ruta desde el territorio de los gokleng, pasamos por una elevada torre, llamada Gumbad Kabous, que se supone que está levantada sobre las ruinas de la antigua Gorgán. Se dice que una vez estuvo conectada con el Caspio por una línea fronteriza de fuertes llamada *Lanat Numa* o «lluvia de maldiciones», ya que toda persona que se atreviera a cruzar al país de los turcomanos estaría maldita. Los nativos hablaban de las guerras y batallas de antaño, cuando los ríos de Gorgán y Atrek se tiñeron de sangre, pero espero y creo, que haya sido sólo en las metáforas de un poeta.

En Asterabad nos detuvimos en un caravasar y pasamos dos días sombríos en esta «ciudad de la peste». Aquel azote había devastado el año pasado esta ciudad; paseé sin ganas por sus calles desiertas. La mitad de las tiendas y casas estaban cerradas, literalmente por falta de propietarios; la población total no excedía de cuatro mil almas. La enfermedad hacía estragos aquí con temible violencia y, de algunas familias de diez o doce miembros, sólo quedaban dos o tres. En todos los casos en que se estallaban los tumores del paciente, se salvaba la vida; pero no antes de que hubiera dejado las cicatrices más horribles como marcas de su virulencia que parecían heridas de bala. Uno casi habría imaginado que estas personas se habían familiarizado con la muerte, aunque la enfermedad ya había desaparecido. El féretro utilizado para un entierro yacía al borde de la carretera, y vi cómo lavaban un cadáver junto a uno de los pozos de la vía pública, cerca de unas fruterías. Me alejé rápidamente de aquel espectáculo; el ruido de los cascos de mis caballos resonaba mientras recorría aquellas calles solitarias.

Asterabad es un lugar sin gran importancia. La rodean una zanja seca y una muralla de barro deteriorada de unos tres kilómetros de circunferencia. Sin embargo, hay partes en el interior que no se parecen en nada a una ciudad y recuerdan al campo. Es el lugar de nacimiento de los Kayar, la familia reinante de Persia.

Hanway escribió que a principios del siglo pasado era un núcleo de comercio considerable, aunque su prosperidad ha decaído, ya que ahora sólo cuenta con cuatro caravasares y doce tiendas para la venta de telas. Su ubicación es favorable, puesto que se encuentra a sólo treinta kilómetros del Caspio. La magnífica calzada de Abbás el Grande, que aún existe, mantiene abierta su comunicación con las provincias al sur de ese mar. Su comercio con Urgench, o Jiva, es comparativamente insignificante; sólo se envía una o dos caravanas anuales de ochenta o cien camellos cada una. El territorio intermedio está muy perturbado; las mercancías pueden ser transportadas allí con mayor seguridad si se sigue la orilla oriental del Caspio, y se desembarca en la latitud de Jiva. Apenas hay comercio entre Asterabad y Rusia.

El clima de Asterabad es húmedo y desagradable. Llueve tanto que es difícil mantener en pie un muro de barro y para ello se ha ideado un plan muy ingenioso. Se coloca una estera de juncos en la parte superior del muro, se cubre con tierra y se planta con lirios o flores de lis, que crecen exuberantes y lo protegen así de la lluvia. Aunque Asterabad se encuentra en el mismo paralelo que Kuchan, el termómetro, que en ésta caía por debajo del punto de congelación al amanecer, marcaba ahora 15 °C en octubre. La diferencia de altitud resuelve el problema. Asterabad produce naranjas, higos, limones y las frutas de los países cálidos.

Desde Asterabad me dirigí a las orillas del mar Caspio, hacia Naukandeh, una aldea rezagada a unos cincuenta kilómetros de distancia. Podríamos haber llegado antes, pero tenía una cita con el kan de aquel lugar y preferí ver la calzada de Abbás el Grande. Todavía está en bastante buen estado y parece que tenía unos cuatro metros de ancho y estaba formada por piedras redondas. Atraviesa un espeso bosque donde crecen espontáneamente higos, vides y granadas. Es probable que esta calzada, como la de los césares, sea el recuerdo más perdurable del generoso Abbás. Sin ella, la provincia de Mazandarán sería inalcanzable durante muchos meses. El kan de Naukandeh me recibió muy amablemente y era un hombre comunicativo. Era pariente del kan con quien yo había viajado entre los turcomanos. Me obsequió con una cena y muchos cumplidos persas, y yo le aseguré, a cambio, que el *invitado de una noche es un amigo por cien años.*

Los bosques de Mazandarán todavía ocultaban el Caspio; no vi este mar hasta la mañana siguiente, y a casi un kilómetro de su playa. Después de pasar tanto tiempo buscándolo y de haber viajado desde Delhi hasta sus orillas, el mar se presentaba y se extendía ante nosotros como un océano. Cerca de nosotros había cinco o seis pequeñas embarcaciones, llamadas aquí *gammi*; el kan y yo embarcamos en una de ellas y navegamos alegremente mar adentro, desde donde contemplamos esta hermosa costa. Embarcamos en una pequeña nave rusa, y todo el viaje fue recompensado por el recibimiento del capitán, quien, al enterarse de que yo era europeo, se quitó su gorro de piel e hizo asar un poco de esturión en mi honor. No puedo decir que me gustara, pero hacía muchos días que no disfrutaba de una semejante distinción y compañía.

Este tipo de embarcaciones eran de construcción rusa; llevaban dos mástiles e izaban velas cuadradas; su aparejo era superior, pero no había buques de gran tonelaje en el puerto. Prevalecía la creencia de que las aguas del lado meridional del Caspio han estado retrocediendo; durante los últimos doce años se han retirado unos doscientos setenta metros, de lo cual tuve prueba ocular. Sobre el arrecife que formaba la bahía de Asterabad, los nativos me informaron de que el agua del Caspio era dulce, mientras que en otros lugares era salobre; pero como esta es la desembocadura de los ríos Atrek y Gorgán, puede explicarse fácilmente. No dejé el Caspio sin tratar de verificar las opiniones relativas a su altitud, que era claramente inferior al del océano. El agua hierve en el mar a 100 °C, y aquí hervía a 101 °C, lo que, según Humboldt, daría una depresión de 245 metros, que es demasiado grande. No utilicé, sin embargo, agua apropiada para el experimento, y aquí nos contentaremos simplemente con que sea una corroboración de las opiniones expuestas por otros sobre la depresión de este mar interior.

Me despedí del kan de Naukandeh y me dirigí a Ashraf, que está en Mazandarán, y había sido una de las sedes favoritas de Abbás el Grande y Nader Shah, y que Jonas Hanway describió tan gráficamente hace unos noventa años. Todos los bellos edificios que menciona han sido destruidos, aunque su arquitectura era tal que podrían haber permanecido en pie durante siglos. Sin embargo, fue suficiente para dejar una impresión muy favorable del gusto del monarca persa, ya que era evidente que habían sido ligeras e inmaculadas, con ese acabado que debe caracterizar a las casas-jardín. Un soberbio estanque y todos sus acueductos se encontraban en perfecto estado, y los cipreses habían alcanzado una gran altura en su avanzada edad. El emplazamiento de estos jardines era hermoso; desde ellos se contemplaba un noble panorama del Caspio.

En Ashraf nos encontramos con un grupo de peregrinos de Bujará y Jiva, que se reunieron con nosotros en el caravasar. Por ellos supimos que la caravana rusa que se dirigía a Mangyshlak había sido saqueada por los kirguises unos diez días después de abandonar Jiva. De no haber sido por el consejo del visir de Bujará, habríamos acompañado a aquella caravana y, si hubiéramos logrado pasar por la ciudad de Jiva, nos habríamos encontrado con la catástrofe a que he aludido, entre ésta y el Caspio. Los peregrinos relataron las grandes penalidades de su viaje desde Jiva hasta Asterabad, donde habían sufrido el feroz acoso por parte de las tribus turcomanas. Ahora tenía que felicitarme por haber atendido a los consejos que me habían dado.

Después de haber avanzado dos kilómetros más allá de Ashraf, encontramos la gran calzada atrincherada, y a un aldeano sentado con un palo, para impedir el paso. Esta era la *junta de sanidad* de Ashraf, pues por primera vez nos enteramos de que la peste hacía estragos en Sarí, la capital de Mazandarán, y ciudad donde yo tenía intención de detenerme aquel día. Proseguimos nuestro viaje, pero nos detuvimos en una aldea situada a tres kilómetros de Sarí, donde se confirmó la existencia de la enfermedad. Ahora me dirigía a Babol y a su puerto en el Caspio, un lugar de cierta importancia, donde esperaba ver más barcos rusos y ampliar mis conocimientos sobre este mar y este pueblo, pero inmediatamente cambié de planes y me preparé para una precipitada retirada de las costas del Caspio y del Mazandarán.

A la mañana siguiente tomé el camino de Teherán y, al pasar frente a las murallas de Sarí, me topé con un suceso bastante sorprendente. Nuestro camino nos llevó a un cementerio, donde dos muchachos estaban cavando una tumba, mientras pasábamos, para dos cuerpos que yacían cerca de ellos. Semejante escena me llenó de horror, pues la gente había muerto de peste; pero ¡cuál fue nuestro asombro cuando los enterradores se dirigieron a nosotros y nos suplicaron, como buenos mahometanos, que les ayudáramos a hacer las abluciones habituales de un cadáver! «Os daremos cinco *sahib kurans* —unas tres rupias— por las molestias», exclamaron. Se hizo el silencio entre nosotros; nadie respondió, y pronto nos encontramos más allá de Sarí, habiendo acelerado el paso de nuestros caballos.

Esta ciudad había sufrido tan gravemente la epidemia de peste el año anterior, que ahora no había en ella más de trescientas personas, y la mayoría de ellas eran personas que se habían recuperado de la enfermedad, ya que los persas tienen la impresión de que la peste no puede contagiarse más de una vez. Ahora había muy poca gente para aceptar que la enfermedad se estaba extendiendo, pero sin duda acechaba en Sarí. Me informaron de que había sido introducida por Babol desde Astracán el año anterior, y toda mi curiosidad por ver aquel lugar se desvaneció completamente con la noticia.

En nuestra marcha se nos unió un nativo de Asterabad, que se dirigía a Teherán, y me contó algo de la plaga que había asolado el año pasado. Había perdido un hijo y tanto él como su mujer habían contraído la enfermedad. Ella estaba amamantando a un niño en aquel momento, y aunque continuó amamantándolo, el bebé escapó a la enfermedad. Los síntomas no alcanzaron su punto álgido hasta el décimo día, y estuvieron invariablemente acompañados de delirio. Esta persona me aseguró que tuvo el horror de ver a su propio hijo arrastrado hasta la puerta por ocho o diez gatos, a los que espantó con dificultad, y afirmó que creía que había muerto más gente debido a los perros y gatos, o de hambre, que por la propia enfermedad. Nadie se acercaba a una casa infectada, y ningún enfermo ayudaba a otro. La peste y la naturaleza humana son iguales en todos los países, y los afectos y las pasiones nunca se ponen más a prueba que con esa devastadora dolencia.

Nuestra estancia en Mazandarán estaba a punto de terminar. Era un país desagradable y, tenía un clima tan húmedo, que los habitantes estaban sujetos a ataques de fiebre, hidropesías, parálisis y muchas otras enfermedades. La gente tenía la piel amarillenta y los niños eran débiles y raquíticos. Era tierra de serpientes y ranas, pero las serpientes no eran venenosas, pues eran de la especie acuática. Se las veía retorcerse y girar por todas partes, y tenían el grosor de un látigo de buen tamaño. Casi a cada paso los caballos molestaban a algunas ranas, que luchaban en vano por ocultarse sobre un terreno de arbustos y matorrales. La humedad eran tan grande que las cosechas de arroz no eran segadas, como en otros países. Segaban el grano cerca de la espiga y lo ponían a secar sobre el rastrojo, pues de lo contrario se pudriría. Mazandarán era una provincia fértil. En ella prosperaba la caña de azúcar, aunque no parecían prepararla más allá de la primera fase, y la vendían como melaza. El algodón también crecía de forma exuberante, y los gusanos de seda se criaban por doquier. La fruta era buena, y gran parte de ella crecía de forma silvestre. Había bosques enteros de granados; la gente recogía la fruta y, tras secar las semillas al sol, las exportaba como una rareza a otros países.

El campesinado, aunque enfermizo, tenía un aspecto confortable. Se ataban pliegues de tela alrededor de las piernas y las sujetaban con un zapato bajo y cordones. Vadeaban los caminos embarrados con estos zapatos, y aseguraban que eran mejores que las botas, ya que se podían secar por la noche. Los hombres vestían ropas oscuras y las mujeres rojas, los dos colores que supongo eran más fáciles de conseguir. Muchos llevaban gorros de fieltro, en lugar de piel de cordero. Las casas estaban cubiertas de vegetación; enredaderas, melones y calabazas descansaban sobre los tejados. Cada casa tenía un jardín y estaba rodeada por un seto de moras; la mayoría de ellas estaban elevadas por postes de madera a una altura considerable del suelo, para evitar los malos efectos de la humedad. Los habitantes pasaban los meses de verano y otoño en las colinas, donde cultivaban el arroz. Vivían en cabañas y llamaban a este tipo de residencia *yailak*, a diferencia de *kishlak*, término que aplicaban a sus viviendas permanentes.

CAPÍTULO 16

Travesía por Persia—Conclusión de la narrativa

E N la aldea de Aliabad, situada a veinte kilómetros de Babol, abandonamos la calzada de Abbás el Grande y nos dirigimos hacia el sur de las montañas, adentrándonos en la hermosa cañada que riega el río Talar. Antes de abandonar la llanura, divisamos la alta y nevada montaña de Damavand. Este valle se extiende a lo largo de unos cien kilómetros y es el mayor de los pasos hacia Mazandarán. Abbás el Grande abrió un camino en la roca a lo largo de unos quince kilómetros, que aún es transitable, aunque la política de sus sucesores ha consistido en no repararlo. Los caballos se hunden con frecuencia en el barro y, si su majestad supiera la mitad de las maldiciones e improperios que los arrieros lanzan sobre su cabeza y su barba, sin duda lo repararía por la paz de su alma. El paisaje de este valle era de lo más romántico; las colinas estaban cubiertas de árboles del bosque, y el ruido retumbante del agua, que estaba a muchas decenas de metros por debajo de la carretera, tenía un efecto de lo más agradable. Hacia la mitad del valle, cruzamos el riachuelo por un puente, llamado *Pul-i-safaed*, y abandonamos el rico follaje de Mazandarán.

Finalmente, abandonamos el valle por el paso de Gaduk, que conduce a la meseta de Persia. La palabra *gaduk*, significa paso de montaña, en turco. Nuestro ascenso desde la hondonada fue continuo y gradual, y cuando alcanzáramos la población de Firuzkuh nos hallaríamos de nuevo a mil quinientos metros sobre el nivel del mar. A ambos lados, a medida que nos acercábamos al paso, los precipicios se elevaban con gran brusquedad, y la estrechez del camino había obligado a fortificarlo en años anteriores. Este es un escenario que se presta al romanticismo, pues el poeta Ferdousí, el Homero persa, le dedicó varias de sus estrofas. Nos señalaron la cueva del *Dev-i-safaed*, o Demonio Blanco, así como el lugar donde este fue asesinado por el valeroso Rostam. Algunos compañeros de viaje, a quienes habíamos recogido por el camino, recitaron versos del *Shahnama*, y más de una vez me divertí con sus cavilaciones. No se recreaban en la viva imaginación de un poeta nacional, sino que lamentaban la degeneración de la época actual, en la que no había gigantes ni *Rostams*, como en tiempos pasados. La cima del paso estaba helada y, en invierno, se dice que a veces resultaba fatal para el viajero. Abbás el Grande erigió aquí un baño y un caravasar, pero ambos están ahora en ruinas.

Me parece que el paso de Gaduk puede identificarse con las *Caspiæ Pylæ*, o puertas del Caspio, a través de las cuales Alejandro Magno persiguió a Darío. Se dice que su distancia desde Ragha, conocida como Rayy en la actualidad, que se encuentra cerca de la moderna ciudad de Teherán, era de dos días de marcha, y el trayecto de ciento cuarenta y cinco kilómetros. He señalado antes que éste es el más importante de los pasos hacia Mazandarán, y hemos observado que está santificado por la mayor musa de Persia. Por este camino, Alejandro Magno llegó a Hecatompylos, desde donde avanzó hacia Partia. En el camino, atacó a los *taburi*, y es un hecho muy extraordinario que, en el dialecto moderno de Mazandarán, esa provincia aún se denomine *Taburistán*.

Desde el paso de Gaduk viajamos por un valle desolado, encajonado entre colinas desnudas, al final del cual se alzaba la aldea de Firuzkuh, bajo un roque desnudo y un fuerte de unos noventa metros de altura. Este lugar me recordó a Bamiyán, ya que muchas de las casas estaban excavadas en las colinas, donde los habitantes guardan sus rebaños en invierno. El clima es riguroso, y la nieve permanece durante cinco meses al año. Observé un gran cambio en el aspecto de los habitantes, que ahora tenían las mejillas rojas y sonrosadas. No sé si nuestra elevación con respecto a las tierras bajas de Mazandarán podría tener algún efecto sobre la cocción de la carne; pero en Firuzkuh tardé el doble de tiempo de lo habitual en cocer mi arroz pilaf; es más, el agua hervía antes de que la carne estuviera lista. Puede que la carne estuviera dura y que una oveja vieja del rebaño hubiera caído bajo el cuchillo del carnicero.

Se dice que los nativos de Mazandarán son los más sencillos de todos los persas, y nos entretuvimos un poco a costa de uno de nuestros compañeros de viaje, que solicitó medicinas para detener una fiebre intermitente. Le di quinina y después le pregunté si le gustaba su sabor amargo. «No tiene sabor», me contestó, puesto que se la había tragado junto con el papel en que venía empaquetada.

Hicimos tres marchas hasta Teherán, cubriendo una distancia de ciento cuarenta y cinco kilómetros, deteniéndonos por el camino en las casuchas de los caravasares, que el viajero encuentra en esta parte de Persia, donde comparte la misma habitación con su caballo. El territorio era árido, desolado y miserable, y el número de aldeas muy limitado. No teníamos indicios de acercarnos a la metrópoli de un país. Cerca de Bumahen, la última etapa, ocurrió un incidente que no debe omitirse.

Uno de mis *yabus*, o ponis, se postró repentinamente bajo su carga. Entonces fui a una aldea para alquilar otro; tuve éxito en mi demanda y pagué el precio del animal a un kurdo con quien hice el trato. Estaba a punto de reanudar mi viaje cuando me preguntó: «¿No comprarías mi mula a cambio de tu gastado *yabu*, y me darías la diferencia?». Entablé conversación y descubrí que el kurdo me tomaba por un nativo de Jorasán y que, por lo tanto, habría sido inútil indicarle que yo era europeo.

Igualmente, yo deseaba su mula, y mientras la miraba, dijo, con considerable solemnidad:

—Ahora, como ambos somos buenos mahometanos, concluyamos un trato y no nos engañemos mutuamente.

—Que así sea —añadí.

Después de una pequeña conversación llegamos a un acuerdo. Su mula tenía, como pude comprobar más tarde, la espalda rota, y mi *yabu* padecía una enfermedad incurable; pero eso era tan evidente para el kurdo como para mí. Tal fue el arreglo de un trato entre dos buenos mahometanos, que resolvieron actuar justamente el uno con el otro, aunque no es Persia el único país donde se practican tales artes.

El 21 de octubre me levanté poco después de medianoche, para dirigirme con la menor demora posible a la capital del *rey de reyes*, pero, ¿de qué me sirvió mi rapidez? Apenas nos habíamos alejado unos metros del caravasar cuando una de las cargas se cayó de la mula, y mientras la reponíamos, otra fue arrojada a puntapiés por un caballo. Resolvimos estos desastres en una noche tan oscura como un pozo, y, apenas estábamos a punto de avanzar, cuando se descubrió que otro de los ponis se había extraviado. Sin embargo, lo más alarmante fue que se trataba del mismo en el que todas mis notas, mapas y papeles habían sido empaquetados. Se me subió la lengua al paladar ante el anuncio de semejante noticia, entre kurdos ladrones, pues yo daba por hecho que se habían terminado todas las dificultades del viaje. Tras media hora de búsqueda, recuperé al animal extraviado y seguí trotando a toda velocidad hasta la puerta de Teherán, adonde llegué a mediodía.

Me dirigí a la mansión de la misión británica y me presenté en la puerta exterior como *firangi*. Pronto fui recibido por sir John Campbell, el enviado diplomático en esta corte, y pasé con él y su agradable familia unos días felices y gratos, marcados por la mayor hospitalidad y amabilidad.

Después de haber sido presentado por el enviado a los «pilares del Estado», osea, los ministros del gabinete de Persia, tuve el honor de ser presentado a su majestad, el 26 de octubre. Tras haber conocido al Gran Mogol en persona, y a los monarcas de Kabul y Bujará, así como muchos otros eminentes personajes, me complació encontrarme en la corte de Persia. El *kibleh alum* —como se conocía al rey—, estaba sentado en un salón de espejos, y aún estando más allá de la luz de su rostro, nos acercamos y saludamos. Avanzamos y saludamos de nuevo, y su majestad nos devolvió el saludo, proclamando en voz alta: *Khush amdid*, sed bienvenidos. Subimos unos escalones y nos encontramos en presencia de su alteza. «*Damagh i shuma chak ast*, ¿tenéis la mente despejada?», exclamó su majestad con voz sonora; al oír esto, nos colocamos en un rincón frente al lugar donde se sentaba el shah y le devolvimos el cumplido con un saludo. Sir John Campbell, el capitán MacDonald y yo componíamos el grupo, y los ministros se situaron a cada lado de nosotros. El shah se sentó a una distancia de unos doce metros, y una pantalla de cristal, dispuesta con tan poco gusto como en un bazar, nos separaba del *rey de reyes*. Unos candelabros toscos colgaban del techo, completando la semejanza y, antes de que hubiera transcurrido conversación alguna, se nos ordenó que sujetáramos nuestras espadas, no fuera a ser que rompieran los espejos colocados en la pared detrás de nosotros.

—¿Entiende el persa? —inquirió su majestad a uno de sus ministros.

—*Bala, bala* (sí, sí) habla turco, afgano, hindú y persa —fue la respuesta, aunque si el shah hubiera empleado su dialecto, habría descubierto mis limitaciones lingüísticas.

—Habéis hecho un viaje largo y difícil —comenzó su majestad, y tal era la afabilidad y la simpatía de este ilustre personaje, que me sentí libre de vergüenza y partícipe en la conversación más íntima con el «protector del mundo».

Quiso que le enumerara las ciudades que había visitado, y terminé la larga lista diciendo que el favor de Dios me había traído por fin a su augusta capital. Exclamó en tono de sorpresa:

—Vaya, un persa no podría haber hecho lo mismo. Pero, ¿qué te ha llevado a sufrir los peligros y fatigas de semejante viaje?

Respondí que había sido la curiosidad.

—¿Viajaste usando tu identidad europea?

Contesté afirmativamente.

—Os habrá costado mucho dinero —sentenció.

Pero su majestad soltó una carcajada cuando le dije que debíamos nuestra liberación de los turcomanos a dos ducados de oro y un poco de té.

—¿Habéis tomado notas de vuestro viaje? —preguntó el shah.

—Sí —respondí— he medido las montañas, examinado los caminos y sondeado los ríos.

—¡Esta gente son valientes como leones! —exclamó el asombrado monarca.

—*Bala, bala* —se hicieron eco sus ministros— son tigres, son *Rostams*.

—Hacedme un esbozo de los asuntos de Kabul —prosiguió el rey—, contadme acerca del poder del jefe y de sus hermanos.

A todo lo cual accedí, añadiendo, como cortesano, que el soberano debía su poder a los persas que conservaba en su custodia. Hizo preguntas sobre su tribu y su número, y yo satisfice a su majestad. A continuación, el shah formuló cuestiones similares sobre el poder de todos los jefes entre la India y Persia, me interrogó sobre el camino a través del Hindú Kush, y en particular sobre la capacidad del Oxus, al que llamaba Jihún, y que parecía considerar el río más grande del mundo. También mencionó los desiertos que este río recorría, preguntando si podían ser atravesados por un ejército. Seguidamente, su majestad habló de los ciudadanos de Bujará, y preguntó si estaban alarmados por la aproximación de Abbás Mirza a sus fronteras. No hace falta que dé la respuesta: Le dije al rey que temblaban de miedo. Sonrió ante mi relato de los sacerdotes, o mulás, y lanzó una mirada de desprecio, mientras yo pronunciaba el nombre del rey de allí, el miramamolín, el *comandante de los fieles*.

—¿Probaste la carne de caballo cuando estuviste entre los uzbekos? —fue la siguiente pregunta.

Respondí que sí, y que no era desagradable.

—Pero, ¿cómo te las arreglaste entre los turcomanos? —volvió a preguntar su majestad.

—A esos perros sólo hay que echarles un poco de carne para escapar de sus fauces —sentencié.

Después de una pequeña pausa en la conversación, el shah, con cierto interés en mi relato, preguntó por la mayor maravilla que había visto en mis viajes. La ocasión era demasiado propicia en una corte tan banal, así que respondí en voz alta: «¡Por el centro del universo, ningún espectáculo ha igualado al que ahora contemplo, la luz del semblante de vuestra majestad, oh, atracción del mundo!».

El shah hizo un gesto de aplauso, que fue recogido en un murmullo de aprobación por los *pilares del Estado*, y evidenció la gratificación real y ministerial.

—Pero —continuó el rey—, ¿qué ciudad admiró más?

Aquí necesitaba una respuesta sincera después de tanta adulación. Le dije que Kabul había sido el paraíso de nuestros viajes. Preguntó en particular por Balj, y por el estado actual de la llamada *Umm Al-Bilad*, o «madre de las ciudades».

—¿Fuisteis presentado al príncipe real? —preguntó el shah.

—Y fui tratado con mucha indulgencia por su alteza real —contesté yo—, me envió con un kan por el territorio de los turcomanos.

—Cuéntame qué te pareció Kuchan —inquirió el shah.

Lo que me dio ocasión de deleitar al viejo monarca con el relato pormenorizado del éxito de su hijo, acrecentado por la formidable narración que hice de la fortaleza caída.

—¿Podrá el *Naib Sultanat* —así llamó a Abbás Mirza—, tomar Sarajs, y reducir a los turcomanos en esa vecindad?

—Ciertamente —respondí— caerán a sus pies.

—¿Apoyará la vecindad a su ejército? —insistió el monarca.

Entonces enumeré sus recursos. Uno de los ministros, a modo de complemento de la información deseada por su majestad, declaró que Sarajs era el jardín de Adán, ¡que solía venir de Ceilán (Serendib) y hasta allí diariamente! Yo había oído la leyenda, pero no la había incluido en mis datos estadísticos para información de su majestad.

—¿Cuál es su opinión del ejército de mi hijo, es eficiente? Dígame su más sincera opinión sobre sus méritos.

Le aseguré a su majestad que así era. Añadí que las ropas y pertrechos de las tropas estaban gastados, pero que ninguna potencia asiática podría en estos días resistir a semejante armamento, y que ahora se desempeñaban con éxito. Su majestad volvió de nuevo a mis propios asuntos, y me preguntó adonde me dirigía ahora. Mencioné la India y no hizo más preguntas sobre los motivos de mi viaje.

—¿Cómo viajó por el Turquestán? —preguntó finalmente el shah.

Le dije que mi medio de transporte era un camello, a lo que sonrió. Después de algunas conversaciones y discursos elogiosos entre el shah y el enviado, abandonamos la presencia del *rey de reyes* con las mismas reverencias y ceremonias con que nos habíamos aproximado a él.

Futtih Ali Shah no tiene en absoluto el aspecto de un anciano, aunque su edad debe superar los setenta años. Su voz es plena y sonora, y se sienta erguido, con mucha dignidad. Su vestido era muy sencillo, de paño negro, lo que no le favorecía, ni dejaba ver su barba, esa maravilla de Oriente. No me extrañaría que este monarca sobreviviera a su hijo Abbás.[*] Se dice que recurre a la esencia de perlas y piedras preciosas, que utiliza como tónicos, para sostener su declinante fuerza, y en las que los orientales tienen gran fe. Los ciudadanos actuales aplican estas gemas a otros fines, así que el shah de Persia merece cierto crédito por ser una de las pocas personas de las que he oído hablar que les da un uso útil.

Ahora me encontraba a caballo entre Europa y Asia, y aunque había informado a su majestad de que me proponía regresar a la India, tenía toda la intención de proseguir mi camino hacia Constantinopla, distante a sólo veinte días de viaje. Ojalá hubiera seguido el curso de mis intenciones, ya que más tarde me enteré de

---

[*]   Estas líneas fueron escritas antes de que la noticia del fallecimiento de Abbás Mirza alcanzase Inglaterra.

que había sido llamado a Europa desde esa ciudad. Sentí, sin embargo, que los objetivos del viaje se habían cumplido, y ya sólo me quedaba regresar a la India y organizar la información que había reunido. Abandoné, pues, Teherán el 1 de noviembre, y admito que lo hice con pesar, después de haber disfrutado durante diez días de la amistosa compañía que había conocido.

En mi camino hacia la costa, tomé la ruta de Isfahán y Shiraz hacia Bushire, y me tropecé por el camino con la tumba de Ciro, y esos restos imperecederos de la antigüedad que eran las ruinas de Persépolis. Esta ruta y este país han sido descritos en demasía por otros como para requerir siquiera un comentario de pasada. Por lo tanto, no me ofrezco a presentar mi opinión sobre los habitantes de aquí; más si cabe cuando los inimitables esbozos que han aparecido en la novela *Hajji Baba*, los cuales, con la debida deducción por el hilo del relato, me habían parecido justos y correctos. Desde entonces, he leído detenidamente sobre los viajes del señor Fraser por este país, y me atrevo a afirmar, en la medida en que puedo juzgar, que contienen el relato más fiel de Persia que se ha publicado en los tiempos modernos. Si los hechos y opiniones recogidos por ese hábil e inteligente viajero hubieran tenido una recepción más general, habríamos llegado, de manera temprana, a la correcta conclusión de la débil y tambaleante condición de este imperio, y a una apreciación más justa de su peso e influencia en la balanza de las naciones.

En Bushire, me encontré con el señor Blane, residente en el golfo de Persia, que había tenido la amabilidad de retrasar la partida del buque de guerra de la Honorable Compañía, el *Clive*, hasta mi llegada. No perdí tiempo en embarcar y finalmente abandoné Persia el 10 de diciembre. Nuestro viaje a la India fue placentero y, el capitán Macdonald, comandante del *Clive*, aprovechó todas las oportunidades para hacerlo variado y grato. Si bien descubrimos que el «mar azul oscuro de Omán» y sus áridas costas han sido objeto de exagerados elogios en la imaginación del poeta, tuvimos, sin embargo, la gratificación de echar un vistazo al famoso emporio de Ormuz y a la escarpada costa rocosa de Arabia, con la romántica ensenada de Mascate y las lóbregas costas de Makrán. Anclamos en el puerto de Bombay el 18 de enero de 1833 y pasamos el resto de ese mes en cuarentena; después de lo cual me dirigí sin demora a Calcuta, para exponer el resultado de mis viajes ante el gobernador general, lord William Bentinck.

No me detendré a reflexionar sobre los sentimientos con los que volví a pisar la India después de un viaje tan largo y fatigoso. Desde el comienzo, todo lo que contemplé, tanto lo antiguo como lo moderno, fue capaz de despertar el interés y estimular la imaginación —Bactria, Transoxiana, Escitia y Partia, Corasmia, Jorasán e Irán—. Ya habíamos visitado todos estos países; habíamos recorrido la mayor parte de la ruta de los macedonios; pisado los reinos de Poros y Taxilas; navegado por el Hidaspes; cruzado el Cáucaso indio, y residido en la célebre ciudad de Balj, desde la cual los monarcas griegos, lejos de las academias de Corinto y Atenas, habían difundido entre la humanidad el conocimiento de las artes y las ciencias, de su propia historia y del mundo. Habíamos contemplado las escenas de las guerras de Alejandro Magno, de las rudas y salvajes incursiones de Gengis Kan y Tamerlán, así como de las campañas y juergas de Babur, tal como se relatan en el delicioso y brillante lenguaje de sus memorias. En la travesía hacia la costa, habíamos marchado sobre la misma ruta por la que Alejandro Magno había perseguido a Darío; mientras que el viaje a la India nos llevó sobre la costa de Makrán y el rastro de su almirante, Nearco.

FIN

Continúa la aventura

Porque *una imagen vale más que mil palabras,* hemos creado un mapa interactivo para que puedas ver los principales hitos arqueológicos descritos por Alexander Burnes. Simplemente escanea el código QR en tu dispositivo favorito para acceder al mapa:

Printed in the USA
CPSIA information can be obtained
at www.ICGtesting.com
LVHW031924141123
763937LV00015B/132

9 781739 151263